Eberhard F. Moser

Realindex und Auszug der Herzoglich-Würtembergischen Hofgerichts-Ordnung

und der dahin einschlagenden herzoglichen General und Special-Rescripten, auch

Hofgerichtlichen Decreten

Eberhard F. Moser

Realindex und Auszug der Herzoglich-Würtembergischen Hofgerichts-Ordnung *und der dahin einschlagenden herzoglichen General und Special-Rescripten, auch Hofgerichtlichen Decreten*

ISBN/EAN: 9783742889287

Hergestellt in Europa, USA, Kanada, Australien, Japan

Cover: Foto ©ninafisch / pixelio.de

Manufactured and distributed by brebook publishing software (www.brebook.com)

Eberhard F. Moser

Realindex und Auszug der Herzoglich-Würtembergischen

Hofgerichts-Ordnung

Real-Index

und

Auszug

der

Herzoglich-Würtembergischen

Hofgerichts-Ordnung

und der
dahin einschlagenden Herzoglichen
General- und Special-Rescripten,
auch Hofgerichtlichen Decreten;

nebst
einem siebenfachen,
das Herzogliche Hofgericht und dessen Personen
betreffenden
Anhang.

Mit Herzoglich-Höchster Bewilligung
herausgegeben
von
Eberhard Friederich Moser,
Herzogl. Würtembergischen Regierungs- und
Hofgerichts-Secretario.

Tübingen,
bey Jacob Friederich Heerbrandt, 1784.

Vorrede.

Es ist zwar von der Geschichte des Herzoglich = Würtembergischen Hofgerichts (welches nicht nur in der Hofgerichts = Ordnung d. a. 1587. das jüngste Gerichte in dem Fürstenthum und deßwegen nicht das geringste Kleinod deſſelben, ſondern auch in dem Landtags = Abſchied d. a. 1739. ein theures und hochſchäzba= res Kleinod des Herzoglichen Hau= ſes genennet wird) ſchon vieles geſchrie= ben worden;

Da

Da aber die davon im Druck heraus-
gekommene Schriften sich nicht in jedermanns Händen befinden : So wird es
nicht vor überflüßig angesehen werden,
wann ich in gegenwärtiger Vorrede
von des Herzoglichen Hofgerichts Ursprung, Namen, Ordnungen, Ort
und Zeit, wo und wann daßelbe gehalten worden, wie auch von deßen alten
Verfaßung ein und anderes daraus
prämittire.

Was nun

I.

den Ursprung des Herzoglichen Hofgerichts anbelangt, so kan zwar nicht
eigentlich und zuverläßig bestimmt werden, in welchem Jahr daßelbe errichtet
worden; Jedoch ist so viel außer allem
Zweiffel, daß solcher Ursprung in die
Zeiten des fünfzehenden Seculi zu sezen seye, allermaßen

1.) nach unverwerflichen Zeugnißen
des Herzoglich-Würtembergischen Ar-
chivs die beede Graven Ulrich und
Eberhard, der ältere, schon in An.
1745.

1475. eine Hofgerichts = Ordnung gemacht haben; (a)

2.) In einem alten = von ermeldtem Grav Eberhard noch vorhandenen Refcript, (b) wovon eine uralte Abschrift bey der Tübinger Stadt = Regiſtratur aufbehalten wird, unter anderm vorkommt, daß nicht nur er, sondern auch Grav Ulrich (welcher An. 1480. mit Tod abgegangen) sein Hofgericht und Hofgerichts = Ordnung gehabt habe;

a 3   3.) von

(a) Vid. B. D. Schœpffii Proc. Dic. Cap. I. §. XVIII. allwo ein Extract davon angeführet wird, in verbis : „ Item, wo einer meines gnädigen Herrns armer Mann oder Unterthan von dem Hovegericht appelliren wollte, solle sein Wiürtheil bey der gesprochenen Urthel gehandhabt werden. „ Item : „ Wo aber Edel oder sonst Freyleut sich an das Hovegericht verwilli führet hätten, die mögen davon appelliren. „

(b) Dieses Refcript ist eben daselbst nach der Vorrede in extenso zu finden.

3.) von An. 1477. 1479. und 1481. noch Hofgerichts-Urtheln vorhanden sind; (c)

4.) In dem *Privilegio* Kaysers *Maximiliani* d. d. 20. Aug. 1495. des Hofgerichts mit diesen Worten Meldung geschiehet: „Oder vor ihren (Herzog Eberhards und seiner Erben und Nachkommen) Hofrichtern und erbarn Räthen „: Und in der Regiments-Ordnung d. a. 1498. folgendes enthalten: „Darumb sollen und wollen wir auch allen müglichen Vlyß ankern und ernstlich darob sein, daß fromm, erbar, vlysig und verständig Amtlüt und Richter am Hofgericht, auch allen andern Gerichten und Aemptern fürgenommen und gesezt werden; „ (d)

5.) In denen Ordnungen, Artickel und Sazungen, welche Grav Eberhard, der ältere, der Stadt Tübingen An. 1493. gegeben, sub tit. von appelliren, expresse verordnet ist, daß
die

***

(c. d) Vid. d. Præfatio.

die Appellation nach der Hofgerichts Ordnung geschehen solle, in verbis: „Wann ein Party mit einer Urthel vermaint beschwert zu seind, und wollte sich davon beruffen, so soll es damit gehalten werden, wie das Unser Ordnung des Hofgerichts innhalt; „ (e)

Endlich und

6.) der ehemalige Prof. Theol. Conr. Summenhard von Grav Eberhard, dem ältern, in der An. 1497. demselben gehaltenen Leichen-Rede ausdrücklich meldet, daß er des Hofgerichts oder Provincialis seu Curialis sui Consistorii (quod justitiæ conducat plurimum) *Institutor* und Ordinator gewesen seye; (f)

Dessentwegen dann auch der seel. Herr D. SCHOEPFF den Grav Eberhard, den ältern, vor den Stifter des Herzoglichen Hofgerichts gehalten. (g)

Hin-

Hingegen gibt der berühmte Würtembergische Historicus, Herr geheimde Archivarius SATTLER (h) von dem Ursprung des Herzoglichen Hofgerichts folgende Nachricht:

„In dem Jahr 1460. errichtete Grav Ulrich das Hofgericht zum Nuzen seiner Unterthanen, wie er wenigstens dafür hielte. Es war eigentlich nicht neu. Dann man findet schon vor dieser Zeit ein Hofgericht in Würtemberg. Der Kayser hatte ein Hofgericht an seinem Hof, welches ihm überall nachfolgte. Es wurde auch das Cammergericht genennt. Die Fürsten des Reichs fanden von den ältesten Zeiten für gut, ihre Höfe und Regierungs-Formen nach der Regierungs-Form der Kayser einzurichten. Ich habe in verschiedenen Beyspielen dieses angemercket. Wie also der Kayser mit seinen Fürsten und Räthen das Reichs- oder Kayserliche Hofgericht in

---

(h) In der vierten Fortsezung seiner Geschichte des Herzogthums Würtemberg unter der Regierung der Graven. p. 120. §. 39. & p. 310. n. 55. b.

in dem ganzen Reich angeordnet hatte,
so hatten die Fürsten ihre Hofgerichte,
darinn sie den Vorsiz hatten, und ihre
dienstmäsige Graven und Edelleute zu
Beysizern nidersezten. Man bemercket
solche Gerichte öfters in der Würtembergischen Geschichte. Die Unterthanen
der Reichs = Stände hatten mit dem
Kayserlichen = und Reichs = Hofgericht
nichts zu thun, und die Burger und
Bauren in den Würtembergischen Stätten und Dörfern waren an ihre Stadt-
und Dorfgerichte gebunden. Dagegen
die Schirms=Verwandte Prälaten und
der Adel vor dem Würtembergischen
Hofgericht, das ist, vor den Graven
und ihren Räthen ihre Strittigkeiten
ausmachten. Der Name Hofgericht
blieb bißher unbekannt, obschon die Sache oder das Gericht selbsten würcklich
da ware. Man findet in der Würtembergischen Geschichte viele Verordnungen und Bündnisse, wo besonders der
Adel für die Räthe gewiesen wird. Es
wird zwar auch öfters gemeldet, daß
derselbe dieses Gericht nur Austrags-
weise gebraucht habe. Es ware aber

solches

solches kein willkührliches = sondern Ge=
sezliches Austrag = Gericht, und das
Wort: Austrag: selbsten bemerckte
eine Abthuung einer Strittigkeit über=
haupt, sie mochte von Fürstlichen Rä=
then oder von einem Stadt= oder Bau=
ren=Gericht erörtert werden. Bey al=
len diesen Umständen hatte das Wür=
tembergische Hofgericht die Verfassung
noch nicht, wie man solches in den fol=
genden neuern Zeiten gebraucht hat. In
den leztern drey Jahrhunderten verste=
het man durch das Wort Hofgericht
das oberste Appellations = Gericht in
der Würtembergischen Landes=Verfas=
sung. Diesen Gebrauch bekam es erst
von Grav Ulrichs, des Vielgeliebten,
Zeiten. Dann dieser machte den 27.
Nov. 1460. mit Marggrav Carln von
Baden eine sogenannte Erbeynung. In
dieser stehen die bedenckliche Worte, daß
beede Herrn in ihren Landen ihren Un=
terthanen, welche durch die von ihren
Stadt= und Dorfgerichten ergangenen
Urtheln sich beschwert befunden, den
Weg aufgeschlossen hätten, ihre Strit=
tigkeiten für sie und ihre Räthe zu
ziehen,

ziehen, d. i. an sie zu appelliren. Den
Weg zu einer Befugsame aufschliessen,
heisset nach der Sprache der Grossen in
der Welt, etwas vorhin unberechtigts
erlauben, oder eine Gerechtigkeit geben.
Mithin waren vor dieser Eynung die Züge oder Appellationen von den untern
Stadt- und Dorfgerichten an ein höhe-
res Gericht noch unbefugt : Vielleicht
waren sie bey den Unterthanen gar unbekannt. Eben um diese Zeit schlichen
sich die Römische Rechtsgelehrte in die
Canzleyen und Hofgerichte ein. Vorher findet man lauter adeliche Räthe,
von nun aber die beede Rechtsgelehrte
Vergenhannsen, den D. Martin Nit-
tel, den D. Reuchlin, den D. Schö-
ferlin und andere, auch adeliche Do-
ctorn. Diese brachten unfehlbar den
Graven von Würtemberg bey, wie übel
die Unterthanen daran wären, welche
durch eine Urthel sich beschwert befinden,
und wie die Appellationen hingegen eine
unaussprechliche Wohlthat für dieselbe
seyen. Man eröfnete demnach ihnen den
Weg, ihre Händel für den Herrn selbsten und seine Räthe zu ziehen. Doch
be-

bediente man sich der Vorsicht, händel-
süchtige Leute durch Straffen in den
Schrancken zu halten, daß sie dieses
Mittel nicht zu einem gefährlichen Umtrieb ihres Gegentheils anwendeten.
Grav Ulrich führte es demnach ein in
seinem Landes-Theil. Zu Anfang dieses
Jahrs trat Grav Eberhard, der ältere, die Regierung an. Dieser wird
insgemein für den Stifter des Würtembergischen Hof- oder Appellations-Ge-
richts angegeben. Der bekannte Rechts-
Lehrer Summenhard bezeuget solches in
seiner diesem Herzogen gehaltenen Lob-
Rede. Auf der andern Seite haben wir
die deutliche Worte des zwischen dem
Marggrav Carln und Grav Ulrichen
gemachten Verglichs, daß diese beede
Herrn die Hofgerichte, in sofern sie Ap-
pellations-Gerichte sind, in ihren Landen gestiftet haben. Ob nun Grav
Eberhard dergleichen Gericht in seinem
Landes-Theil vorher gestiftet, oder desselben Stifter genennet worden, weil er
eine bessere Ordnung demselben gegeben,
kan ich nicht bestimmen, wollte aber lieber das leztere behaupten. Indessen
er-

erhellet aus gedachter Erbeynung, daß
eben die Graven nicht selbsten den Vor-
sitz haben müssen, sondern Grav Ulrich
sich vorbehalten, bey begebenden Fällen
das Hofrichter-Amt auch seinem Hofmeister oder einem andern verständigen
Rath aufzutragen, und daß wenigstens
sieben Räthe einem solchen niedergesez-
ten Gerichte beywohnen sollen. „

Und damit stimmet auch überein, was
Herr Hofrath GERSTLACHER zu
Carlsruhe in seiner An. 1759. im Druck
herausgegebenen Sammlung der Herzoglich-Würtembergischen Geseze
und anderer Normalien (i) von dem
Ursprung des heutigen Hofgerichts
anführet, in verbis:

„Es scheinet, daß um das Jahr 1460.
das noch heut zu Tag blühende Hofgericht angeordnet worden. Wir finden
im Nov. d. a. schon eine Spur von demselben, da Marggrav Carl von Baden
und

(i) P. I. in der Einleitung in die Gesezliche Verfassung des Herzogthums Würtemberg. p. 10.

und Grav Ulrich zu Würtemberg in
einer Erbeynung Meldung thun ihrer
beeder Hofgerichte, welche sie besizen,
und mit ihren Räthen halten sollen, in
den Wochen zu den vier Frohnfasten,
wie dann auch Herr S a t t l e r anführet, daß An. 1461. am Freytag nach
Allerheiligen Tag Sigmund, Grav von
Hohenberg, Wolff von Tachenhausen,
Hofmeister, Conrad von Stein vom
Klingenstein, Hofmeister, Heinrich
Spet zu Tumnow, Antoni von Emers-
hoffen, Wilhelm Herter von Hertneck,
Hannß von Werdnow, Wernher Not-
hafft, der ältere und Georg Dürner von
Dürnow zu Gericht gesessen in der Strei-
tigkeit zwischen Grav Ulrich zu Würtemberg an einem- und Grav Conrad
von Fürstenberg, Hannß Jacob von
Bodmen, Wilhelm und Sigmund von
Honburg, Ulrich von Jungingen,
Heinrich und Burckhard von Rui-
schach am andern Theil, weil diese als
bestellte Diener wider Grav Ulrichs
Willen aus dem Feld sich begeben, als
er selbige mit dem Reichs-Panier wider Herzog Ludwig von Bayern dem
Reichs-

Reichs = Hauptmann Marggrav Al=
brecht von Brandenburg zugeschickt
hatte. „

Betreffend demnechst ‚

II.

Die Namen, welche dem Herzoglichen
Hofgericht von Zeit zu Zeit beygeleget
worden, so wird solches, weilen es in
dem Herzogthum Würtemberg kein hö=
heres Gericht gibt, in der ältern Hof=
gerichts = Ordnung d. a. 1587. (k) das
jüngste Gericht, sonsten aber das
Ober = Appellations = Gericht, (l)
Hofgericht, Ober = Hofgericht ge=
nennt, quia olim judicia in Aula vel
Curia ab ipsis Imperatoribus & Regi-
bus,

(k) Daselbst heisset es : „ So befehlen Wir solchemnach vorderist unserm Hoverichter, Rä=
then und Beysitzern gedachtes unseres Hove=
als zwar in diesem unserem Fürstenthumb des
jüngsten Gerichts und darumben nicht das
geringste Kleinod desselben. „

(l) Vid. Refer. Gen. d. 21. Oct. 1739. & paſſim.

bus, ac poſtea pariter a Ducibus &
Principibus peragebantur, neque ſta-
taria erant. (m)

III.

Iſt in Anſehung der Hofgerichts-
Ordnungen bereits bey num. I. ange-
:führet worden, daß die

Erſte Hofgerichts-Ordnung An.
1475. von den beeden Graven Ulrich
und Eberhard, dem ältern, gemacht
worden; Wie dann, daß vor dieſer
beeden Graven Zeiten noch keine ſolche
Ordnung geweſen, daraus erhellet, weil
Grav Eberhard in dem oben allegirten
Reſcript, wann er der Hofgerichts-
Ordnung Meldung thut, ſolche allezeit die ſeinige nennet, da er doch, wann
ſelbige vor ſeiner Zeit ausgegangen wäre, nach damaliger Gewohnheit vermuthlich auch ſeiner Vorelter erwähnet
haben würde. Es befindet ſich zwar
dabey kein Datum; Es iſt aber gewiß,
daß

(m) Beſoldus in Theſauro pract. voce : Hof.

daß solches nach 1480. und vor 1496. ergangen. Ersteres wird daher bewiesen, weil darinn Graven Ulrich, der An. 1480. mit Tod abgegangen, schon als eines Verstorbenen gedacht wird; Lezteres aber ist daraus ersichtlich, weil An. 1496. Grav Eberhard selbst dieses Zeitliche gesegnet. (n)

Die

Zweyte Hofgerichts-Ordnung kame heraus unter Herzog Ulrich Anno 1514. (o) Auf diese folgte die

Dritte unter Herzog Christoph Anno 1557. weilen derselbe, wie es in dem Procœmio heißt, befunden, daß leztere Hofgerichts-Ordnung als damals nach Gelegenheit der Zeit, Personen und Läuffen nicht allein auf das gemein geschrieben Recht, sondern auch zum Theil auf dieses Fürstenthums Herkomme, Gebrauch und

Ge-

(n) Vid. die Gerstlacherische Sammlung P. I. p. 10.

(o) Vid. Præf. nova ad proc. Dic.

b

Gewohnheiten gestellt, und also den jüngst ausgegangenen und verkündeten Landrechten, auch andern Fürstlichen Sazungen in etlichen Fällen etwas ungleich und zuwider, auch für sich selbst nach Veränderung der Zeit, Personen und Sachen einestheils unvollkommen, mangelhaftig und einestheils zuviel und überflüßig rc.

Sodann erschiene die

Vierte unter Herzog Ludwig An. 1587. (p) Nachdeme aber nicht allein samtliche Exemplarien von derselben aufgegangen, sondern auch inzwischen das erneurte Fürstliche Landrecht, und sonsten allerhand neue Constitutiones, Mandata und Rescripta generalia ausgegangen, so wurde endlich die

Fünfte und lezte Hofgerichts-Ordnung unter Herzog Eberhard, dem dritten, An. 1654. publicirt. (q)

IV.

<hr>

(p. q) Vid. sæpius alleg. Præfatio.

IV.

Wird wegen des Orts, wo das Herzogliche Hofgericht gehalten werden solle, so viel bemerckt, daß in ältern Zeiten selbiges an keinen gewiesen Ort gebunden gewesen, sondern es von der Willkühr der Graven und Herzoge von Würtemberg abgehangen, an welchem Ort sie das Hofgericht gehalten haben wollten; Wie dann aus den ältesten Urtheln zu ersehen, daß solches An. 1477. u. 1479. und also zur Zeit des Grav Eberhards, des ältern, zu Urach, An. 1481. 1487. und 1488. aber von dem Grav Eberhard, dem jüngern, zu Stuttgart in der Canzley in der Hofgerichts-Stuben gehalten worden.

Seit An. 1514. hingegen wird das Hofgericht beständig auf dem Rathhauß zu Tübingen gehalten, welches von der besondern Treue der Stadt Tübingen, welche sie Herzog Ulrich bey damaliger Aufruhr und Empörung

b 2   bewie-

bewiesen, herrühret, als um deren
willen ermeldter Herzog ihro unter an=
derm das Privilegium (r) ertheilt,
daß fürterhin allwegen das Fürstliche
Hofgericht zu Tübingen seyn, bleiben
und gehalten, und nicht von dannen
verändert werden solle, es wäre dann
Sache, daß sich künftiglich etwas son=
der Ursachen, die ihn oder seine Er=
ben ihrer Gelegenheit nach zu solcher
Veränderung bewegten, begeben wür=
den; Wobey zur Ursache ausdrück=
lich angeführet wird, „damit die un=
sern von Tüwingen um ihrer obgemeldt
unterthänigen Handlung und Darstre=
ckung ihres Leibs und Guts auch et=
was Ergözung künftiglich empfahen.„
Dahero es dann auch geschehen, daß,
als An. 1521. die Königlich=Oester=
reichische Regierung das Hofgericht
nacher Stuttgart convocirt, die Stadt
Tübingen sich dagegen schrift=und
münd=

(r) Dieses Privilegium ist in extenso zu finden
in Herrn Prälat Zellers Merckwürdigkeiten
von der Universität und Stadt Tübingen.
p. 122. sqq.

mündlich beſchwert, auch dadurch zu=
wegen gebracht hat, daß dieſes Hof=
gericht wieder aufgehoben, und ein
neues nach Tübingen ausgeſchrieben
worden. (s)

V.

Was die Zeit anbelangt, wann
und wie lang das Hofgericht gehalten
werden ſolle, ſo iſt es damit unter=
ſchiedlich gehalten worden.

In dem ſchon mehrmalen allegirten
alten Eberhardiniſchen Reſcript wur=
de befohlen, daß das Hofgericht des
Jahrs zweymal, ains uff Sonntag
zunacht nach Martini und das andere
uff den nechſten Sonntag zunacht nach
dem achtcenden Tag Corporis Chriſti
gehalten werden ſolle.

In

(s) Vid. die Zelleriſche Merckwürdigkeiten.
p. 124. ſqq.

In der Königlichen Commiſſarien Declaration und Erläuterung über den Tübinger Vertrag d. d. 11. Mart. 1520. hingegen wurde verſprochen, das Hofgericht des Jahrs wenigſtens viermal halten zu laſſen.

Dieſe Zeit iſt in der Confirmation des Tübinger Vertrags von Herzog Chriſtoph An. 1551. nochmalen beſtimmt, und in denen Hofgerichts-Ordnungen d. a. 1557. 1587. und 1654. wie auch in dem Landrecht wiederholter verordnet worden, daß das Hofgericht jeden Jahrs viermal gehalten werden, und jedesmalen vier Wochen lang währen ſolle, und zwar das erſte nach Invocavit, das andere nach Trinitatis, das dritte nach Bartholomæi und das vierte nach Martini.

Jedoch iſt ſolches in den nachgefolgten Zeiten nicht immer beobachtet, und beſonders zu Kriegszeiten das Hofgericht nur Einmal gehalten worden, hingegen hat daſſelbe öfters

ters sechs Wochen lang, zuweilen auch zwey Monate gewähret.

An. 1699. wurde zu Abkürzung der Proceſſe von Herzog Eberhard Ludwig reſolvirt und per Reſcriptum generale ausgeſchrieben, daß das Hofgericht jährlich nicht nur Ein = wie bißhero geſchehen, ſondern zweymal, als auf Invocavit und Bartholomæi gehalten, und damit auf Invocavit 1700. der Anfang gemacht werden ſolle, welches aber allein An. 1701. auf Invocavit und Martini geſchehen iſt.

Bey dem An. 1739. abgehaltenen Landtag kame ſogar zu Verbeſſerung des Juſtiz = Weeſens die Anordnung eines beſtändigen Hofgerichts in die Propoſition; Weilen aber die Zeit damalen nicht gelitten, ſolchen Puncten zu reguliren: So wurde ſtatt deſſen von der damaligen Landes-Adminiſtration verſprochen, die Veranſtaltung zu machen, und Sorge zu tragen, daß das Fürſtliche Hofge-

richt

richt zu Tübingen als ein theures und hochschäzbares Kleinod des Fürstlichen Hauses nicht allein mit tüchtigen, frommen, gelehrten und unverleumdeten Personen nach deſſen Fundation beſezt, ſondern auch jährlich regulariter zweymal gehalten werde, und dabey dem Vormundſchaftlichen Hofrichter aufzugeben, die Beſchleunigung der Proceſſe auf alle möglichſte Weiſe zu beſorgen, und dadurch vieles ſeufzen der armen Clienten zu verhüten. (t)

Es wurde auch das Hofgericht in Anno 1739. 1740. und 1741. würcklich zweymal = nachgehends aber theils darum, daß ſehr wenige Proceſſe übrig geblieben, theils um anderer Urſachen willen des Jahrs nur Einmal (auſſer in denen Jahrgängen 1759. 1760. und 1761. da abermalen ein doppeltes Hofgericht geweſen) jedoch meiſtens ſechs Wochen lang,

(t) Vid. Landtags = Abſchied d. a. 1739. §. 54.

lang, und zuweilen auch ausserordentliche und Gast-Hofgerichte auf Ansuchen und Kosten derjenigen Partheyen, welche sich dieselbe ob periculum in mora ausgebetten haben, abgehalten, wie hievon in dem Anhang num. I. das mehrere zu ersehen.

Endlich habe ich auch noch

VI.

von der alten Verfassung des Hofgerichts dieses beyfügen wollen, daß, wer vormals appelliren wollen, dem Richter einen Eyd zu GOtt und den Heiligen schwören mußte, daß er es thue allein um redlicher Beschwerd willen, als er vermeine, und nicht der Sache zu Längerung, noch seinem Widertheil zu Gefärde. Unter 20. Pfund Heller aber (ausser wann es einem seine Ehr berührte) wie auch um Buffen und Straffen wurde keine Appellation angenommen.

Ferner

Ferner ist hier zu bemercken, daß
die ehemalige Ober = Gerichte durch
das hernach angeordnete Hofgericht
keineswegs abgethan worden, sondern
vielmehr mit selbigem eine mitlauffen=
de Gerichtbarkeit erhalten, also daß
von denen Stadt = und Dorfgerich=
ten eines jeglichen Willen und Ge=
fallen nach an das nechste Ober=
Stadt = oder Hofgericht die Appella=
tion fürgenommen und vollführt wer=
den konnte, ausgenommen in Sa=
chen, die mehr, dann zehen = und
nicht zwanzig Pfund Heller betraffen,
in welchen die Appellation allein für
die Ober = Gerichte zugelassen wurde,
wie dann auch die Weisungen für die
Ober = Gerichte noch fürter verblie=
ben, und noch in dem Landrecht
von 1567. die ausdruckliche Bestäti=
gung erhielten, biß hernach in fol=
genden Zeiten solches geändert, und
allein die Gerichte der Haupt=Stätte
Stuttgart und Tübingen, (zu
welchen neuerlich auch das Gericht
zu Ludwigsburg, als der dritten
Hauptstatt, gekommen) zu Ober=
Ge=

Gerichten des ganzen Landes ernennet, solchen aber die mitlauffende Gerichtbarkeit mit dem Hofgericht benommen, und dieselbe allein auf Sachen, die mehr, dann zwanzig Pfund Heller, und doch nicht fünfzig Gulden betragen, eingeschräncket worden.

Es ware auch dieses etwas besonders, daß die Beysizere des Hofgerichts, ausgenommen Canzler und Hofmeister, verbunden waren, vor die Parthien in ihren vor demselben anhängigen Rechtssachen sich als Fürsprecher umsonst gebrauchen zu lassen. Daher es auch ohne Zweiffel kommen mag, daß die Fürsprechere, weil sie zugleich Räthe und Beysizere waren, dabey seyn dörfen, wann über die Urtheile berathschlagt worden, gestallten dann noch in dem Landtags = Abschied vom 11. Merz 1520. versehen, daß künftig die Fürsprachen in denen Urtheilen abtretten sollten. (u)

Dieses

(u) Vid. die Gerstlacherische Sammlung l. c. p. 6. & 9.

Dieſes wenige vorausgeſezet, ſo iſt noch übrig, von gegenwärtigem Indice Reali ſelbſten etwas zu melden.

Es iſt nemlich von dem Herrn Verfaſſer des in An. 1748. im Druck herausgekommenen Real-Indicis über die Herzoglich = Würtembergiſche Forſt-Ordnung in deſſen Vorbericht unter andern Urſachen, welche ihn zu der Herausgab deſſelben bewogen, hauptſächlich dieſes angeführet worden, daß ermeldte Herzogliche Forſt = Ordnung von langer Zeit her nicht beſonders aufgelegt, und die dahin einſchlagende von Zeit zu Zeit ergangene Herzogliche General-Reſcripta nirgends beyſammen anzutreffen ſeyen.

Da es nun mit der Herzoglichen Hofgerichts = Ordnung gleiche Beſchaffenheit hat, und, ſo viel beſonders die neuere reſp. Herzoglich = und Hofgericht=

gerichtliche = General - und Special-
Verordnungen und Decreta anbelangt,
zwar viele derselben allschon in der Hä=
berlinischen Sammlung der Hofge=
richtlichen Urtheile 2c. des seel. Herrn
D. Schöpffen Tractatu de proc. Dic.
dem Hochstetterischen Extr. Herzogli=
cher Gen. Rescr. und der Gerstlache=
rischen Sammlung der Herzoglich=
Würtembergischen Geseze theils in extenso , theils Extracts = weise zu fin=
den, eben deßwegen aber mit vieler
Mühe in diesen Büchern, (welche zu=
malen nicht ein jeder hat) aufgesucht
werden müssen, überdiß auch verschie=
dene von solchen noch gar nicht gedruckt
sind : So habe ich nicht ohne Nuzen
zu seyn erachtet, wann ein gleicher
Real=Index auch über die Herzogliche
Hofgerichts = Ordnung im Druck
heraus gegeben würde, und zu dem
Ende, wie hienach mit mehrerm zu er=
                                    sehen,

sehen, so wol die Herzogliche Hofge=
richts=Ordnung selbsten, als auch die
in denen Herzoglichen General - und
Special- Rescripten, Hofgerichtlichen
Decreten rc. enthaltene neuere Ver=
ordnungen auf gleiche Art, wie von
dem Herrn Verfasser des Real-Indicis
über die Herzogliche Forst = Ordnung
geschehen, ganz extrahirt, und jeden
Passum unter die behörige Rubrique
gebracht, auch, wo es nöthig gewesen,
das Herzogliche Landrecht zugleich mit
extrahirt oder wenigstens allegirt, wo
bey einer Rubrique mehrere Articul
vorkommen, dieselbe in Paragraphos,
um solche desto eher allegiren zu können,
eingetheilt, und zulezt ein vollständi=
ges Register angehängt.

Betreffend aber den bey diesem
Real- Indice befindlichen siebenfachen
Anhang, so ist davon überhaupt an=
zuführ=

zuführen, daß, weilen bey dem grossen Stuttgarter Canzley = Brand An. 1683. samtliche Hofgerichts = Acta und Protocolla (ausgenommen diejenige Protocolla, welche der damalige Hof= gerichts = Secretarius ausser der Canz= ley in seiner Behausung gehabt, und dahero noch gerettet worden) im Rauch aufgegangen, ersagtem Anhang von den ältern Zeiten allein dasjeni= ge, was aus denen noch vorhande= nen Hofgerichts = Protocollis von An. 1672. an und einem in der Hofge= richts = Registratur vorgefundenen al= ten Manuscript zu erlernen gewesen, inseriret werden können; Jedoch ver= hoffe ich, es werden auch diese we= nige Historische Nachrichten manchem Leser nicht ohnangenehm seyn, da zu= malen ich versichern kan, daß ich alles sorgfältig und fideliter extrahirt und zusammen getragen habe.

Uebri=

Uebrigens füge ich noch zum Be=
schluß den devoten Wunsch bey, daß
dieses höchste Herzogliche Tribunal
den durch schleunig und ohnpartheyi=
sche Administration der Gottgeheilig=
ten Justiz sich schon von jeher erwor=
benen Ruhm noch fernerhin und
biß in die spåteste Zeiten ohn=
unterbrochen beybehal=
ten möge.

Abschrif=

Abſchriften.

ſ. Appellations-*Acta*. §. 2. Hofgerichts-*Secretarius*. §. 10. Stadt-Amt-und Gerichtſchreiber. §. 3. Zeugen-Verhör-*Commiſſarii*. §. 8.

Adjuncti.

ſ. Hofgerichts-*Secretarii Subſtitutus*. Zeugen-Verhör-*Commiſſariorum Adjuncti*.

Advocaten.

ſ. Hofgerichts-Advocaten.

Æquitates ſententiæ a qua.

Weilen ſich geäuſſert, daß die Advocaten ihre angebrachte *Æquitates* mit vielen Umſchweifungen connectirt haben, ſind dieſelbe erinnert worden, ſolche mit jedesmaligem Abſaz und ohne ohnnöthige und weitläuffe Connectirung derſelben deutlich vorzutragen. Hofg. *Decr.* d. 16. Sept. 1724. ſ. Hofgerichts-Advocaten. §. 17.

Anwälde.

Nachdem die Partheyen ihre rechtshängige Sachen oftermal aus mancherley Urſachen nicht ſelber erſtehen mögen, ſo iſt ihnen, *Procuratores* und Anwälde zu ſtellen und zu haben, zugelaſſen. Hofg. Ordn. p. 18. §. 1. ſ. *Appellationes*. §. 3. 4. Gewälte. §. 15. *Legitimationes*. §. 3.

A   Apoſtoli.

Apoſtoli.

ſ. App. *Acta.* §. 7. Gerichts-*Acta.* Stadt-
Amt- und Gerichtſchreiber. §. 6. & 7.

Appellationes.

§. 1.

So jemand mit ergangener Urthel beſchwert
zu ſeyn vermeint, der mag durch ſich ſelber oder
ſeinen bevollmächtigten Anwald *in continenti*
alsbald nach ergangener Urthel vor ſizendem
Gericht, oder auf genommenen Bedacht innerhalb zehen Tagen, von der Stund ergangener
Urthel an zu rechnen, wieder vor ſizendem Gericht, oder vor dem Amtmann (obgleich derſelbe bey der Urthel nicht geſeſſen) in Beyſein des
Gerichtſchreibers oder eines Richters, oder
vor einem des Gerichts neben dem Gerichtſchreiber, oder auch vor zweyen bey der Urthel geſeſſenen Richtern in Schriften, oder
allein mündlich ohne Schriften, oder in Schriften vor einem *Notario* und zweyen Zeugen,
oder ſonſten vor zweyen erbarn und redlichen
Männern an das Hofgericht appelliren; Welch
nechſtgeſezt ſchriftliches Appelliren auch vor Aus-
gang obgedachter zehen Tage dem Richter zu inſinuiren, damit derſelbe mit der Execution nicht
procedire. Hofg. Ord. p. 46. §. 1. & p. 50. §. 10.
Landr. p. 170. §. Wann zwiſchen ꝛc. Und,
wann aber ꝛc.

§. 2.

Es iſt auch genug, daß die Parthey, ſo appelliren will, ſage: Ich bin mit ergangener
Urthel

Urthel beſchwert, oder ich appellire, oder be-
ruffe mich der Urthel, oder ziehe dieſelbe an
das Hofgericht, oder durch was Wort zu verſtehen gibt, daß ihre Meimung ſeye, an das Hofgericht zu appelliren. Hofg. Ord. p. 47. §. 2.
Landr. p. 171. §. Es iſt auch genug ꝛc.

§. 3.

So auch eine Parthey in erſter Inſtanz durch
einen Anwald zu Recht erſchienen, und der Anwald von der wider ſeinen Principal ergangenen
Urthel appellirt, ſoll es bey ſolcher interponirten
Appellation (obwol in dem Gewalt nicht ſpecia-
liter und ausdruckentlich begriffen, daß der Anwald auch appelliren ſolle) verbleiben, und ſtehet
dem Principal frey und bevor, ſolche Appellation
gebührlich zu proſequiren. Landr. p. 171. §. So
auch ꝛc.

§. 4.

Im Fall aber von einem Anwald nicht appellirt worden, ſteht nichts deſtoweniger dem Principal bevor, innerhalb zehen Tagen (ebenmäſig von Zeit, da er die wider ihn ergangene Urthel
in Erfahrung gebracht, an zu rechnen) ſelbſten
oder durch einen andern gebührlich davon zu appelliren. Landr. p. 172. §. Im Fall dann ꝛc.

§. 5.

Nachdem auch oftermals an dem Fürſtlichen
Hofgericht vorgekommen, daß ein dritter, der
kein Intereſſe bey der Sache hat, ohne allen mündlichen oder ſchriftlichen Befehl, oder aber in Kraft
eines fürgegebenen und doch ohnerwieſenen Man-

dats von wegen eines andern, wider den eine Ur=
thel ergangen, von solcher appellirt, und nachge=
hends derjenige, in dessen Namen die Appellation
geschehen, selbige ratificirt, und darob gezweifelt
wurde, ob solche Appellation statt möge haben
oder nicht, so ist verordnet, daß, wann obberührte
Ratification innerhalb zehen Tagen (von der
Zeit, da der Ratificans gewußt, daß die Urthel
wider ihn ergangen und ausgesprochen worden,
an zu rechnen) geschehen und genugsam bewiesen
würde, daß alsdann die Appellation kräftig und
beständig seyn solle. Hofg.Ord. p.48.§. 5.& 6.

§. 6.

Wiewol vermög gemeiner Rechten *gradatim*,
das ist, von jedem Untergericht an dasselbe nechste
Obergericht zu appelliren, so wird doch den Unter=
thanen von wenigern Kostens wegen frey gestellt,
daß sie von den Untergerichten an derselben
Ober= oder alsbald an das Hofgericht appel=
liren mögen. Hofg.Ord. p.47.§.4.

§. 7.

Jedoch alles nach Maaß und Verordnung des
Fürstlichen Landrechts *P. I. tit.* 59. §. aber in
Sachen ꝛc. nach welchem in Sachen, so sich auf
fünfzig Gulden (den Gulden zu sechzig Kreu=
zer gerechnet) oder darüber belauffen, wie auch
von allen Sachen, welche Ehr und Gesühr, Ehe=
haftinen, Dienstbarkeiten, Grund= Boden= Ur=
bar=Lehen= oder sonsten ohnablösige Zins, item
Losungen und dergl. Gerechtsamen berühren,
gleich an das Hofgericht appellirt werden solle,

also

also daß in denen Sachen, darinnen die Jurisdiction des Hofgerichts fundirt, beede Obergerichte in den Hauptstädten Stuttgart und Tübingen (*) damit die Unterthanen desto eher zu Erörterung ihrer rechtshängigen Sachen kommen)
übergangen, und (ausgescheiden, was der Untergang halber verordnet,) allein in denen Sachen,
so an das Hofgericht nicht erwachsen mögen, an
ermelte beede Obergerichte zu appelliren zugelassen
seyn solle. Landr. p. 173. §. aber in Sachen ic.
Hofg. Ord. p. 47. §. 4.

§. 8.

Nachdem das Churhaus Pfalz in dem ehemaligen Schirmsort Unteröwisheim das Jus Appellationum seu supremarum provocatio-
num hiebevor dergestalten privative hergebracht,
daß in allen daselbst vorgefallenen Causis appel-
labilibus von dem Unteröwisheimer Flecken-Ge-
richt nirgends anderswohin, als an das Chur-
Pfälzische Hofgericht nach Heidelberg, modo
Mannheim, appellirt werden können, und daselbst in solchen Sachen, vermög der ältern Verträge nach denen gemeinen Kayserlichen Rechten,
sofern das daselbst ab antiquo eingeführte Herzogliche Landrecht nicht ein anderes disponirt hat,
gesprochen werden müssen; Und nun aber mittelst
des zwischen dem Chur- und Herzoglich-Würtembergischen Haus zu Bretten sub dato 16. Sept.
1747. errichteten, und utrinque ratificirten Vertrags obgedachter Ort Unteröwisheim mit allen
A 3   hohen

(*) Ingleichem Ludwigsburg. s. Obergerichte.

hohen und niedern Juribus von Churpfalz dem
Herzoglichen Haus plenarie abgetretten wor=
den, so ist verordnet worden, daß der Ort
Unteröwisheim in denenjenigen Cauſis Appellationum, welche theils der Summe, theils
ihrer übrigen Beschaffenheit nach zum Herzog=
lichen Hofgericht sich qualificiren, wie hiebevor
an das Churpfälzische Hofgericht, also füro=
hin an das Herzoglich=Würtembergische Hofge=
richt und zwar absque intermedia Inſtantia
(dergleichen sie bis daher auch nicht gehabt) immediate verwiesen, in denenjenigen Cauſis Appellationum aber, welche ihrer Qualität nach
an das Herzogliche Hofgericht noch nicht erwach=
sen mögen, wie nicht weniger in untergänglichen
Sachen es nach der heitern Vorschrift des Her=
zoglichen Landrechts *P. I. t. 59. p. 173.* tractirt,
und somithin die disseitige Unterthanen zu Unter=
öwisheim mit ihren Appellationen in erstbemel=
ten leztern Cauſis an das denenselben aus Landes=
fürstlicher Macht zu einem Obergericht verordnete
Stuttgarter Stadtgericht verwiesen, und also,
wofern in Zukunft solcherley an das Herzogliche
Hofgericht sich qualificirende Cauſæ Appellationum von dem Ort Unteröwisheim vorkommen,
selbige in Gefolg dieser Verordnung behörig an=
genommen, und darinnen rechtlicher Ordnung
nach zu Werck gegangen werden solle. *Reſcr.*
Duc. d. 6. Jun. 1748. ſ. Bescheid, gerichtli=
che. Beyurtheln. §. 1. 2. *Formalia App.* Ge=
wälte. §. 16. Hofgerichts = Jurisdiction.
Straffen. Untergang.

Appel=

Appellations = Acta.

§. 1.

Demnach zu Zeiten die Partheyen von den Stadt = Amt = und Gerichtschreibern mit langsamer Verfertigung der Acten aufgehalten werden, und aber männiglich in Rechten zu befördern, so wird verordnet, sobald der Appellant die Gerichts = Acta begehrt, daß die Amtleute und Gericht den Stadt = Amt = oder Gerichtschreibern gleich, nach Beschaffenheit der Appellations = Acten und ihrer übrigen Geschäften, eine benannte Zeit, die Acten darinnen unverhindert zu verfertigen, bestimmen und ansezen, auch ernstlich darob halten sollen, daß die Acta in solcher angesezten Zeit vollkommen und unmangelhaft gefertiget, und solcher Termin in die Appellations = Acta verzeichnet werden möge. Hofg. Ordn. p. 52. §. 1. Landr. M. 77. §. Demnach zu Zeiten rc. Gen. Rescr. d. 1. Nov. 1699. und 9. Aug. 1718.

§. 2.

Auf den Fall, wann dem Actuario in Ansehung der Abschriften, und besonders der Ausfertigung der Appellations = Acten von Gerichts wegen kein kurzer Termin dazu anberaumet werden könnte, solle bey dem ihme zu bestimmenden Termin jedesmalen auf einen Tag sechs *Folia* oder drey Bogen bey Straf einer kleinen Frevel, welche ohne alle Nachsicht anzusezen und abzuziehen, in die Berechnung genommen, mithin auf sechzig *Folia* oder dreyßig Bögen ein zehentägiger Termin anberaumt, und demselben

dabey

dabey, aufgegeben werden, daß auf dem Original-
Producto sowohl der angesezte Termin, als auch
der Tag der beschehenen Communication bemerckt,
nichtweniger alles dieses in den unterthänigsten
Proceß-Berichten an Seine Herzogliche
Durchlaucht genau angezeigt, und in dem Eingang oder Beschluß der Appellations-Acten
pflichtmäßig gemeldet werden solle: Ob und wel-
cherley Strafen überhaupt während der Anhängig-
keit des Processes angesezet worden? Gen. Rescr.
d. 14. Aug. 1770.

§. 3.

Weilen am Hofgericht vielfältig und mit gros-
sem Mißfallen in Acht genommen worden, daß in
denen einkommenden Appellations-Actis nicht allwegen **alle interessirte Personen** wider die klare
Verordnung des Fürstlichen Landrechtes *P. I.
tit. 62. fol. 177.* ausdrücklich vermeldt und be-
nahmßt worden, also daß der Hofgerichts-Secretarius, wen er eigentlich citiren und vertagen lassen solle, aus solchen Actis nicht genugsam erlernen können, woraus erfolgt, daß man-
che Appellations-Sache sonderlich, wann selbige etwan einen Concursum Creditorum
betroffen, zu unterschiedlichen malen, ehe und
dann das Punctum legitimationis personarum
seine Richtigkeit erlangt, und ehe man in der
Hauptsache procediren können, vertagt werden
müssen, wodurch dann nicht allein gnädigster
Herrschaft, sondern auch denen Partheyen grosser
Unkosten verursachet worden: Als wird zu künftiger Fürkommung solcher und anderer schädlichen

Con-

Consequentien und Inconvenientien ernstlich befoh=
len, daß in Betrachtung solche Mängel sonder=
lich auch von denen Untergerichten nicht wenig ver=
ursachet werden und herfliessen, dessentwegen vor=
derist alle Unterrichter, so oft eine Sache vor ih=
nen rechtshängig gemacht wird, und die Par=
theyen zum ersten vorkommen, entweder vor sich
selbsten, oder durch ihre Stadt=Amt=und Ge=
richtschreiber von denselben alle Personen, so in
der Sache als Consorten und Mit=Kriegsver=
wandte oder Miterben begriffen, und Inter=
esse dabey haben, oder haben möchten, sie seyen
gleich alle citirt und würcklich erschienen, oder nicht,
in was Städten, Flecken, Dörfern, Weilern
oder Höfen dieselbe, oder (da die Sache minder=
jährige und andere verpflegte Personen belangt)
dero Vormünder gesessen, und in welches Amt
selbiges Ort gehörig, umständ=pünctlich und mit
allem Fleiß erkundigen, auch wo nöthig, gewiese
Schemata und Stamm=Register durch die Par=
theyen verfertigen lassen, und also einige Klage
oder Handlung ehender nicht, es habe dann vor=
derist die Legitimation ihre Richtigkeit erlangt,
oder seye deswegen gebührende Caution geschehen,
annehmen sollen. **Hofg. Ordn.** p. 53. §. 3.

§. 4.

Da auch in der Hauptsache beschlossen, und
die Endurthel gefaßt, sollen die Partheyen noch=
malen vor Eröfnung derselben um alle Interessen=
ten und Consorten umständlich erfragt, auch,
wo nöthig, das Protocollum oder die vornehm=

ste

ste Haupt-Handlungen aufgeschlagen, und daraus die Intereßirte gründlich erlernt, also keine
Endurthel ohne vorgehende gewiese Nachricht, daß
alle diejenige, so intereßirt, zugegen seyen, und
sich, wie recht, legitimirt haben, eröfnet werden.
Hofg. Ordn. p. 54. §. 4.

§. 5.

Wann dann eine Parthey nachmals appellirt,
wird denen Stadt-Amt- und Gerichtschreibern
alles Ernstes gebotten, daß sie in Verfertigung
der Gerichts-Acten allweg im Eingang derselben
alle und jede bey ausgeübtem Proceß intereßirte
Personen samt und sonders mit allem Fleiß und
Umständen, wie oben mit mehrerm vermeldt, ohn-
fehlbarlich einzeichnen und einrucken, oder in Un-
terlassung dessen nach Erkanntniß des Hofgerichts
ohnnachläßig gestraft werden sollen. Hofg. Ordn.
p. 54. §. 5. Landr. p. 177. §. Und wollen
hieneben rc. Gen. Rescr. d. 9. Aug. 1648.

§. 6.

Gleichergestalten sollen dieselbe nicht allein zu
Anfang und Eingang der Gerichtlichen Acten,
sondern auch in Vollführung derselben allweg das
Jahr, Monat und Tag, wann die Partheyen
erstlich fürkommen, und hernach, wie die Processe tractirt worden? wie die Handlungen auf
einander gefolgt? ob sich eine Contumacia gezeigt? wie man solche bestraft, und welche Erkanntniß darauf erfolgt? unterschiedlich mercken,
und den Appellations-Actis Pflichtmäsig einver-
leiben, damit bey dem Hofgericht wegen des al-
len-

lenfalls zuruckgebliebenen Strafanſazes das weitere verfügt werden könne. Hofg. Ord. p. 55.
§. 6. Landr. p. 177. §. Gleichergeſtalt ſollen ꝛc. Gen. Reſcr. d. 4. Aug. 1770.

§. 7.

Und dieweil, dem Fürſtl. Hofgericht und Unterthanen Koſten und Mühe zu verhüten, nicht
wenig daran gelegen, daß man wiſſen möge, welchermaſſen die Appellationes geſchehen, wann
Apoſtoli und Gerichts-Acta begehrt oder nicht,
ſo ſollen die Amtleute und Gericht fleißig Achtung
haben, und in allweg die Fürſehung und Erinnerung thun, daß jederzeit dem Stadt-Amt-oder
Gerichtſchreiber in Sachen, ſo appellirt, zu End
derſelben einverleibt werde, wann und welchergeſtalt nicht allein appellirt, ſondern auch *Apoſtoli* und Gerichts-*Acta* erfordert worden:
denn da ſolches unterlaſſen, und gnädigſte Herrſchaft neben dero Unterthanen darüber in Koſten
geführt, ſolle, derjenige Stadt-Amt-oder Gerichtſchreiber, ſo ſolche Acta ausgefertiget hat, gnädigſter Herrſchaft und dero Unterthanen ſolchen
aufgeloffenen Koſten ohne Widerred abzulegen
ſchuldig ſeyn und würcklich erſtatten. Hofg. Ordn.
p. 51. ſq. §. 3. & 4.

§. 8.

Auch ſollen ſie den Tag und die Stund ausgeſprochener Urthel und darwider beſchehenen
Appellation, item, welche Parthey alsbald
in Fußſtapfen, oder auf genommenen Bedacht,
noch, vor wem und welchergeſtalt appellirt,
oder

oder welcher Theil die Urthel acceptirt und dafür gedanckt, oder deren Bedacht genommen, den Acten fleißig und unterſchiedlich inſeriren. **Landr.** p. 178. §. Neben ſolchem ꝛc. **Hofg. Ordn.** p. 56. §. 10. 11.

§. 9.

Damit Hofrichter und Räthe, oder andere Obergerichte, dahin in ſolchen Sachen appellirt werden mag, Wiſſens haben, was zwiſchen denen Partheyen vor angefangener Rechtfertigung gehandelt, und an welchem Theil die Güte erwunden, und die Gebühr deſto baß in Erkanntniß des aufgelauffenen Unkoſtens, auch Auflegung einer Geld- oder andern Strafe fürgenommen werden möge: So ſolle jederzeit ſolches alles denen Appellations-Actis ausdrücklich einverleibt, auch, wo kundbar muthwillig appellirt worden, jederzeit die Refutation angehängt werden. **Landr.** p. 59. §. Wann auch ꝛc. **Gen. Reſcr.** d. 23. Jun. 1573. und 30. April 1645.

§. 10.

Damit auch die Acta deſto füglicher zu allegiren, und benebens zu ſehen und zu wiſſen, was für ſelbige zu fertigen, den Sachen gemäß bezahlt, ſollen nicht allein die Acta und derſelben geſchriebene Blätter beeder Seiten ordentlich quottirt, und nach der Zahl, wie viel derſelben beſchrieben, ſondern auch die Tax ohnfehlbar durch die Stadt-Amt- oder Gerichtſchreiber auf die Acta verzeichnet werden. **Hofg. Ordn.** p. 56. §. 9.

§. 11.

§. 11.

Und weilen in inscriptione der Appellations=
Actorum vielmalen der Appellat, wann er nem=
lich in der ersten Instanz Kläger gewesen, vor= und
der Appellant, als gewesener Beklagter, nachge=
sezet wird, solches aber wider den ordinem processus, da der Appellant in der zweyten Instanz,
ohne Consideration der ersten, auf gewisse Art
Kläger, und der Appellat Beklagter sind, lauft,
und in citando leichtlich Irrung machen kan, so
solle hinfüro bey Ausfertigung der Appellations=
Actorum der Appellant, als Kläger in der Ap=
pellations = Instanz ohne Unterschied vor = und der
Appellat, als Beklagter nachgesezet werden.
Gen. Rescr. d. 9. Aug. 1718.

§. 12.

Nichtweniger da bey Ausfertigung der Acten
die Extradirung der Original=Acten erster In=
stanz an statt der Appellations=Actorum sehr oft
die Quottir = oder Paginirung derselben in una
serie von einem Stück auf das andere unterbleibt,
und entweder nur die Producta numerirt, oder
jedes derselben besonders paginirt wird, dadurch
aber denen patronis causarum in Extrahirung=
und sofort bey dem Hofgericht in Allegirung der
benöthigten Stellen grose und ganz unnöthige Mü=
he erwachset, so sollen die Stadt = Amt = und
Gerichtschreiber hinfüro die ganze Acta zusammen
nehen und einbinden lassen, sofort in einer serie
durch numeriren und paginiren, oder da bey ih=
nen Mangel erscheinen sollte, Andung zu erwar=
ten

ten haben. Gen. Rescr. d. 9. Aug. 1718. und
6. Jun. 1741.

§. 13.

Die Stadt- und Amtschreiber sollen auch bey
Ausfertigung der Appellations-Acten jedesmalen
ein ordentliches *Directorium* beyfügen, oder,
wofern sie in Zukunft solches noch einmal unterlaſſen, ohnfehlbar deßwegen zur Strafe gezogen
werden. Gen. Rescr. d. 6. Jun. 1741. und
21. Jun. 1748.

§. 14.

Wiewolen auch in dem Fürſtl. Landrechten und
deſſelben Erſten Theil unterm tit. 6. vers. von
Tax der Stadt-Amt- oder Gerichtschreiber
Belohnung ꝛc. §. doch ſollen ꝛc. geordnet, daß
die Acta vorgehender Inſtanz dermaſſen mit Fleiß
zu fertigen, daß jede Seite eines Blatts nicht weniger, dann 23. Linien und eine jede Linie nicht
weniger, dann 12. Syllaben haben ſolle; ſo iſt
doch hierinnen groſſe Fahrläſigkeit befunden worden, daß die Acta etwa auf gar klein Papier,
auf ein Blatt nicht über 14. Linien und in einer
Linie nicht über 8. oder 9. ſondern auch wohl weniger Syllaben, darzu ganz unfleiſſig, uncorrect
und mangelhaft geschrieben, auch uncollationirt
den Partheyen zugeſtellt, und an das Hofgericht
überantwortet worden; derowegen ernſtlich befohlen wird, daß fürohin in Verfertigung der Actorum dißorts das Fürſtl. Landrecht gehalten werden, und in allweg die Fürſehung geſchehen ſolle, daß die Acta fleiſſig geſchrieben, correct und
ohne

ohne Mangel an das Hofgericht kommen mögen.
Hofg. Ordn. p. 55. §. 8.

§. 15.

Da bey denen Stadt = Amt = und Gerichtschrei=
bern wahrgenommen worden, daß theils dersel=
ben die Acta nicht folirten, oder defectuos, ja
gar nur summarie und mit Auslassung der in
judicio vorgekommenen = dem Hofgericht zu wis=
sen höchstnöthigen Umstände ausfertigen, darüber
dann, wollen anderst die Partheyen ohne weitern
Unkosten von einander kommen, sie das Juramentum judiciale hinc inde de = und referiren
müssen, oder auch, daß ihnen andere Abschriften
zugestellet werden, als zur Hofgerichts = Expedi=
tion originaliter eingeschickt worden; ingleichem,
daß sie auch die vor einigen bey der Urthel a qua
gesessenen Richtern mündlich interponirte Appella=
tion, und was sonsten hiebey von ihnen genau
bemercket werden solle, den Actis nicht inseri=
ret, ja gar dieselbe contra rei veritatem aus=
gefertiget zu haben, beschuldiget worden; von vie=
len auch die Acta so gar weitläufig, daß kaum
18. bis 19. Linien, geschweige die in der Hofge=
richts = Ordnung und Landrecht vorgeschriebene
Zahl der 23. Linien und 12. Sylben beobach=
ten, zumalen öfters gar unleslich ausgefertiget wer=
den, noch andere dieselbe nicht eingeheftet, son=
dern wie ein Kartenspiel oder Manual-Acta zum
Hofgericht einschicken: So wird ernstlich befohlen,
daß sie diese Defectus emendiren, und allen mög=
lichen Fleiß vorkehren sollen, damit dergleichen
Fehler

Fehler sich ins künftige nicht mehr ereignen, sondern den wohlverfaßten Ordnungen bey zu befahren habender ernstlichen Andung und Straf nachgelebet werden möge. **Hofg. Ord. p. 55. §. 7 & 8.**
Gen. Rescr. d. 1. Nov. 1699. und 9. Aug. 1718.

§. 16.

Weilen auch die Acta etwa jungen Scribenten überlassen, und von denen Stadt-und Amt-
schreibern nicht revidirt worden, dadurch aber, sonderlich in puncto formalium, ob, vor wem
und welchergestalten man appellirt, oft nicht geringer Streit vorgefallen, auch Versäumnis und
Unkosten verursacht worden: als sollen die Stadt-
und Amtschreiber denen Sachen selbsten auch
nachsehen, und wo Acta an das Hofgericht zu
fertigen, selbige mit Fleis durchgehen, damit man
nicht, wann hierinnen Fahrläsigkeit und Saum-
sal erscheinen möchte, verursacht werde, ihnen die
Ersezung des so wohl gnädigster Herrschaft, als
auch denen Partheyen hierdurch aufgegangenen
Kostens aufzulegen. **Gen. Rescr. d. 18. Febr.**
1632.

§. 17.

Wofern einer oder der andere, deme über die
ernstliche Erinnerung und Verwarnung des rechtlichen Processes der Weg Rechtens auf seine
Gefahr gestattet wird, noch nicht ruhig seyn,
sondern ein solcher muthwilliger Litigant von
der Urthel primæ Instantiæ an ein Ober-oder
das Hofgericht appelliren wollte, sollen die Stadt-
Amt-und Gerichtschreiber, damit der Richter,

für

für welchen appellirt wird, Wissens habe, was zwischen den Partheyen vor angefangener Rechtfertigung gehandelt, und an welchem Theil die Güte erwunden, sich auch in Tarirung des Unkostens zu verhalten, solches alles den Appellations-Actis ausdrucklich inferiren. Landr. p. 59. §. Wann auch ꝛc.

§. 18.

Wann die Stadt- Amts- und Gerichtschreiber den Partheyen Innhalt des Fürstl. Landrechtens die Acten zu redimiren und zu lösen, einen Tag oder Termin bestimmen, sollen sie auch die Stund inferiren, und solches alles auf die Acten verzeichnen. Landr. p. 22. §. 16.

§. 19.

Und obwol im Ersten Theil des Fürstl. Landrechten unterm tit. 62. von Verfertigung der Gerichts-Acten p. 177. sq. ausdruckliche Maaß geben, welchergestalt die verfertigte Acta dem Appellanten zu verkündten, die Verkündigung, derselben Tag und Stund auf die Acta zu verzeichnen; So ist doch dessen ohngeachtet solches durchaus in gemein, sonderlich der Stund halber unterlassen, und dadurch das Hofgericht und die Partheyen verhindert und beschwert worden. Sollen und andern mehr Unrichtigkeiten nun fürzukommen, solle fürohin in gerichtlichen Sachen, da appellirt werden, nicht allein der Tag, sondern auch die Stund ergangener und ausgesprochener Urthel, fürgenommener und beschehener Appellation, welche Parthey alsbald im Fußstapfen,

B   oder

oder nach gehabtem Bedacht, vor wem und wel=
chergestalt appellirt, oder die Urthel = und von wem
angenommen, dafür gedanckt, oder auch Bedacht
genommen, nach ergangener Urthel in die Acta,
und dann die **Verkündigung** auf die Acta un=
terschiedlich verzeichnet und beschrieben, widrigen
Falls aber und wo die Acta gehörtermassen nicht
verfertiget, sondern etwa daran Mangel erfunden,
dadurch das Hofgericht verhindert, oder die Par=
theyen zu Kosten oder Schaden kommen, gleich=
wol die Acta den Partheyen zu gutem angenom=
men, und das Præsentatum darauf geschrieben,
aber den Fehl oder Mangel zu wenden, den Stadt=
Amt = oder Gerichtschreibern auf ihren Kosten von
dem Hofgericht oder desselben Secretario zugeschi=
cket werden, und darzu die Stadt = Amt = und
Gerichtschreiber den Partheyen den Kosten und
Schaden, so daraus entstanden, ohne weitere
Einrede abzulegen und zu erstatten schuldig seyn.
Hofg. Ordn. p. 56. sq. §. 10. 11. & 12.

§. 20.

Da eine Parthey Armuth halber die Gerichts=
Acta von dem Stadt = Amt = oder Gerichtschrei=
ber zu lösen nicht vermöchte, und solches ihrem
Amtmann wissend, soll derselbe mit dem Stadt=
Amt = oder Gerichtschreiber verschaffen, daß die
Acta der Parthey nichts destoweniger ordentlich
und fleißig gefertiget und gefolgt werden, jedoch
mit dem Anhang, da solche Parthey im Rechten
obsigen, und damit so viel, daß sie den Stadt=
Amt = oder Gerichtschreiber seines Lohns befriedi=

gen

gen möchte, erobern, oder sonsten zu besserem
Vermögen kommen würde, daß sie alsdann dem
Stadt-Amt-oder Gerichtschreiber seine verdiente
und gebührliche Belohnung erlegen solle. Hofg.
Ordn. p. 57. §. 14. & p. 17. §. 17.

§. 21.

Nachdeme Sr. Herzoglichen Durchlaucht
von Dero Herzoglichen Hofgericht in Unterthänig-
keit hinterbracht worden, was massen in denjenigen Fällen, wo mehrere appelliren, als welches
vornemlich bey Gant-Urtheln zu geschehen pflegt,
nur von Einem Appellanten die Appellations-Acten ausgelößt und eingelegt worden, gleichwolen
aber hernach die übrige Appellanten der Meinung
seyn wollen, daß selbige Einlegung ihnen zu statten komme : Welches dann schon mehrmalen verursacht habe, daß contra formalia Appellationis deßhalben excipirt, auch entweder puncto formalium erst Beweiß erkannt, oder gar eine Non-
Devolutoria ausgesprochen werden müssen: Als
haben Sich Se. Herzoglichen Durchlaucht
hiedurch veranlaßt gesehen, allen Dero Beamten,
Gerichten und Unterthanen über die dißfalls in dem
Herzoglichen Landrecht und Hofgerichts-Ordnung
schon enthaltene Verordnungen die Erleuterung
und Interpretation dahin gnädigst zu ertheilen
und bekannt machen zu lassen, wasmassen es mit
der vorgeschriebenen Auslösung und Einlegung der
Actorum primæ Instantiæ keineswegs die Absicht alleinig dahin habe, damit dem judici ad
quem die Acta primæ Instantiæ zur Einsicht

B 2   kom-

kommen, sondern daß vielmehr, insbesondere zu
Beschleunigung des Ausgangs der Appellationen
der Termin von zwanzig Tagen a die denuncia-
tionis eben sowol, als der Termin von zehen Tagen zu legitimer Interponirung der Appellation
pro fatali Appellationis gesezt worden, damit von
jedem derer Appellanten, ob er seines Orts die
interponirte Appellation zu prosequiren, oder der
Urthel statt zu thun gedencke, durch solches Factum
sowol der Auslösung, als auch Einlegung der
Acten sub termino præclusivo die Declaration
an Tag gegeben werde. Und gleichwie dahero die
von Einem Appellanten beschehende Auslösung
und Einlegung gedachter Actorum primæ Instantiæ des andern Appellanten intra fatale &
tempus legitimum zu declariren habenden ani-
mum nicht anzeigen kan: Also wird ferners verordnet, daß bey mehrern Personen, welche wider eine Urthel appellirt haben, gleichwie ein jeder
derselben die Appellation intra fatale decendii
zu interponiren gehabt, also auch ein jeder von
diesen Appellanten durch sein eigenes und beson-
deres Factum das Fatale in Auslösung und Einlegung der Actorum primæ Instantiæ zu beobachten haben solle, und zwar unter der ausdruckentlich bemerckend und determinirenden Folge,
daß in Ansehung alldererjenigen Appellanten, welcher nicht intra fatale der zwanzig Tage die Auslösung und Einlegung der Acten durch sein eigenes Factum beobachtet, die Appellation vor desert erkannt werden solle.

Damit aber gleichwolen dieses nicht dahin verstanden

standen werden möge, als ob zu solchem Ende
vor jeden Appellanten einerley Acten mehrfältig
ausgefertiget werden sollten, woburch sowol der
Lauf der Appellation nur verzögert, als auch die
Partheyen in mehrere Proceßkosten gesezet würden: So gehet die weitere gnädigste Erläuterung
dahin, daß es genug, wann nur intra fatale
oftgedachter zwanzig Tagen die Auslösung und
Einlegung der Acten einfach von Einem derer
Appellanten würcklich geschiehet, dcmenechst aber
binnen ersterwehntem Fatali von jedem derer
übrigen Appellanten entweder demjenigen, so sothane Einlegung vornimmt, eine Special-Voll-
macht, ein solches auch in seinem Namen zu thun,
erweißlich gegeben, oder auch selbsten bey der Hofgerichts-Expedition mündlich oder schriftlich decla-
riret wird, daß die von einem andern Appellanten
schon beschehene Einlegung zugleich aufgenommen
werden möchte, als ob solche von ihme selbst geschehen wäre. Allermaffen dann diese Erläuterung und Verordnung in dem oben vorausgefez-
ten Fall bey mehrern Appellanten dergestalten
pro norma & regula universali gesezet worden, daß keine andere Entschuldigung und Ausnahm darwider solle attendiret werden, als alleinig
diese in sofern, wann ein oder der andere von
solchen mehrern Appellanten entweder als litis
consors in sensu Juridico mit demjenigen, so
das Fatale der Einlegung der Acten beobachtet,
oder sich dahin qualificiren könnte, daß ihme nach
sonstiger rechtlicher Ordnung annoch die Communio oder respective adhæsio Appellationis,

B 3   wann

wann er gleich die Appellation gar nicht Anfangs
interponiret hätte, bevor wäre und zu statten kä-
me. Es sollen auch die Beamte sorgfältig Ob-
sicht tragen, daß bey sich ergebenden Fällen infon-
derheit durch die Stadt- und Amtschreiber die
Partheyen deffen- erinnert und belehret werden.
Gen. Refcr. d. 25. April 1760.

§. 22.

Wann formalia Appellationis gerecht gefunden, so sollen alsdann materialia an die Hand
genommen und Acta voriger Instanz offentlich,
unterschiedlich und verständlich, bevorab an den
Orten, da etwas an der Sache gelegen, als fonderlich Klag, Antwort, Documenten, Zeugen-
Auffag, Urtheil, von welcher in fpecie appellirt,
wie auch auf der Partheyen Begehren zu Zeiten
die in erfter Instanz eingebrachte Schriften nach
Befchaffenheit der Sachen und Umständ, so weit
es für nöthig erfunden wird, verlefen werden.
Hofg. Ordn. p. 70. §. 1.

§. 23.

Nachdeme man aber bey Fürstlichem Hofgericht
wahrnehmen müffen, daß bey Verlefung der Acten
in einer Appellations-Sache puncto agnitionis
& alimentationis partus adulterini einige
Paffus, welche garstige und obfcöne *Expref-*
fiones in sich enthalten, ad petitum der Advocatorum publice verlefen worden, solches aber fo-
wol zu Defpect des Fürstlichen Hofgerichts, als
zum offenbaren Aergerniß der Umstehenden gereicht:
Als sind samtliche Hofgerichts-Advocaten erinnert
wor-

worden, fürohin bey dergleichen Imprägnations-
Proceſſen, wann die Acta verleſen werden, von
Verleſung dergleichen Obſcœnorum zu abſtra-
hiren, und dieſelbe nur quoad paginas oder folia Actorum remiſſive zu allegiren. Hofg. *Decr.*
d. 29. Aug. 1721. ſ. *Fatalia.* Gant-Proceſſe. §. 7. Hofgerichts-*Secretarius.* §. 11.

Appellationis Communio.

§. 1.

Nachdem ſich etwa begibt, daß die Parthey,
ſo gleichwol nicht appellirt hat, dannoch die Appellation mit den Appellanten gemein haben, und
ihre Gravamina und Beſchwerden auch deduciren und fürbringen will, darüber dann die Partheyen vor Hofrichter und Räthen zu ſtreiten kommen, hierinnen ſoll es nachfolgender Geſtalt gehalten werden.

Wann die eine Parthey nach ergangener Urthel mit ausgedruckten Worten appellirt, aber die
andere Parthey dazu ſtill geſchwiegen, der Urthel
halb ſich nicht bedanckt, dieſelbe weder mit Worten, noch Wercken ausdruckentlich, noch ſtill-
ſchweigend nicht angenommen, noch angenommen
zu haben leichtlich geachtet werden mag, ſo ſoll
derſelben Parthey ohnbenommen ſeyn, daß ſie die
Appellation mit dem Appellanten gemein haben
möge, doch daß ſolche Parthey die Acta voriger
Inſtanz zu fertigen und zu löſen, auch das Einleggeld, und ſo was ferner nach gethaner Appellation darauf gegangen, zum halben Theil, ehe
und dann ſie gehört, zu bezahlen ſchuldig, und
B 4 alſo

also die Appellation und Acta gemein seyn sollen;
und dasselbe mit dem Anhang, daß, wann die
Urthel unterschiedliche und abgesonderte Articul
und Capitula in sich hielte, und der Appellant
allein von etlichen derselben in specie appellirt,
und die übrige acceptirt und angenommen hätte,
der Appellat aber dazu still geschwiegen, und sich,
was seine Meinung hierüber seye, innerhalb gebührender Zeit der zehen Tage gar nicht erklärt,
alsdann, wann folgends er, Appellant, die Appellation mit dem Appellanten gemein will haben,
so soll sich dieselbe weiter nicht, dann auf diese
Capitula, davon der Appellant unterschiedlich
appellirt, erstrecken, die übrige aber pro re ju-
dicata gehalten werden. Hofg. Ord. pag. 69.
§. 1. 2.

§. 2.

Wofern aber des Appellanten Gegentheil von
den übrigen Capituln (allen, oder deren etlichen)
auch appelliren würde, mag in solchem Fall jede
Parthey auch in jedes Gegentheils appellirten Ca-
pitul die Appellation gemein haben. *Ib.* §. 3.

§. 3.

Da auch der eine Theil förmlich appellirt, und
zu rechter Zeit die Gerichts-Acten begehrt, der
andere Theil aber, ob er gleichwol auch appellirt,
doch unförmlich, oder die Acten nicht begehrt hätte, mag dieser nichts desto weniger die Appellation mit seinem Gegentheil gemein haben. *Ib.* §. 4.
s. *Contumacia.* §. 2.

Appel-

Appellations-Klage.

§. 1.

Wann die Acta voriger Instanz abgelesen, solle der Appellant die Appellations-Klage oder Beschwerden, damit er vermeint durch ergangene Urthel beschwert zu seyn, verständlich, ordentlich und mit guter Bescheidenheit fürbringen, die Nichtigkeit, so eine vorhanden, zumal mit der Unbilligkeit der Urthel aus wahrhaften und rechtmäsigen Ursachen widerfechten, mit Begehren, selbige Urthel als nichtig oder unbillig erkennt, und Innhalt seiner Bitte geurtelt zu werden. Wo auch die Beschwerden und Gründe des Appellanten hievor in erster Instanz eingebracht und in Acten begriffen, mag er sich mit kurzen Worten darauf referiren und beziehen. Und da die Nullität der Urthel aus den Acten nicht bescheint werden kan, soll der Appellant die Appellations-Klage allein auf die Iniquität und Unbilligkeit derselben richten. Landr. p. 188. §. Nach Verlesung der Acten rc. und §. sq. Hofg. Ord. p. 71. §. 3. 4. & 5.

§. 2.

Die Advocaten sollen ihre Gravamina mit jedesmaligem Absaz und ohne unnöthige und weitläuffe Connectirung derselben deutlich vortragen. Hofg. Decr. d. 16. Sept. 1724. s. Attentata §. 4. 6. Beweis §. 1. 2.

B 5 Appel-

Appellations-Scheda.

§. 1.

Da bey denen Stadt-Amt-und Gerichtschreibern wahrgenommen worden, daß sie oder ihre
Scribenten die Partheyen mehrfältig mit un-
förmlicher Verfassung der Appellations-Zettel
entweder gar um ihre Appellation bringen, oder
wenigstens wegen abhörend eydlicher Kundschaft
in vergebliche Kosten sezen, so werden dieselbe erinnert, dergleichen Mängel zu emendiren. **Gen.**
Rescr. d. 1. Nov. 1699. und 9. Aug. 1718.

§. 2.

Und da auch einige Actuarii die Appellations-
Zettel, wann vor ihnen und zwey erbarn
Männern appellirt wird, manchmalen sehr unförmlich, und nicht, wie es die Ordnung erfordert, auszufertigen, und in dieselbe hinein zu sezen pflegen, daß vor dem Actuario in Gegenwart oder Beyseyn zweyer Männer appellirt worden, so daß hierüber zum öftern Streit entstehet,
ob in solchem Fall die Anwesende nur als Zeugen
oder Urkunds-Personen zugegen gewesen, und
denen Appellanten weitern Beweis mit Unkosten
zu führen auferlegt, oder ihnen nach Gestalt der
Sachen ihr Appellations-Recht gar abgestrickt
wird: Als sollen sie, die Stadtschreiber, dahin
angewiesen werden, daß sie, wo vor ihnen und
zwey bey der Urthel gesessenen Richtern oder zwey
erbaren Männern appellirt werde, in die Sche-
dam Appellationis deutlich hinein sezen, wie
daß

daß vor ihnen und denen zu benahmsenden zwey
Personen auf Art und Weise, wie geschehen, seye
appelliret worden. Gen. Rescr. d. 6. Jun. 1741.

Appellations-Summa.

§. 1.

In Sachen, so sich auf fünfzig Gulden den
Gulden zu sechzig Kreuzer gerechnet, oder darüber
belauffen, soll gleich an das Hofgericht appellirt
werden. Landr. p. 173. §. Aber in Sachen rc.

§. 2.

Da aber in obgesezter Summe der Appellationen zwischen den Partheyen Stritt fürfielen, ob
die Hauptsache selbiger Summe gleich und Appellabilis seye, soll dem Appellanten auf nach-
folgendes Angeloben an Gerichts-Stab an Eydesstatt seine Appellation zugelassen werden. Landr.
p. 174. §. Endlich da rc. und: also mag
auch rc. Hofg. Ordn. p. 35. sq.

Verspruch.

Ihr sollet an Gerichts-Stab an Eydesstatt
angeloben, daß ihr lieber fünfzig Gulden von
dem euren verlieren, oder dieselbe nicht nehmen,
dann von dieser eurer fürgenommenen Appellation
abstehen wolltet.

Also mag auch mut. mut. ein Anwald, so er
dessen bevollmächtiget, diesen Versprucht im Namen seines Principals erstatten. Landr. p. 174.
§. Endlich da rc. und: also mag auch rc.
Hofg. Ordn. p. 35. sq.

§. 3.

§. 3.

Nachdeme Serenissimo von dem Fürstl. Hof⸗
gericht unterthänigst vorgetragen worden, welcher⸗
gestalten in Sachen, welche *bona immobilia,*
Grund und Boden angegangen, bey demselben
zu zerschiedenenmalen auf die Summam appellabilem der fünfzig Gulden nicht reflectirt, son⸗
dern, wann gleich der Werth des litigiosen liegen⸗
den Guts sich dahin nicht erstrecket, von selbigem
nichts destoweniger die Appellationes vornehm⸗
lich der Ursachen angenommen und darinn gespro⸗
chen worden, weilen in der Hofgerichts⸗Ordnung
P. II. t. 11. §. in verbis:

„ Ausgenommen Sachen, so Grund⸗Boden⸗
Urbar⸗ und Lehen⸗ und sonst ohnablösige
Zinß ꝛc. belangen, die sollen am Hofgericht
angenommen werden. „

solches also disponirt zu seyn scheine, und dieses
hierauf in eine Praxin und Observanz bey ermel⸗
tem Dicasterio erwachsen, obschon hierwider vor⸗
nehmlich die Verordnung Fürstlichen Landrechtens
P. I. t. 59. §. aber von Sachen ꝛc. im Weeg
stehen wolle, mithin dasselbe zu Conciliirung die⸗
ser beyden Passagen um eine Interpretationem
authenticam gebetten: Als haben Serenissimus
solche dahin gegeben, und schon gedachte beyde
einander entgegen zu seyn scheinende passus resp.
solchergestalt conciliirt und erläutert, daß künftig⸗
hin und a dato dieser gnädigsten General⸗Ver⸗
ordnung an bey denen an dem Hofgericht ratione
immobilium ergehenden Appellationen nicht auf
den

den Fundum, sondern vielmehr auf die in dem Landrecht und der Hofgerichts = Ordnung pro Summa appellabili conſtituirte und determinirte fünfzig Gulden geſehen, mithin bey *rebus immobilibus*, wann deren Pretium nicht auf fünf= zig Gulden zu ſtehen komme, die Appellationes daſelbſt nicht mehr geſtattet oder angenommen werden ſollen, es wäre dann, daß der eine oder der andere davor litigirende Theil ein beſonders geſtalten Sachen nach wahrſcheinliches *pretium affectionis* zu dem ſtrittigen Gut tragen, und ratione pretii zugleich einiger Zweiffel obwalten ſollte, als in welchem Fall Sereniſſimus gleich= wolen geſchehen laſſen wollen, daß derſelbe coram judice a quo, welcher hingegen die Umſtände der Sachen dabey jederzeit wohl erwägen ſolle, das juramentum in litem affectionis deßhalben abſchwören, und hierauf ſeine interponirte Appel= lation bey dem Hofgericht rechtlicher Ordnung gemäß proſequiren möge. Gen. Reſcr. d. 12. Mart. 1740. f. Hofgerichts = Jurisdiction. §. 6. 9. 10. *Nullitates.* §. 6.

Arbitramenta.

Da die gütliche Unterhandlung bey den Par= theyen nicht ſtatt haben wollte, ſolle von denen dazu verordneten Beyſizern die Sache dahin ge= richtet werden, daß beede Partheyen Hofrichter und Räthen heimſtellen, daß dieſelbe in der Güte der Billigkeit gemäß lediglich oder mit Geding und gewieſer Maaß, wie dieſelbe von den Par= theyen einander bewilligt, ein Ausſpruch thun, und

und den Partheyen von einander helfen mögen.
Hofg. Ordn. p. 112. §. 3.

Verspruch der Partheyen, deren Sache nach gütlicher Unterhandlung durch des Hofgerichts Ausspruch entschieden worden.

Nachdem ihr beede Partheyen durch beschehene
gütliche Unterhandlung dahin gekommen, daß ihr
eure Sache, darinn in der Güte zu sprechen und
euch zu entscheiden, hinter das Fürstliche Hofgericht geseßt, sollet ihr an Gerichts-Stab angeloben, daß ihr bey dem, so durch Hofrichter und
Beysißer in der Güte entschieden und gesprochen
wird, unweigerlich bleiben und demselben geleben
wollet; darauf euch dann der gütliche Entscheid
eröfnet werden solle. Hofg. Ordn. p. 42.

Articuli defensionales.

§. 1.

Wann die Parthey, wider welche art. probatoriales übergeben worden, dagegen *defensionales* fürbringen wollte, soll dasselbe mit und
neben den Interrogatoriis, oder in selbiger Zeit
geschehen, und derselben halber wie bey probato-
rialibus resp. gehandelt werden. Hofg. Ordn.
p. 83. §. 7.

§. 2.

Wiewol an etlichen Gerichten zugelassen, daß
der Theil, so defensionales übergibt, dieselbe
auch in Fragstück verwenden, und darauf des

Ge

Gegentheils Zeugen vor desselben Beweiß Articul
verhören lassen möge, und dagegen seinem Wider-
sacher seine Probatorios auch in Interrogatoria
zu verwandeln und vor den Defensionalibus des
Beklagten Zeugen fürzuhalten gestattet wird, so
wird doch solches an dem Hof- und andern Ober-
und Untergerichten zuzulassen und zu geschehen,
aus sondern Ursachen verbotten. Hofg. Ordn.
p. 83. §. 8. s. *Articuli positionales.* §. 11. 13.
Art. prob. §. 2. 4. *Rotuli exam. test.* §. 6.
12. 13.

Articuli positionales.

§. 1.

Wann weitere Beweisung bewilligt oder erkennt wird, so soll zu der Parthey, die beweisen
will, Gefallen stehen, daß sie *Positional*-Articul
medio juramento, mittelst Eyds Ponentium,
oder ohne denselben fürbringen möge. Hofg.
Ordn. p. 77. §. 1.

§. 2.

Mit solchen Positional-Articuln soll die Parthey zuvor gefaßt seyn, und dieselbe gleich alsbald, oder da solches aus erheblichen Ursachen,
so anzuzeigen, nicht seyn möchte, doch auf das
längst innerhalb vierzehen Tagen nach vollendetem Hofgericht ohnfehlbar bey des Hofgerichts
Straf in Schriften doppelt übergeben und dem
Hofgerichts-Secretario zuschicken. *Ib.* §. 2.

§. 3.

Alsdann soll der Hofgerichts-Secretarius das
Præ-

Præsentatum darauf verzeichnen, und dieselbe dem Gegentheil auf des Ponenten Kosten unverzüglich zukommen lassen. *Ib.* §. 3.

§. 4.

Der Gegentheil soll auf alle und jede Positional-Articul, so nicht juris, und darauf man zu antworten schuldig, mittelst Eyds Respondentium, oder ohne denselben, nachdem nemlich die Positiones übergeben worden, salvo jure impertinentium &c. durch die Worte: Glaube wahr, oder nicht wahr seyn; ohn alle Vorwort und Anhang erbar, aufrichtig und gewissenhaft antworten. *Ib.* §. 4.

§. 5.

Da ein Articul *multiplex* und mehr dann einerley Ding oder Sache in sich begrieffe, soll derselbe von dem Respondenten distinguirt, und dabey eigentlich angezeigt werden, wo, wie weit und welchergestallt er den Articul wahr oder nicht wahr geglaubt haben wolle, und darauf das Juramentum ponentium und respondentium von beeden Theilen (wann sie einander solche Juramenta nachgehends nicht gutwillig remittiren) erstattet, oder gegen der Parthey, die sich dessen verweigern wollte, vermög gemeiner Rechten gehandelt werden. *Ib.* §. 5.

§. 6.

Die Partheyen, so Positiones und Articul bey dem Eyd übergeben, sollen zu GOtt schwören, und zwar

Die

Die Principal-Partheyen:

Daß die Positiones und Articul, die ihr in dieser Sache übergeben, so viel derselben euer eigene Geschicht oder Handlung belangen, wahr, so viel aber von fremder und anderer Geschicht oder Handlung gesezt, daß ihr dieselbe wahr und beweißlich seyen, glaubet.

Die Anwäld in ihr selbst und ihrer Principalen Seel:

Daß die Positiones und Articul, die von euch in eurer Principalen Nahmen in dieser Sache übergeben werden, so viel derselben eurer Principalen Geschicht oder Handlung belangen, wahr, so viel aber von fremder und anderer Geschicht oder Handlung gesezt, daß ihr dieselbe wahr und beweißlich seyen, glaubet.

§. 7.

Die Partheyen, so bey dem Eyd auf eingekommene Positiones und Articul antworten, sollen schwören, und zwar

Die Principal-Partheyen:

Ihr sollet einen Eyd zu GOtt schwören, daß ihr auf die wider euch in dieser Sache eingekommene Articul und derselben jeden insonderheit, darauf man im Rechten zu antworten schuldig, die Wahrheit bekennt und noch bekennen, und durch die Worte: Glaube wahr oder nicht seyn, geantwortet habt und noch geantwortet haben wollet, alle Gefährd ausgeschlossen.

C　　　　　　　Die.

Die Anwälde:

Ihr sollet in euer selbst und eures Principals
Seele schwören, daß ihr auf die wider euren Principal in dieser Sache eingekommene zc. wie in
nechst vorgehendem der Principal-Parthey Eyd
vermeldet. Hofg. Ord. p. 38. sq.

§. 8.

Die *Responsiones* und Antworten solle der
Respondens innerhalb drey Wochen von der
Zeit zugekommener Positional-Articul zu rechnen, dem Secretario und derselbe dem Ponenten auf des Respondenten Kosten fürderlich überschicken. Hofg. Ord. p. 78. §. 6.

§. 9.

Darauf solle der Ponens die Responsiones,
so ihme dienlich, doch auch in Schriften acceptiren und annehmen, oder aber wider die Responsiones, so der Ordnung und den Rechten
ungemäß, unterschiedliche und erhebliche Exceptiones fürbringen, und damit in puncto Responsionum beschlossen seyn; Alsdann sollen beede Partheyen in das nechstfolgend Hofgericht wieder vertagt werden, auch darüber, ob die Responsiones genugsam oder nicht, und ob der Respondens über etliche und welche Articul anderst
oder weiter, dann geschehen, zu antworten schuldig, Bescheid ergehen, und im Fall dieser Ordnung nicht gelebt, alsdann die Straf bey dem
Hofrichter und Räthen nach Gelegenheit aufzulegen stehen. *Ib.* §. 7.

§. 10.

§. 10.

So nun dem Respondenten weiter oder anderst, dann zuvor, zu respondiren auferlegt, solle ihm keine längere Dilation, als auf acht oder vierzehen Tag zugelassen, auch er zugleich verwarnt werden, wofern auf angesezten Termin der acht oder vierzehen Tagen von ihm seine weitere Responsiones nicht eingebracht würden, daß alsdann die Articul, so wider ihn gestellt, in contumaciam für gerichtlich bekannt angenommen seyn sollen. Hofg. Ordn. p. 79. §. 8.

§. 11.

Was dißorts von Positional-Articul und derselben Responsionibus geordnet, das soll auch von *Defensionalibus*, da einige übergeben, und derselben Responsionibus dergestalt verstanden werden, daß die Defensionales mit und neben den Responsionibus ad Positionales einkommen, länger nicht verzogen, oder hernach nicht mehr ohne erhebliche Ursachen angenommen, und also beeder Theil Articul, Positionales und Defensionales, und derselben Responsiones resp. zugleich fürgebracht und ausgeführet werden sollen. Hofg. Ordn. p. 79. §. 9. 10.

§. 12.

Da der Hofrichter und Beysizer nach Gestalt der Sachen dafür halten, daß eine Parthey, derselben Advocat oder Procurator auf eingekommene Articul gefährlich, zweifelhaftig, nicht genugsam, oder in was Weg anderst, dann sich

ge-

gebührt, geantwortet, sollen sie zu Erlernung der
Wahrheit, da man im geringsten anstehen möch=
te, ihnen eusserst/ lassen angelegen seyn, die Par=
theyen selbst in Abwesen ihres Advocaten oder
Procuratoris für sich zu fordern, und auf die
Articul mit allen Umständen nach Nothdurft zu
erfragen, da dann auf der Partheyen Personas,
Gebärden, Wort und Reden, sonderlich ob die=
selbe beständig oder wanckelmüthig, fleißig Ach=
tung zu geben. Hofg. Ord. p. 80. §. 11.

§. 13.

Welche Positionales oder Defensionales end=
lich verneint oder nicht wahr geglaubt, dieselbe
mag pars producens, der Appellant oder Ap=
pellat, ob er kan und will, durch Zeugen oder
in andere Weg zu beweisen fürnehmen. Hofg.
Ord. p. 80. §. 12. s. *Art. probatoriales* §. 2.

Articuli probatoriales.

§. 1.

Wann der Commissarius und auf den Fall
auch der Adjunctus ordentlich bestimmt und ver=
ordnet, solle die Parthey, so Zeugen stellen will,
ihre Articulos *probatoriales*, Beweis=Arti=
cul, gleich alsbalden, oder da solches aus genug=
samen Ursachen, so fürzubringen, nicht seyn möch=
te, doch auf das längste innerhalb vierzehen Ta=
gen nach vollendetem Hofgericht ohnfehlbar, wo
nicht ein anderer Terminus probatorius ange=
sezt, oder Dilatio erlangt, in Schriften über=
geben, und dem Hofgerichts=Secretario zuschi=
cken. Hofg. Ord. p. 81. §. 4.

§. 2.

§. 2.

Gleichergestalt, wann eine Parthey der *Positional*- oder *Defensional*-Articul und *Responsionum* darauf sich gebrauchen wollte, darunter aber etliche verneint oder nicht wahr geglaubt werden, und also durch Zeugen zu erweisen sind, solle dieselbe Parthey die verneinte oder nicht wahr geglaubte Articulos in probatoriales verwandeln, und selbige gleich nach erlangten rechtlichen Responsionibus, oder längst innerhalb vierzehen Tagen hernach, wo nicht gleichfalls ein anderer Terminus probatorialis bestimmt, in Schriften dem Hofgerichts-Secretario übersenden. Hofg. Ord. p. 82. §. 5.

§. 3.

Wann ein oder beede Theil erhebliche und relevirende *Exceptiones* wider die Beweis-Articul übergeben, solle mit der Zeugen-Verhör, wo nicht summum in mora periculum, inzwischen inngehalten, und die Partheyen, auf vorgehende Erinnerung durch den Commissarium, bey nechst folgendem Hofgericht wieder vertagt, als dann von Hofrichter und Beysitzern, ob die Articuli pertinentes und relevantes, Bescheid ertheilt, und da bey den Partheyen mit Auffsezung der Articul oder Einbringung der Exceptionum Gefahr und muthwillige Verzögerung der Sachen verspürt würde, dieselbe wohl empfindlich gestraft werden. Hofg. Ord. p. 83. §. 9.

§. 4.

Weilen aus unterschiedlichen Examinibus und

C 3   Zeugen-

Zeugen-Verhören zu ersehen gewesen, daß mehrmalen von den Advocaten bey Abfassung ihrer
Probatorial · und respective Defensional-Articul, besonders aber über selbige begriffenen Interrogatoriis allerhand unnothwendiges eingebracht, auch die Zeugen durch dergleichen im-
pertinente Fragstucke, so wider das wohl aus-
gefündete Landrecht und Ordnungen expresse
lauffen, neben überflüßiger Vorstellung des Verlusts ihrer Seelen Seeligkeit nur irr gemacht werden, so sollen sich dieselbe fürohin dergleichen
Weitläufigkeiten gänzlich enthalten, und die benöthigte Beweis-und Defensional-Articul, besonders aber die darüber abfassende Fragstucke dergestalt einrichten, daß alle Weitläufigkeit verhütet, und den litigirenden Partheyen nicht so grosser ohnerschwinglicher Unkosten zugefüget werden
möge. Hofg. *Decr.* d. 24. Sept. 1664. f. *Rotuli examinis testium.* §. 6. Zeugen-Verhören. §. 12. 13. Zeugen-Verhör-*Commissarii.* §. 4. 5. 6. 8.

Attentata.

§. 1.

So die Appellation alsbald nach ergangener
Urthel, oder auf zuvor gehabten Bedacht geschehen, was dann vom Appellanten oder dem
vorigen Richter über beschehene Appellation
oder innerhalb der zehen Tagen, in welchen appellirt werden mag, in der Sache fürgenommen,
das soll für *Attentata* und Neuerung gehalten, und auf Anruffen und Beweisung des be-
schwerten

schwerten Theils, auch seines Gegentheils gethane Einrede vor aller fernern Handlung revocirt, abgeschaft, und die Sache in ihren vorigen Stand wieder gebracht und gesezt werden. Hofg. Ord. p. 49. §. 9. Landr. p. 196. §. die Attentaten rc.

§. 2.

Und derowegen, wo einige Parthey in anhangender oder währender Appellation Neuerung fürnähme, mag derjenige, wider welchen solche Neuerung fürgenommen wird, vor dem Hofgericht, dahin appellirt worden, selbige Attentirung oder Neuerung in Gegenwart seines Gegentheils, dem dazu gebührlich zu verkünden, fürbringen, darauf sein Gegentheil auf ermelten Tag seine Einred oder Antwort geben, und auf Begehren oder Anruffen des, wider den solche Neuerungen fürgenommen und geübt, in attentirter Sache schleunig mit Einstellung der Hauptsache fürgegangen, und selbige, wie sich gebührt, zuvorderst erörtert werden solle. *Ib.* §. Und derowegen rc.

§. 3.

Wo dann durch Bekanntnis des, so des Attentirens halber beklagt, oder aber durch Beweisung sich sonsten genugsam befände, daß in anhangender und währender Appellation Neuerung beschehen, sollen solche Attentata oder Neuerungen alsbald durch Urthel aufgehaben, und der, wider den die Attentirung fürgenommen, in seinen vorigen Stand mit Bekehrung Kostens und Schadens gesezt, und folgends erst zu der Hauptsache der Appellation wiederum geschritten, die-

C 4 selbe

ſelbe auch), wie ſich gebührt, ausgeführt und erörtert werden. **Landr.** p. 197. §. Wo dann ꝛc.

§. 4.

Wo aber die Attentata nicht kundbar, oder
in continenti zu erweiſen, noch von der Hauptſache füglich ſeparirt werden könnten, ſo mag der
Appellant dieſelbe zumal mit- und neben der Appellations-Klage fürbringen, daß ſie mit einander gehen, und keine durch die andere verhindert
oder aufgehalten werde. *Ib.* §. Wo aber ꝛc.
Hofg. Ord. p. 73. §. 9.

§. 5.

Da aber einer vor ſonſt zwey Männern, oder
einem Notario und Zeugen appellirt, ſoll der
Appellant ſeine fürgenommene Appellation innerhalb zehen Tagen, von geſchehener Appellation
an zu rechnen, dem Amtmann des Gerichts, oder
dem ſizenden Gericht, oder auch nur Zweyen des
Gerichts, inſinuiren und anzeigen, dann da ſolches nicht geſchehen, ſoll gleichwol die Appellation
fürgehen, aber ſo darüber von dem Appellanten,
oder auf deſſelben Anſuchen dem vorigen Richter
Neuerung fürgenommen, daſſelbe nicht für Attentata geachtet, noch der Appellant darüber gehört, ſondern zu Erörterung der Hauptſache einge-
ſtellt und behalten werden. Hofg. Ord. p. 50. §. 11.

§. 6.

Wofern auch der Appellat, oder auf deſſelben Anhalten der Richter voriger Inſtanz, wie
ſich etwa begibt, ohnangeſehen geſchehener Appellation,

lation, in der Sache etwas attentirt und Neuerungen fürgenommen, so mag der Appellant gleich
nach Justificirung der Formalium vor der Appel-
lations=Klage daſſelbe, wo es kundbar, oder in
continenti zu erweiſen, fürbringen, und die Attentata abzuſchaffen, oder was deshalben recht
zu erkennen bitten; maſſen dann hierinnen procedirt werden ſolle, wie mit mehrerm in dem Fürſtlichen Landrecht P. I. t. 72. Verordnung geſchehen. Hofg. Ordn. p. 73. §. 8.

§. 7.

Da Sereniſſimo von dem Hofgericht unter
anderm hinterbracht worden, daß nicht wenige der
Beamten die Appellanten mit ſehr präjudicirlichen
Attentatis beſchwehren, ſo ſind dieſelbe angewieſen worden, den wohlverfaßten Ordnungen bey
zu befahren habender ernſtlicher Andung und Strafe nachzugeleben. Gen. Reſcr. d. 1. Nov. 1699.

Augenschein.

§. 1.

Nachdeme ſich in vielen Sachen, ſonderlich
aber in ſervitutibus urbanorum vel ruſtico-
rum prædiorum zuträgt, daß der Augenſchein
und etwan auch Zeugen darauf oder darüber zu
verhören, von einer oder beeden Partheyen begehrt
wird, wofern dann der Augenſchein oder auch
Zeugen den Sachen dienlich, ſolle den Partheyen
ihr Begehr zugelaſſen oder erkennt werden. Hofg.
Ordn. p. 92. §. 1. & 2.

C 5 §. 2.

§. 2.

Zu dem Augenschein sollen alsbald von dem Hofgericht drey aus den Beysizern, einer vom Adel, ein Gelehrter und einer von der Landschaft, so der Sache am nechsten gesessen, neben dem *Secretario* verordnet und benennt werden. Hofg. Ordn. p. 92. §. 3.

§. 3.

Die Partheyen, so Zeugen des Augenscheins halber verhören lassen wollen, sollen dasselbe auf Articul und Frag-Stücke thun lassen; doch daß solches, sobald der Augenschein begehrt, angezeigt, auch deshalben Commißion gebetten und erkennt werde. Hofg. Ordn. p. 92. §. 4. & 5.

§. 4.

Wann die Zeugen beeydigt, sollen sie in Beyseyn des Gegentheils auf den Augenschein geführt, die Strittigkeit ihnen von dem Producenten angezeigt, der Gegentheil, ob er will, auf das kürzeste auch gehört, und folgends sie, Zeugen, darüber absonderlich *examinirt*, auch sonst insgemein, was von der Zeugen Production, Verhör und Einreden wider dieselbe in der Hofgerichts-Ordnung statuirt und verordnet, hierinn ebenmäßig observirt werden. *Ib.* §. 6. Landr. p. 157. §. Und so des Augenscheins halber 2c.

§. 5.

So keine Zeugen zu verhören, sondern allein der Augenschein durch die verordnete einzunehmen, soll derselbe fürderlich auf gelegene Zeit also fürgenommen

nommen werden, daß die Sache alsbald in dem
nächsten Hofgericht darauf, dieweil die Sache
noch in frischer Gedächtnuß, wieder vertagt werden möge. Hofg. Ordn. p. 92. §. 7.

§. 6.

Die verordnete Beysizer zum Augenschein sollen auf die Zeit und Mahlstatt, deren sie sich mit
einander verglichen, erscheinen, den Augenschein
nach Nothdurft besichtigen, die Partheyen, so
auch dazu zu beschreiben, wo vonnöthen, darüber,
so viel der Sache dienlich, hören, und hernach
am Hofgericht, wann die Sache wieder fürkommt,
ordentliche Relation und Anzeige, wie sie die Sache befunden, thun helfen, oder, wo sie können,
die Partheyen auf dem Augenschein in der Güte,
damit fernerer Kosten, Mühe und Umtrieb verhütet werde, vergleichen. *Ib.* §. 8.

§. 7.

Der Augenschein soll auf der begehrenden
Parthey Kosten eingenommen, jedoch derselbe
hernach in Gerichtskosten, so derselbe erkennt, gerechnet werden; Wann aber *ex officio* der Augenschein eingenommen wird, geschiehet solches
auf beeder Partheyen Kosten. Landr. p. 158.
§. Was den ꝛc. Hofg. Ordn. p. 93. §. 9.

§. 8.

Beweisung durch augenscheinliche Besichtigung
sollen und mögen auch nach Beschluß der Sachen, wo solches vor gethanem Beschluß begehrt,
oder auch, so es die Nothdurft erfordert, aus
Richter-

Richterlichem Amt zugelassen und eingenommen
werden, dazu doch dem Gegentheil jederzeit auch
zu verkünden. Landr. p. 157. §. Beweisung 2c.

§. 9.

Weilen theils Beamte die Unterthanen nicht ge=
nugsam angehört, und wo irgends durch eydliche
Zeugen oder auch durch geflissentlich einziehende
Augenschein der Grund und eigentliche Beschaffen=
heit der Sache gar leichtlich und ohne so sonderli=
chen Kosten explicirt werden könnte, sie ein solches
unterlassen, mithin, wann nachgehends die Sa=
che an das Hofgericht kommt, zu weit grösserem
Unkosten durch solch ihre Negligenz Ursach und
Anlaß geben, so werden dieselbe zu Beobachtung
der Ordnung bey zu befahren habender ernstlicher
Andung und Strafe angewiesen. Gen. Rescr.
d. 1. Nov. 1699. und 9. Aug. 1718. f. Be=
weiß. §. 2. Hofgerichts=*Adv.* §. 23.

Beamte.

f. Augenschein. §. 9. Bescheide. *Citatio-
nes.* §. 6. 7. 8. 9. 10. *Dilationes.* §. 7. 11.
Facta. §. 2. Gewälte. §. 6. Hofgerichts=
Bott. §. 2. 3. *Manual-Acta.* Urtheln. §. 22.

Bescheid, amtliche.

Da theils Beamte die amtliche Bescheide
den gerichtlichen gleich geachtet, und als wann
dieselbe in rem judicatam erwachsen könnten, so
doch ganz wider alle Rechte lauft, und nach ver=
flossenen zehen Tagen keine Provocation an das
Gericht

Gericht gestattet, ist ihnen solches verwiesen worden. Gen. Rescr. d. 1. Nov. 1699.

Bescheid, gerichtliche.

Weilen einige Beamte gar die Partheyen, daß sie auch von gerichtlichen Bescheiden nicht appelliren wollen, an leiblichen Eydesstatt angeloben lassen, oder, wann sie appellirt, ihrer Appellation ganz und gar nicht deferiren wollen, sondern sie in den Thurn gesteckt, oder auch mit ansezenden schweren Geld-Straffen, biß sie der Urthel werden statt gethan haben, oder wenigstens durch sich, oder jemanden von den Richtern mit ewiger Ungunst ihres vorgesezten Amtmanns, wann sie von seinem Spruch zu appelliren sich gelüsten lassen werden, höchstbeschwerlich bedrohet, so ist ihnen solches ernstlich und bey Straffe inhibirt worden. Gen. Rescr. d. 1. Nov. 1699.

Beschluß.

f. *Replicæ.*

Beweiß.

§. 1.

Da der Appellant oder Appellat samt oder sonders ihnen zu fernerer Ausführung und Sieg der Sachen weitere Beweisung, dann zuvor fürgekommen, vonnöthen achten, und sich derselben nicht begeben wollen, soll dasselbe von dem Appellanten, wo möglich, alsbald in seiner Appellations-Klage und Gravaminibus und dem Appellaten in der Litis-Contestation, oder doch endlich

lich) in der Replic und Duplic resp. also noch vor
dem Beschluß mit kurzen Worten angezeigt und
begehrt werden. Hofg. Ordn. p. 76. §. 1.

§. 2.

Nachdem Ich dann auch etwa begibt, daß von
dem Appellanten oder Appellaten vor Ablesung
der Actorum weitere Beweisung, sonderlich aber
etwa der Augenschein begehrt wird, wofern dann
dem Hofgericht vor geleisteter weitern Beweisung
die Acta abzuhören nicht vonnöthen, soll solches
zu Gewinnung der Zeit vor Verlesung der Actorum fürgebracht werden, und des Appellanten
Advocat die Acta an statt der Appellations-Klage, der Appellat aber selbige an statt der Litis
Contestation für verlesen anzunehmen, und weitere Beweisung zu begehren schuldig seyn. *Ib.* §. 2.

§. 3.

Wofern dann die Gegen-Parthey nichts erhebliches wider die begehrte Beweisung fürzubringen hat, soll dieselbe zugelassen oder erkennt werden. *Ib.* §. 3.

§. 4.

Da aber die Gegen-Parthey wider die begehrte Beweisung, daß dieselbe- und warum nicht zuzulassen, was erhebliches fürzubringen hätte, soll
sie darüber, doch auf das kürzeste, gehört, und
die Sache, ob die begehrte Beweisung zuzulassen
oder nicht? auf geschehenen Hintersaz durch das
Hofgericht, wie sich gebührt, entschieden, und
nicht einem jedweden die Beweisung auf seine Ge-

fahr,

fahr, ſonderlich, da dieſelbe nicht relevirt, erkannt werden. *Ib.* §. 4.

§. 5.

Schriftliche Beweiſung, als Brief und Sigel, Saalbücher, Regiſter, Handſchriften oder
andere ſchriftliche Urkund mag jederzeit zuvor, und
ehe dann die Sache beſchloſſen, oder darnach anderſt nicht, dann da die Parthey bey ihrem Eyd
erhalten mag, daß ihro ſolche ſchriftliche Urkund
zuvor unbewußt geweſen, ſondern ſie derſelben erſt
in Erfahrung gekommen, eingebracht werden.
Hofg. Ordn. p. 90. §. 1.

§. 6.

Nachdem aber die ſchriftliche Beweiſungen,
wie im Erſten Theil des Landrechts tit. 34. item
tit. 48. zu ſehen, nicht einerley, und darwider
allerhand *Exceptiones* und Einreden fürgebracht werden mögen, als:

Daß dieſelbe einen offentlichen Mangel oder
falſch haben;

Item, daß die Sachen anderſt gehandelt,
dann darinn begriffen;

Item, daß die Brief radirt, geſchaben, die
Sigillen zerbrochen, oder ſonſt argwöhniſch, oder
daß die eingekommene Brief den Herzoglichen
Sazungen, desgleichen des Herzogthums Lands-
Ordnungen und Rechten, oder auch ſonſten den
gemeinen geſchriebenen Rechten zuwider, oder daß
ſie in andere Wege durch Gefahr, Betrug oder
Hinterführung aufgerichtet und zuwegen gebracht,
oder auch mit Verſchweigung der Wahrheit und

Für-

Fürgebung der Unwahrheit, oder sonsten verdäch-
tiger Weise ausgebracht oder erlangt worden seyen:
So soll die Parthey, so Documenta und schriftliche Beweisungen fürbringt, darneben auch alsbald, wofür solche Documenta zu halten, anzeigen, und an Gegentheil begehren, daß er die
fürgebrachte briefliche Urkund in originali an
Schrift und Sigel, Unterschrift oder Handzeichen
recognoscire oder diffitire, welches auch der Gegentheil alsbald oder auf gehabten kurzen Bedacht
zu thun schuldig seyn solle. Hofg. Ordn. p. 90.
§. 2. Landr. p. 154. §. Wider die Instrumenten 2c.

§. 7.

Wofern die fürgebrachte Documenta, inmaf-
sen dieselbe eingegeben, vom Gegentheil nicht re-
cognoscirt, soll dem Producenten, ob er kan und
will, dieselbe zu beweisen, zugelassen werden.
Hofg. Ordn. p. 91. §. 3.

§. 8.

Neben den Original- Brieffen und Urkunden
sollen auch allwegen Copiæ davon eingelegt, durch
einen Beysizer des Hofgerichts neben dem Secretario collationirt und subscribirt, bey den Actis
behalten, und die Originalia der Parthey wieder
zugestellt werden. Hofg. Ordn. p. 91. §. 4.
f. *Dilationes.*

Beysizer.

f. Hofgerichts-*Assessores.*

Bey-

Bey=Urtheln.

§. 1.

Wiewohl sonsten in gemeinen geschriebenen Rechten versehen, daß in Fällen, da von Bey= Urtheln appellirt werden mag, solches anderst nicht, dann schriftlich, und mit Vermeldung der Ursachen, warum einer seines vermeinens beschwert, beschehen solle: So wird jedoch, da solches den Unterthanen etwas beschwerlich fallen möchte, darzu bisanher in dem Herzogthum an= derst herkommen, zugelassen, von solchen Bey= Urtheln mündlich oder schriftlich zu appelliren, und die Ursachen ihrer Beschwerungen gleich an= fangs zu vermelden, oder aber beym Ober=Rich= ter hernach allererst, wie sich gebührt, darzuthun und auszuführen. Landr. p. 191. §. Wiewol sonst ꝛc.

§. 2.

Die Bey= oder Vor=Urthelen aber, davon ap= pellirt werden mag, müssen also beschaffen seyn, daß dadurch jemand eine solche Beschwerung zu= gefügt werde, welche in der hauptsächlichen End= Urthel und durch Mittel von derselben fürgenom= mener Appellation nicht wiederum aufgehaben werden möge; oder daß die Bey=Urthel sich in ihrer Wirckung einer End=Urthel vergleiche, als da keine fernere Urthel vom Unterrichter zu erwar= ten wäre ꝛc. In welchem Fall auch eine solche Interlocutorie oder Bey=Urthel nicht nur aus den Acten voriger Instanz, sondern auch durch neues Fürbringen justificirt werden mag, da son=

D sten

ſten die andere Bey-Urtheln allein aus denen hievor eingekommenen Gerichts-Acten und durch
keine neue Beweiſung zu juſtificiren. *Ib.* §. Die
Bey-oder Vor-Urtheln aber ꝛc.

§. 3.

Und wann ſich befindet, daß in voriger Inſtanz
wohl geurthelt, und übel davon appellirt, ſoll alsdann die Sache wieder an vorigen Richter gewieſen; wo aber zu erkennen, daß übel geurthelt, und
wohl davon appellirt, ſoll ſolche Sache nicht mehr
zurück gewieſen, ſondern am Ober- oder Hofgericht behalten und erörtert werden. *Ib.* §. Und
wann ſich befindt ꝛc. ſ. Hofgerichts-Jurisdiction. §. 5. 6. Urtheln. §. 1. 3. Verabſchiedung. §. 4.

Cammer-Gut.

ſ. Hofgerichts-Jurisdiction. §. 8.

Cautio rati.

§. 1.

Verſpruch derer, ſo ihre Verwandte am Hofgericht vertretten wollen.

Ihr ſollet an Gerichtsſtab an Eydes ſtatt angeloben, daß ihr an eures Verwandten N. N.
ſtatt das Recht erſtehen und vertretten, ſonderlich

lich aber demjenigen, so in dieser Sache zu recht
erkennt, jedoch dem Beneficio Reviſionis hiedurch nichts benommen, nachkommen, und daß-
ſelbe zu geschehen verschaffen wollet. **Hofg. Ord.**
p. 34. ſq.

§. 2.

Wann ein Verwandter ſich erbietig macht,
de rato zu caviren, iſt nicht nöthig, dieſen vor-
geſezten Verſpruch vor- und abzuleſen, ſondern
allein eo in caſu, wo einer vollen Gewalt auf
ſich nimmt. *Ib.* p. 35. ſ. *Legitimationes.* §. 4. 5.

Cautio ad proximam.

Verſpruch.

Ihr ſollet an Gerichtsſtab angeloben, daß ihr
zu nechſtem Rechtstag genugſamen Gewalt für
euch ſelber und alle, ſo die Sache belangt, cum
ratificatione und Genehmhabung vorgeübter
Handlung fürbringen, oder ſolches zu geſchehen
verſchaffen wollet. **Hofg. Ord.** p. 35. ſ. *Legi-*
timationes. §. 4. 5.

Chirurgi.

ſ. *Inſpectiones.*

Citationes.

§. 1.

Die Citationen ſollen hinfüro entweder von
zwey Fürſtlichen Oberräthen, oder unter
währendem Hofgericht von dem Hofrichter und
einem *Aſſeſſore,* oder auch zweyen andern

Aſſeſ-

Aſſeſſoribus unterſchrieben werden. Hofg. Ord. p. 61. §. 3.

§. 2.

Die Partheyen, ſo am Hofgericht zu ſchaffen haben, und dißſeitiger Jurisdiction unterworfen ſind, ſollen durch die Amtleute oder Untervögt jeden Amts, inmaſſen denſelben von Sereniſſimi wegen deshalb Befehl zukommt, an dem Hofgericht gewißlich zu erſcheinen, mündlich unter Augen, oder ſchriftlich zu Haus zu rechter Zeit fürbeſcheiden und gemahnet werden. *Ib.* §. 1.

§. 3.

Da aber ausländiſche Partheyen zu vertagen, ſollen derſelben nechſte Obrigkeit oder Amtleute in Sereniſſimi Namen erſucht werden, daß dieſelbe ihre Unterthanen oder Amtsangehörige vor dem Hofgericht auf N. Tag gegen N. zu erſcheinen, in Schriften beſcheiden und weiſen wollen. *Ib.* §. 2.

§. 4.

Die Partheyen ſollen zu Winters-Zeiten zu ſieben- und Sommers-Zeit zu ſechs Uhr Vormittag vor dem Hofgericht zu erſcheinen vertagt werden. *Ib.* p. 60. §. 4.

§. 5.

Nachmittag ſollen ſie, wie ſie jederzeit beſcheiden, vor dem Hofgericht wieder erſcheinen. *Ib.* §. 5.

§. 6.

Die Partheyen ſollen dermaſſen vertagt, und
des-

deßhalber den Amtleuten jeden Orts geschrieben
werden, daß sie bey dem Hofgericht zu erscheinen,
oder, da die Sachen etwa in der Güte hinge=
legt, liti renunciirt, und die Sache deserirt, oder
der Proceß sonsten seine Endschaft erreichen und
gefallen seyn würde, die Amtleute daßelbe dem
Secretario zu berichten, geraume Zeit haben,
damit an derselben statt andere vertagt werden
mögen, welches die Amtleute bey Vermeidung
Fürstlicher Unghad und Erlegung einer kleinen
Frevel Straf zu thun schuldig seyn sollen. Hofg.
Ordn. p. 7. §. 7. Gen. Rescr. d. 23. Jun. 1573.
1. Nov. 1699. und 9. Aug. 1718.

§. 7.

Da man aus denen eingekommenen Berichten
verschiedene mal befunden, daß an schleuniger Er=
örterung derer bey dem Hofgericht anhangenden
Appellations=und Rechts=Sachen unter andern
dieses nicht wenige Hinderung verursacht, daß
die bishero abgegangene Citationen von denen
Amtleuten nicht, wie sich gebührt, exequirt, son=
dern jeweilen allein denen Stadtknechten, selbige
denen Partheyen zu notificiren, zugestellt, jewei=
len auch durch Marckt=Bottschaften in die Amts=
flecken geschickt, oder allein unter die Thore, sel=
bige gelegenheitlich fortzuschicken, verschaft, da=
durch aber solche Citationes mehrfältig nicht in=
sinuiret, und dannenhero so wohl gnädigster Herr=
schaft, als denen gehorsamen Partheyen Unko=
sten zugezogen worden, auch vergebliche Mühe,
Arbeit und Versaumnis aufgewendet werden

D 3   müssen:

müſſen: Als wird den Beamten aufgegeben, die
an ſie abgehende Citationes ſelbſt zu exequiren,
und da a) die Partheyen in der Amtsſtadt geſeſſen, ſelbige für ſich zu erfordern, den Befehl und
Citation ihnen verſtändlich vorzuleſen, und von
denſelben zu erkundigen, ob allein diejenige, ſo in
der Citation begriffen, intereßirt, oder ob ſich
nicht etwa Aenderungs-Fälle begeben, daß Witt-
wen und Wayſen ins Recht kommen, oder wer
in lite? ſofort ſelbigen nach befindenden Dingen
aufzuerlegen, die Gewälte, Tutoria und Curatoria in den Stadtſchreibereyen mit Fleis verfertigen zu laſſen, und die intereßirte Perſonen ſpeci-
fice zu benahmſen. Da aber b) die Partheyen
in den Amtsflecken geſeſſen, ſollen ſie dieſelbe entweder ebenmäſig für ſich beſcheiden, und nach
obiger Manuduction gegen ihnen verfahren, oder
den Schultheiſſen ſolche Citationen durch gewiſe
Botten auf der Partheyen Koſten überſchaffen,
und ſie dabey erinnern, ſelbige gebührend zu vertagen, und da Weiber, Wittiben und Minderjährige intereßirt, ſolche mit Fleis zu benachrich-
tigen, daß ſie mit genugſamer Vollmacht, Tutoriis und Curatoriis ſich einſtellen ſollen. Gen.
Reſcr. d. 18. Febr. 1632.

§. 8.

Die Amtleute an jedem Ort des Fürſtenthums
ſollen ihren Amts-angehörigen Partheyen, ſo an
das Hofgericht zu vertagen, die Tagzettel fürderlich zukommen laſſen, und, wie ſolches von
ihnen verricht worden, auch wem, durch wen,
zu

zu welcher Zeit sie solche Tagzettel und Citationes insinuiren, und was jede citirte Person sich
darüber vernehmen lassen, insonderheit und fürnehmlich, was die *Citationes peremtorias* anbelangt, daſſelbe alsbald bey unausbleiblicher
Strafe dem Hofgerichts-Secretario, wo möglich, bey dem Hofgerichts-Botten, oder doch
auf das eheſt hernach, damit man deſſen bey dem
Hofgericht auf den in denen Citationen angeſezten
Tag gewieſe und glaubwürdige Nachricht haben
möge, in Schriften berichten. *Ib.* p. 11. §. 3.

§. 9.

Nicht weniger sollen die Amtleute bey Vermeidung Fürstlicher Ungnade und Straf die citirte
Partheyen jedesmal alles Ernſts erinnern, daß
sie bey befahrender unausbleiblicher Strafe den
ausgegangenen und insinuirten Citationen gemäß
sich bezeugen, und da sie selbſt in Person nicht
erscheinen könnten noch wollten, oder sonſten von
Rechts wegen dazu nicht anzuhalten seyn möchten, auf solchen Fall genugsame vollständige Gewält durch die Stadt-Amt-oder Gerichtschreiber ausfertigen lassen (*), und am Hofgericht
vorbringen sollen, damit also daſſelbe durch er-
mangelnde Legitimationes nicht ferners, wie
bishero continuirlich beschehen, aufgehalten, die
Partheyen an schleunigem Rechten nicht verhindert, und gnädigſter Herrschaft nicht so vielfältig
vergebliche Unkoſten gemacht werden möchten. *Ib.*
p. 12. §. 5.

D 4 §. 10.

(*) ſ. Gewälte. §. 20.

§. 10.

Es solle ihnen auch bey Ankündung der Citation jedesmalen ernstlich anbefohlen werden, daß sie sich bey Zeiten um ihre Advocaten umsehen, und nicht erst bey ihrer insgemein gar späten Ankunft nach Tübingen selbige bestellen, oder, wann sie alsdann keinen Advocaten wegen Kürze der Zeit mehr bekommen könnten, solche Entschuldigung von ihnen nicht angenommen, sondern sie nichts desto weniger beedes in die gewöhnliche Strafe der zehen Gulden, als auch ihrem Gegentheil in desselben Tags Kosten condemnirt werden sollen. Gen. Rescr. d. 1. Nov. 1699. 9. Aug. 1718. und 6. Jun. 1741.

§. 11.

Sonsten solle das Landrecht P. I. t. 11. p. 63. oder was daselbst nicht versehen, die gemeine Rechten gehalten werden. Hofg. Ordn. p. 61. §. 4. s. Hofgerichts-Bott.

Citationes peremtoriæ.

s. *Citationes.* §. 8. *Contumacia.* §. 4. *Terminus peremtorius.*

Commissarii. Commissiones.

s. Hofgerichts-Advocaten. §. 23. Zeugen-Verhör-*Commissarii.* §. 4.

Compaß-Brief.

s. Zeugen-Verhör. §. 2. 3. 4. 5.

Com-

Compromiſſa.

ſ. *Arbitramenta.*

Compulſoriales.

Wann ſich begåbe, daß die Partheyen die Gerichts-Acten von den Unterrichtern oder derſelben
Gerichtſchreibern zu rechter Zeit nicht bekommen
möchten, oder ſonſt ihnen dieſelbe unvollkommen
oder mangelhaft mitgetheilt, und ſich deſſen vor
dem Ober- oder Hofgericht beſchweren, deswegen auch um Zwangs-Brief an dieſelbe Unterrichter oder deren Gerichtſchreiber anſuchen würden, ſollen ſolche Zwang-Brief ihnen erkennt
und mitgetheilt, auch da wegen angeregten Ver-
zugs oder Unvollkommenheit der Acten Unkoſten
aufgewendet, derſelbe von dem, ſo hieran ſchuldig, wieder eingezogen werden. Landr. p. 195.
t. 71.

Concluſa.

Nachdeme zu Beförderung der Hofgerichtlichen Expeditionen und lauffenden Sachen, welche nach jedesmals geendigtem Hofgericht bey dem
Fürſtlichen Regierungsrath tractirt und beſorgt zu
werden pflegen, bey ermeldtem Collegio man zu
wiſſen nöthig hat, was für *Concluſa*, ſowohl
judicialia als extrajudicialia, bey dem Fürſtlichen Hofgericht jedesmals ausgefallen und ergangen: als iſt gnädigſt verordnet worden, daß in
Zukunft, ſobald ein Hofgericht vorbey, erſtge-
dachte Concluſa, ſowohl judicialia als extrajudicialia, zum Fürſtlichen Regierungsrath com-

D 5   municirt

municirt und abgegeben werden follen, um fich
darnach reguliren, und in Conformität derfelben
in Hofgerichtlichen Sachen die weitere Refolu-
tiones abfaffen zu können. *Refcr. Duc.* d. 21.
Oct. 1739.

Conclufio.

f. *Dilationes.* §. 6. *Replicæ.* Verabfchie-
dung. §. 9.

Conclufions-Schriften.

f. *Dilationes.* §. 6.

Confortes litis.

f. Appellations-*Acta.* §. 3. 4. 5. 7. 21.

Contumacia.

§. 1.

Wann der Appellant auf den angefezten
Rechtstag nicht erfcheint, und keine redliche Ent-
fchuldigung von feinetwegen eingebracht, foll er
auf des gehorfamen Appellaten Beklagen contumax und ungehorfam erkennt, darzu auf Anfu-
chen des Appellaten ein anderer Rechtstag zu
Vollführung der Appellation *peremtorie* und
endlich angefezt, auch beeden Theilen zu Haus
unter Augen, oder in Schriften, verkündt, und
derfelben Verkündigung neben anderm ausdruckentlich einverleibt werden: da er, der Appellant,
auf folchen Tag abermalen weder felbft, noch
durch feinen vollmächtigen Anwald, wie fich gebührt, erfcheinen, fondern ungehorfam ausbleiben würde, daß alsdann auf feines Gegentheils

ge-

gehorſamlich Erſcheinen und Anruffen die Appel=
lation für deſert gehalten, und er daneben in die
Erpenſen fällig erkennt werden ſolle. **Landr.**
p. 181. §. Wann der Appellant ꝛc. Hofg.
Ordn. p. 99. §. 1.

§. 2.

So dann der Appellant auch auf den andern
geſezten Rechtstag allerdings ungehorſamlich aus=
bliebe, ſoll auf des erſcheinenden Appellaten An=
ruffen von den Ober= oder Hofrichtern die Appel=
lation, wie vermeldt, für *deſert*, und dazu der
Appellant dem Appellaten in ſelbiges und hievori=
gen Gerichtstags aufgeloffenen Koſten und ver=
urſachten Schaden fällig erkennt werden; Es
wäre dann, daß der Appellat ſelber in der Appel=
lation und Hauptſache fürzufahren begehren wür=
de, ſoll er (fürnemlich, ſo er zuvor ſich erklärt,
ſolche Appellation gemein zu haben, oder ſonſt
deshalb erhebliche Urſachen fürbrächte) hierinnen
gehört, und alsdann, wie ſich im Recht gebührt,
weiter procedirt und erkennt werden, was recht
ſeyn wird. **Landr.** *l. c.* **§. Sodann ꝛc.**

§. 3.

Wo aber der Appellant auf den andern ange=
ſezten Tag erſchiene, und ſeines erſten Ausbleibens
rechtmäſige Urſach fürbrächte, oder dem Appel=
laten Koſten und Schaden ſeines erſten Ausblei=
bens ablegte, ſoll er auf ſein Begehren in Voll=
führung der Appellation gehört, und wie ſich ge=
bührt, in ſelbiger zu procediren zugelaſſen werden;
wo er aber ſeines Ausbleibens nicht genugſame
Urſach

Urſach fürzubringen hätte, und der Ungehorſam
etwas groß, ſoll zu der Ober- und Hofrichter
Erkanntnis ſtehen, ihme von Amts wegen nach
Geſtalt und Gelegenheit der Perſonen und Sachen auch fernere Geld-Strafe aufzulegen. **Landr.**
p. 182. §. **Wo aber ꝛc.**

§. 4.

So aber der Appellat auf den erſten Tag
ohne ehehafte Entſchuldigung und Urſachen aus-
blieb, und der Appellant gehorſam erſchiene, ſoll
auf ſein, des Appellanten, Begehren der Appellat auch als contumax und ungehorſam dem
Appellanten in Koſten und Schaden, ſelbigen
Gerichtstag aufgeloffen, fällig erkennt, und dann
ein anderer Rechtstag *peremtorie* angeſezt, auch
beeden Theilen hievor geſezter maſſen zu Haus und
unter Augen oder in Schriften dazu verkündt werden. **Landr.** *l. c.* §. So aber ꝛc.

§. 5.

Wo auch weiter auf den andern angeſezten
Rechtstag der Appellat ungehorſamlich und ohne
rechtmäſige Urſachen ausbliebe, und der Appellant
gehorſamlich erſchiene, mit Begehren, in der Appellations-Sache fürzugehen, ſoll er auf ſolch
ſein Begehren gehört, und in der Appellations-
Sache mit Juſtificirung der Formalien und ſonſt
in der Hauptſache, wie ſich nach Ordnung Rechtens gebührt, als ob der Appellat zugegen wäre,
in contumaciam procedirt und fürgegangen werden. **Landr.** p. 183. §. **Wo auch ꝛc.**

§. 6.

§. 6.

Es solle aber die **ungehorsame Parthey** am Hofgericht nicht allein ihrem Gegentheil, sondern auch Serenissimo selbigen Tags solcher Sachen halber auflauffenden Kosten nach Richterlicher Mäßigung abzulegen schuldig seyn. Hofg. Ordn. p. 99. §. 2.

§. 7.

Se. Herzogliche Durchlaucht verordnen auch, daß sowohl auf die von dem gehorsamen Theil machende Anklage des gegnerischen Ungehorsams mit Erkennung der geordneten Straffen und Zuscheidung der Unkosten fürgegangen, als auch *ex officio* (indeme einem jeglichen Richter den per Contumaciam geeusserten Contemtum jederzeit zu anden obligt) der Straf-Ansaz gemacht, und hierunter keine Gefälligkeit und Nachsicht gebraucht, auch in denen quartaliter an Se. Herzogliche Durchlaucht immediate zu erstatten habenden Proceß-Berichten genaue und pflichtmäßige Anzeige gethan werden solle, wie die Processe tractirt worden, wie die Handlungen auf einander gefolgt, ob sich eine Contumacia gezeigt, wie man solche bestraft, und welche Erkanntnis darauf erfolgt seye. Gen. Rescr. d. 14. Aug. 1770.

§. 8.

Gleiche pflichtmäsige Anzeige solle auch von dem Actuario den ausfertigenden Appellations-Acten einverleibt werden, damit bey dem Hofgericht wegen des allenfalls zurück gebliebenen Straf-Ansazes das weitere verfügt werden könne. *Ib.*

§. 9.

§. 9.

Gleichwie aber die Cauſæ *excuſationis* a mora vel contumacia und die disfalſige Caſus viel
zu mannigfaltig, als daß ſie durch eine Geſezge-
bung insgeſamt genau zum voraus determinirt
werden könnten: alſo wird das Arbitrium dem
Judici, der hierinn zu cognoſciren hat, überlaſ-
ſen. *Ib.*

§. 10.

Damit aber die Contumaces den Ernſt deſto
eher verſpüren mögen, ſollen die einmal erkannte
Straffen und Expenſæ vor Zulaſſung weiterer
Handlung in principali ſogleich, und ohne beſonders die leztere bis zu Austrag der Hauptſache, wie mehrmalen contra intentionem Legis-
latoris geſchehen, auszuſezen, von den Partheyen
executive eingetrieben werden. *Ib.*

§. 11.

Nicht weniger ſolle der Actuarius, um deſto
ungehinderter in dem Contumacial-Proceß fürgehen zu können, noch vor der *Juridica* den
Gerichts-Botten de facta inſinuatione Cita-
tionis, und was ſich dabey zugetragen, ad Protocollum vernehmen. *Ib.*

§. 12.

Uebrigens haben Se. Herzogliche Durchlaucht
diejenige Strafe à zehen Gulden, welche bisher
bey dem Hofgericht den Partheyen wegen ihres
ungehorſamen Auſſenbleibens angeſezt worden,
von jezo an, je nachdeme die Contumacia be-
ſchaffen,

schaffen, auf zwanzig bis dreyßig Reichsthaler erhöhet. *Ib.* f. *App. Acta.* §. 6. Hofgerichts-Jurisdiction. §. 5. Verabschiedung.
§. 7.

Corpora.

f. *Dilationes.* §. 10.

Criminal-Kosten.

f. Gant-Processe. §. 4.

Curatoria.

f. Gewälte. §. 4. 5. 16.

Declaratoriæ.

Demnach sich nicht geziemt, bey dem Hofgericht *Declarationes sententiarum* mündlich zu
begehren, sondern vor schicklicher gehalten worden, daß solches in einer einreichenden Supplica
geschehe: Als sollen die Advocaten, wann ihre
Clienten Declaratorias der ausgesprochenen Hofgerichts-Urtheln zu suchen vermeinen, solches
schriftlich mit Exprimirung etwa habender Du-
biorum verrichten, und darauf weitere Hofgerichtliche Verordnung erwarten. Hofg. *Decr.*
d. 6. Jun. 1714.

Denunciatio.

Es sollen die Stadt-Amt-und Gerichtschreiber, so bald die Acten gefertigt, solches gleich dem
Appellanten verkünden, mit der Erinnerung,
solche Acten innerhalb zwanzig Tagen bey dem
Hof-

Hofgericht einzulegen; welches und auf welchen
Tag und Stund den Appellanten solche Ver‎
kündigung und Erinnerung beschehen, sie, die
Stadt=Amt=und Gerichtschreiber, auf die Acten
verzeichnen sollen. Hofg. Ordn. p. 57. §. 13.
Landr. p.179.§. Sodann ꝛc. s. Einleggeld.§.2.

Dienstbarkeiten.

s. Hofgerichts=Jurisdiction. §. 11.

Dilationen.

§. 1.

Damit einem jeden recht und gleich ohne den
mindesten Umtrieb wiederfahren, und dabey der
richtige und schleunige Lauf ohnpartheyischer Ju‎
stiz befördert, anfort die angebrachte Sachen oh‎
ne unnöthige Weitläufigkeit und Verzug vollfüh‎
ret werden möchten, haben Serenissimus die Hof‎
gerichts=Ordnung dahin abgeändert, daß darin‎
nen insonderheit in dem puncto probationum
nach Masgab und Vorschrift des denen Stän‎
den des Reichs und deren Judiciis ohnehin, so
viel möglich, hierunter mit pro norma gesezten
jüngern Reichs=Abschieds d. a. 1654. §. 50. mit
Beybehaltung jedoch derer auf einen einfachen Ter‎
min in dem Herzogthum und Landen verordneter
sechs Wochen die vierte Dilation gänzlich ab‎
gethan seyn, hingegen die zweyte nicht anderst,
als cum cauſæ cognitione vermittelst Anfüh‎
rung und hinlänglicher Darlegung triftiger Ursa‎
chen ertheilet, bey der dritten aber alle diejenige
Solennitates juris obſerviret werden sollen, wel‎

che

che bey gedachter vierten vorgeſchrieben worden, .
und bis dahero gebräuchlich geweſen. Gen.Reſcr.
d. 28.Maji 1727.

§. 2.

Die Solennität aber, ſo zu Erhaltung der
vierten Dilation gehörig, iſt dergeſtalt beſchaf-
fen, daß derjenig, ſo dieſe vierte Dilation begehrt, einen Eyd zu GOtt ſchwören ſolle, daß
die fürgebrachte Urſachen zu begehrter vierter Dilation wahr ſeyen, und alſo er dieſelbig von nöthen, auch er keinen gefährlichen oder muthwilli-
gen Aufzug hierdurch ſuche. Landr. p. 146. §.
Die Solennität aber ꝛc. Hofg. Ordn. p. 37.

§. 3.

Weilen Sereniſſimus zu vernehmen gehabt,
daß die vor dem Ober-Appellations-Gericht an-
hängige Proceſſe zum gröſten Nachtheil und mehr-
malig gänzlichen Ruin der Unterthanen aufgehalten, und öfters auf geraume Jahre hinaus ge-
ſpielt, beſonders aber die in den verabſchiedeten
Sachen anberaumte Termine faſt gar nicht reſpe-
ctirt werden wollen: So iſt verordnet worden,
daß das unterm 28.Maji 1727. wegen der Pro-
batorial-Termine erlaſſene General-Reſcript
auch auf alle andere zur Handlung Hofgerichtlich anberaumte Termine extendirt und verſtanden,
wohlfolglich die ſonſten in denen Römiſchen und
Landrechten geſtattete vierte Dilation gänzlich
abgeſtellt, hingegen die vorgeſchriebene Solenni-
tas legalis ſogleich bey ſuchend dritter Dilation, den erſten in der Sentenz ſelbſt beſtimm-

E ten

ten Termin mit eingerechnet, beobachtet, und in deſſen Entſtehung die Cauſa präcludirt werden ſolle. **Gen. Reſcr.** d. 21. Oct. 1739.

§. 4.

Da einige Advocaten die beſtimmte Termine zu mehrmalen ohne nachgeſuchte Dilation gar verſtreichen laſſen: als ſind dieſelbe zu Beobach= tung der Gebühr unter zu gewarten habend= bey Verſaumung jeden Termins anzubictirend= und ohnnachläſig einzuziehenden zehen Gulden Straf alles Ernſts anerinnert worden. *Ib.*

§. 5.

Diejenige Parthie, welche hinfüro die annoch bevorſtehende dritte= oder auch nur den zweyten Termin, ohne ſich vor deſſen Ablauf zu der So-lennitate legali zu offeriren, verſtreichen laſſen, und innerhalb derſelben mit gebührlicher Hand= lung nicht einkommen würde, ſolle ohne Unter= ſcheid, ob vorher die gebührende Dilationen im= petrirt worden oder nicht, alſo daß nicht ſo wohl auf die reiterationem termini, als vielmehr auf den Zeitverlauf allein zu ſehen, ingleichem ohne Ruckſicht, ob die Principal=Parthie ſelbſt, oder deren Patronus cauſæ ſich hierunter ſaum= ſelig erfinden laſſen, (welch leztern Falls Sere-niſſimus der vernachtheilten Parthie wider den Sachwalter promteſte Juſtiz adminiſtriren laſſen, und in ſolcher Abſicht die Hofgerichtliche Jurisdi= ction ſogleich jedesmal dahin prorogirt haben wol= len) folgender maſſen präcludirt ſeyn, daß auf den Fall der Appellant ſeine Gravatorial=Klag

inner=

innerhalb erwehnten drey Friſten nicht einſenden,
oder vor der dritten zu dem vorgeſchriebenen
Eyd ſich nicht offeriren würde, dadurch die Ap⸗
pellation von ſelbſten gefallen, und von der Hof⸗
gerichtlichen Expedition ſogleich als deſert erklärt,
auch die Urthel erſter Inſtanz als eine res judica-
ta ohne fernern Aufenthalt zur Execution gebracht
werden ſolle. *Ib.*

§. 6.

In Sachen aber, ſo in erſter Inſtanz an das
Hofgericht remittirt ſind, ſolle der Kläger in gleich⸗
mäſigem Saumnis⸗Fall der Remißion eo ipſo
verluſtigt, und ihme, ehe und bevor er dem Ge⸗
gentheil alle hiedurch verurſachte Unkoſten erſezt,
kein weiteres Recht in cauſa angedeyen. *Ib.*

§. 7.

So viel hingegen die fernere ſchriftliche Hand⸗
lungen, als Litis-Conteſtation, Replique, Du-
plique, Probations⸗ und Concluſions⸗Schrif⸗
ten, oder wie die ſonſten Nahmen haben möch⸗
ten, anbelangt, ſo ſoll jede Parthie, welche die
Termin auf obbedittene Weiſe fruchtlos verſtrei⸗
chen laſſen, die binnen derſelben competirte Hand⸗
lung gänzlich verlohren haben, alſo, daß bey un⸗
terbliebener Litis-Conteſtation von der Hofge⸗
richts⸗Expedition Lis ſogleich pro negative con-
teſtata angenommen, der Appellant (oder in
Remißions⸗Sachen der Kläger) geſtalten Sa⸗
chen nach entweder zu fernerer Handlung und al⸗
lenfalſigen Beweis zugelaſſen, oder im Fall er
nichts weiter einzubringen gedencken ſollte, die

Sache

Sache auf das nechſte Hofgericht vertagt, allda
ohne ferners geſtattend ſchrift = oder mündliche
Handlung ex officio vor beſchloſſen angenom=
men, und allein aus des gehorſamen Theils ein=
gekommenen Handlungen und reſpective denen
Actis erſterer Inſtanz definitive abgeurthelt, auf
gleiche Art auch mit der Præcluſion von den übri=
gen Säzen bey ein = oder anderm ſaumſeligen Theil
procedirt werden ſolle. *Ib.*

§. 8.

Damit auch bey erfolgendem Præjudiz in facto
über den lapſum termini um ſo weniger Stritt
entſtehen möge, ſo ſollen nicht allein die bey der
Hofgerichts = Expedition einlangende Exhibita ge=
wohnlicher maſſen richtig præſentirt, ſondern auch
ohngeſaumt denen Staabs = Beamten der Gegen=
Parthie zugeſchickt, und von dieſen das Datum
der an die Parthie beſchehenen Inſinuation dar=
auf geſezt werden. *Ib.*

§. 9.

Und obſchon Sereniſſimus ſich zu Dero Canz=
ley = und Hofgerichts = Advocaten verſehen, daß ſie
ſich nach dieſer ſo wohl gemeinten Verordnung in
denen zu bedienen habenden Cauſis gebührend zu
achten, von ſelbſten nicht ermangeln werden, ſo
iſt doch denen Staabs = Beamten in dem Land
alles Ernſtes aufgegeben worden, daß ſie denen
unter ihnen geſeſſenen = in Hofgerichtlichen Proceſ=
ſen befangenen Unterthanen obvermeldte Verord=
nung bey jedesmaliger Inſinuation derer gegneri=
ſchen Exhibitorum kund thun, und das auf den
Saum=

Saumnuß-Fall gesezte Präjudiz deutlich ausle-
gen sollen, damit sie vor die richtige Beobachtung
derer Termine selbst gebührende Obsorge tragen,
und sich dadurch vor Schaden bewahren können. *Ib.*

§. 10.

Wo auch die Proceſſe *Corpora* oder Minderjährige angiengen, denen gedencken zwar *Sereniſſimus* das *Beneficium reſtitutionis in integrum* nicht abzustricken, behalten Sich aber dabey bevor, gegen den Schuldhaften, welche die
angesezte Termine verstreichen laſſen, es seyen die
Vorstehere, Pflegere oder Advocaten, nachdrück-
liche Andungen mittelst ansehnlicher - und nach
Beschaffenheit der Umstände mit zehen bis zwanzig Reichsthaler Strafe und ohnnachläſigem
Erſaz des dem Gegentheil darunter zugewachse-
nen Schadens vorzukehren. *Ib.*

§. 11.

Damit aber auch in den nidern Gerichten die
Proceſſe mehrers, als bißdato beschleuniget werden mögen, so solle nicht nur diese zu Abbrevi-
rung der Proceſſe angesehene Verordnung auch
bey denen Ober-Appellations-Gerichten im
Land, was davon applicable, beobachtet und
ad eſtectum gebracht, sondern auch von den ge-
sammten Unter-Gerichten, besonders den Staabs-
Beamten und Stadtschreibern die Termine über
die in Rechten und Fürstlichen Verordnungen vorgeschriebene Maaß keineswegs extendirt, noch einig sonstige Protraction der vor ihnen anhangenden Proceſſe gestattet, widrigen Falls, und da

E 3 bey

bey Fürstlicher Regierung oder Hof=Gericht der=
gleichen Aufzüglichkeiten erscheinen solten, die hier=
unter schuldhafft erfundene Personen mit empfind=
licher Strafe angesehen werden. *Ib.*

§. 12.

Dieses = wie bey Hofgerichtlichen = also in ge=
wieser Maaß eben so wol bey proceſſibus primæ
Inſtantiæ ſtatt findende General=Reſcript wird
erneuert, und deſſen Beobachtung auf das nach=
drücklichſte eingeſchärfft. **Gen. Reſcr. d. 14.
Aug. 1770.**

Documenta.

Da man bey dem Hof=Gericht wahrgenom=
men, daß nach bereits vorgegangener Handlung
und in währendem receßiren von den Advocaten
ererſt neue *Documenta* producirt und übergeben
werden, welche doch der Referens in cauſa we=
nigſtens ein oder andere Tag vor angehender Ju=
ridica, um ſich darinn erſehen und in tractatio-
ne cauſæ behörig Reflexion darauf machen zu
können, bey Handen haben ſollte : So iſt den
Advocaten anbefohlen worden, daß, wo ſie ein
und andere= vorhin bey den Actis nicht befindliche
Documenta und Brieffſchaften zu produciren
haben, ſie ſolche vor der Sachen Verhandlung
dem Secretario Dicaſterii übergeben ſollen, um
ſolche dem Referenti in cauſa in Zeiten zuſtellen
zu können. **Hofg. *Decr.* d. 3. Maji 1741.
Res. Spec. d. 17. Jun. 1772.** ſ. Beweiß §. 5=8.

Du-

Duplicæ.

f. *Replicæ.*

Einleg = Geld.

§. 1.

So der Appellant die Acta einlegt, und dem Hofgerichts = Secretario, oder desselben Substituto, oder in deren Abweesenheit einem andern Ober = Raths = Secretario, oder Registratori überantwortet, solle er damit auch alsbald, oder doch hernach, wann die Partheyen für das Hofgericht vertagt, ohnfehlbar das Einleggeld, benanntlich zwey Gulden, jeden zu sechzig Kreuzer gerechnet, bezahlen. Hofg. Ordn. p. 59. §. 2. (*)

§. 2.

Weilen die Stadt = Amt = und Gerichtschreiber bey Auslösung der Actorum öffters denen Partheyen nur das alte = und nicht das neue erhöhte Quantum des Einleggelds denunciiren, und dahero die Partheyen bey Einlieferung der Actorum vielmals nicht mit genugsamen Geld versehen, hernach aber offt vor die Hofgerichtliche Schrancken tretten, die Zahlung sothaner sportularum zu jeweiligem Verdruß des Hofgerichts und Aufhaltung der Sache anstehen lassen, so

E 4 sind

(*) Dieses auf zwey Gulden gesetzte Einleggeld ist nachgehends auf einen Gold = Gulden oder drey Gulden neun und zwanzig Kreuzer erhöhet worden. Herzogl. Tax = Ordn. sub rubr. Hofgerichts = *Expeditiones.*

sind die Actuarii erinnert worden, sich hinfüro in denunciando summam sportularum nach der Fürstlichen Tar: Ordnung zu richten. **Gen. Rescr. d. 9. Aug. 1718.**

§. 3.

Da eine Parthie so arm, daß sie das Einleg: geld zu bezahlen nicht vermöchte, und dessen von ihrem Amtmann Kundschafft an das Hofgericht brächte, solle die Sache nichts destoweniger am Hofgericht angenommen, und darinnen, wie sich gebührt, vollfahren werden, doch dergestalt, da der Appellant in Rechten obsiegen, und damit etwas erobern, oder sonst zu besserem Vermögen kommen würde, daß er vor allen Dingen das Einleggeld bezahlen und entrichten solle. **Hofg. Ord. p. 59. §. 4.** s. *App. Communio* ß. *1.* **Hofg. *Secr.* §. *11.***

Erblehen und Hofgüter.

s. **Gant: Processe §. 1. 3.**

Erb: Losung.

s. **Losungen.**

Erbschafts: und Succeßions:Fälle.

Nachdeme Serenissimus verschidentlich vernehmen müssen, was gestalten in theils an Dero Herzogthum angränzenden Landen, auch andern Reichs: Provinzien in Erbschafts: Fällen in viele Wege zu Favor der Eingesessenen von denen gemeinen Rechten abgegangen werde, hierunter aber

eines

eines theils dero Unterthanen kein geringer Schaden zugewachsen, und solche sich in andern Landen, Städten und Gerichten von denen ihnen
angefallenen Erbschafften excludirt sehen müssen,
welche jedoch in dergleichen Fällen nach denen gemeinen und disseitigen Land-Rechten Ausländischen abgefolgt worden, und andern theils es
nicht unbillig, daß man wider solche Oerter per
modum retorsionis ein gleiches Recht observire
und einführe: Als ist verordnet worden, daß in
Erbschaffts- und Succeßions-Fällen gegen
alle Stände inn- und ausserhalb Reichs, welchen
oder dero Unterthanen ein Erbe in disseitigem Herzogthum, Landen und Zugehörungen zufiele, glei-
chermassen, wie es bey ihnen observirt, oder durch
besonders vorhandene Statuta introducirt worden,
und nicht anderst gehalten werden, man auch sich
hiernach in judicando & decidendo richten
solle. *Gen. Rescr.* d. 8. Dec. 1725. s. Hofg.
Jurisd. §. 6. L. Hac Edict.

Exceptiones contra art. prob.

s. Zeugen-Verhör-*Commissarii* §. 5.

Exceptiones peremtoriæ.

Auf eingekommene Appellations-Klage und
Gravamina, oder auch Attentata soll der Appellat seine litis Contestation und Duplicam
fürbringen; doch ihme dadurch unbenommen
seyn, da er erhebliche *Exceptiones peremto-*
rias, so in voriger Instanz unterlassen, fürzubringen hätte, daß er dasselbe, doch anderer Gestalt
E 5   nicht,

nicht, als mit oder nach der Litis Conteſtation thun möge. Hofg. Ordn. p. 73. §. 10. und p. 98. §. 4.

Expenſæ.

ſ. Unkoſten.

Facta.

§. 1.

Wofern zu Erläuterung und beſſerem Verſtand der Sachen und Acten voriger Inſtanz vonnöthen oder dienlich, inſonderheit, da das Factum mit und neben dem puncto formalium lang vorher bey dem vorgehenden Hofgericht narrirt worden, und dahero den Aſſeſſoribus nicht mehr bekannt ſeyn kan, ſoll der Appellanten Advocat oder Redner vor Ableſung der Actorum *ſpeciem Facti* und Herkommenheit der Sache mit verſtändigen kurzen Worten fürbringen und anzeigen, und dagegen des Appellaten Advocat, doch alles auf das kürzeſte, auch gehört, und darauf die Acta verleſen werden. Hofg. Ordn. p. 71. §. 2.

§. 2.

Nachdeme man bey dem Hofgericht wahrgenommen, daß bey denen daſelbſt vorkommenden Appellations-Sachen mit Recenſir- und Dictirung des Facti viele Zeit conſumirt und angewendet, mithin die übrige Vorträge dadurch verzögert und aufgehalten werden: So ſolle den Partheyen bey denen erlaſſenden Hofgerichtlichen Citationen intimiret werden, daß ſie es mit Beſtellung

lung der Advocaten nicht auf den Punct ankommen laſſen, ſondern um dieſelbe ſich bey Zeiten
umſehen, und ſolchen die Beſorgung ihrer Sache
vierzehen Tag vor der beſchehenen Vertagung
auftragen ſollen, damit dieſe ſofort die Acta in
tempore begehren, die Facta begreiffen, und die
Abſchriften davon an Hofrichter, Räthe und
Aſſeſſores nebſt dem Hofgerichts = Secretario
ein oder zwey Tag vor der Vertagung übergeben, folglich bey würcklicher Vornahm der
Sache ermelte Facta nur allein verleſen und eine
Abſchrift davon ad Acta genommen, mithin hiedurch die Zeit menagirt, und der Sachen Beförderung geſchehen möge. Hofg. *Decr.* d. 29. Sept.
1739. Gen. Reſcr. d. 30. Jan. 1740. (*)

§. 3.

Die Advocaten, welche öfters ihre Facta ohnnöthiger Weiſe extendirt und verlängert, werden erinnert, hinfüro ſich aller unnöthigen Weit-
läuftigkeit in Recenſirung deſſelben zu enthalten.
Decr. Dic. d. 2. Sept. 1743. ſ. Hofgerichts-
Advocaten §. 5. 14. 16.

Fatalia.

Fatale der zehen Tag, inner welchen die Appellation zu interponiren.

ſ. Appellationen §. 1. 4. 5. Hofgerichts-
Juriſdiction §. 6.

Fa-

(*) Dieſes iſt nachgehends abgeändert und verordnet
worden, daß es dißfalls bey der Ordnung und
bißherigen Stylo Dic. noch ferner gelaſſen werden
ſolle. *Res. ſpec.* d. 6. Jun. 1741.

Fatale der zwanzig Tag, inner welchen die Acten bey dem Hofgericht einzulegen.

Wann die Gerichts ﹦ Acta voriger Inſtanz durch die Stadt ﹦ Amt ﹦ und Gerichtſchreiber verfertiget, und dem Appellanten verkündt, ſo ſoll der Appellant ſolche Gerichts ﹦ Acta innerhalb zwanzig Tagen, den Tag der Verkündung darein zu rechnen, dem Hofgerichts ﹦ Secretario oder deſſelben Subſtituten, in deren Abweſenheit aber einem andern Ober﹦Raths ﹦ Secretario oder Regiſtratori überantworten, welche alsbald das Præſentatum darauf verzeichnen, und nachgehends beſagtem Hofgerichts ﹦ Secretario zu deſſen Wiederkunft ſolche Acta ſamt dem Einleg ﹦ Geld, da ſelbiges mitgegeben worden, zuſtellen und einhändigen ſollen : dann wo die Acta innerhalb beſtimmter Zeit nicht eingelegt worden, ſoll die Appellation am Hofgericht nicht angenommen, ſondern für *deſert* und verlaſſen erkennt werden. Hofg. Ordn. p. 58. §. 1.

Fatale der dreyſig Tag, inner welchen die Gerichts﹦Acten zu petiren und der Ober﹦Richter zu benennen.

§. 1.

Welcher innerhalb zehen Tagen von einer Urthel appellirt, und mit fürgenommener Appellation die Gerichts﹦Acten nicht begehrt hätte, oder da vor zwey Männern, ſo nicht des Gerichts,

oder

oder einem Notario und Zeugen appellirt worden,
so solle der Appellant innerhalb dreyßig Tagen
bey dem Richter voriger Instanz, oder dem Amtmann und einem des Gerichts, der bey der Urthel gesessen, ansuchen und bitten, ihme die Gerichts-Acten mitzutheilen: Dann wo solches von
dem Appellanten unterlassen, und innerhalb jetzt-
gemeldter Zeit, von gesprochener Urthel an zu
rechnen, nicht beschähe, soll die Appellation als
desert oder versaumt gänzlich gefallen und ver-
loschen seyn. Landr. p. 176. §. **Welcher** 2c.
Hofg. Ordn. p. 51. §. 2.

§. 2.

Und damit man hierinnen eigentlichen Bericht
wissen möge, und die Partheyen in keine Weitläufigkeit oder vergeblichen Unkosten gerathen, sollen die Amtleute und Gericht voriger Instanz
solch des Appellanten Begehren, wie und wann
es geschehen, durch die Stadt- Amt- oder Gerichtschreiber in die Acten ordentlich verzeichnen
lassen: Dann da es von ihnen unterlassen, und
deßhalben die Partheyen in Unkosten kommen,
soll derjenig, an dem die Schuld dißorts erfunden wird, solchen Kosten abzulegen schuldig seyn.
Hofg. Ordn. p. 51. §. 3. & 4. **Landr.**
p. 176. §. **Und damit** 2c.

§. 3.

· Ingleichem solle der Appellant bey **Verlust**
der Appellation vor Verfliessung der dreyßig
Tag, innerhalb deren um die Gerichts-Acten zu
bitten, den Richter, an welchen er appellirt
haben

haben will, (zum Fall er mehr, als einen Ober=
Richter haben solte) dem Gerichtschreiber zur
Nachricht in specie benennen. **Landr. p. 171.**
§. **Es ist auch 2c. Hofg Ordn. p. 47. §. 3.**

Fatale der zwanzig Tag, inner welchen sich die Appellanten erklären sollen, ob sie die Appellation profequiren wollen.

Weilen es mehrmalen geschiehet, daß ein Ap=
pellant, und besonders diejenige, welche pur in
der Intention, die Sachen länger aufzuhalten,
um in der Possesion zu verbleiben, die Sistirung
der Ausfertigung der Acten sich ausbitten, sol=
chen Falls aber, wann zumalen das Gericht oder
der Actuarius aus gefälliger Nachsicht oder Un=
wissenheit versäumt, einen Termin zu Einlegung
ihrer Erklärung, ob sie den litem profequiren
wollen, oder nicht? anzusezen, die Urthel nicht
in rem judicatam erwächset, und der succum=
birende Theil wegen der interponirten Appellation
ob ejus effectum sulpensivum & devoluti-
vum nicht exequirt, und die Sache wegen nicht
beschehener Introduction der Appellation auch
in secunda Instantia nicht vorgenommen wer=
den kan, somit dadurch die Rechts=Stritte wi=
der die Gebühr unausgemacht hangen bleiben:
So ist, diesem Uebelstand abzuhelffen, verordnet
worden, daß, wann ein Appellant um Sisti=
rung der Ausfertigung der Acten bitten würde,
demselben zu seiner Erklärung ein Fatale von
zwan=

zwanzig Tagen, wie zu Einlegung der Acten
nach Verkündigung der ausgefertigten Acten schon
in lege disponirt und festgesezt ist, neuerlich *sub
pœna desertionis* angesezt, und solches den Ap=
pellations Actis expresse inseriret werden solle.
Gen. Rescr. d. 14. Aug. 1770.

Formalia Appellationis.

§. 1.

So die Partheyen bey dem Hofgericht, wie
sich gebührt, erschienen, soll zuforderist desselben
Jurisdiction fundirt und begründet seyn, dero=
wegen durch den Appellanten nach kurzer summa=
rischer Erzehlung des Facti, so von beeder Par=
theyen Advocaten geschiehet, die *Formalia Ap=
pellationis*, daß nicht allein in rechter Zeit und
wie sich gebührt, appellirt, sondern auch die Ap=
pellation an dem Hofgericht anhängig gemacht,
justificirt und dargethan, aber nichts, was zu
den meritis der Hauptsache und der Materia=
lium gehörig, bey Erörterung des puncti formalium eingemischt, sondern jedes an seinem Ort
vorgebracht und verhandelt werden solle. Hofg.
Ordn. p. 67. §. 1. & 2.

§. 2.

Wofern nun der Appellat darwider nichts
erhebliches zu excipiren und fürzubringen, soll
die Appellation für justificirt gehalten, angenom=
men, und darinnen, wie sich gebührt, vollfahren
werden. *Ib. §. 3.*

§. 3.

§. 3.

Da aber der Appellat wider die Formalia, daß die Appellation nicht rechtmäßig geschehen, angebracht oder sonst nicht anzunehmen, erhebliche Einreden und Ursachen fürzuwenden hätte, soll ihm daßelbe zuvor und ehe die Acta voriger Instanz abgelesen, zu thun zugelaßen werden. *Ib.* §. 4. & p. 97. §. 1.

§. 4.

Da aber der Appellat mehr, dann einerley Exceptiones und Einreden wider die Appellation und derselben Formalia fürzuwenden hätte, sollen dieselbe samtlich und auf einmal fürgebracht werden. Hofg. Ordn. p. 98. §. 2.

§. 5.

Darauf soll dem Appellanten zu repliciren, dem Gegentheil, wo vonnöthen, zu dupliciren, und dem Appellanten zu tripliciren zugelaßen, und damit in puncto exceptionis beschloßen seyn. *Ib. ſ. 3.*

§. 6.

So die Partheyen einander ihres Fürgebens nicht geständig, mag darüber Beweisung begehrt und fürgebracht werden. *Ib. ſ. 5.*

§. 7.

Ob aber der Appellat gleich nicht contra formalia excipirt, und doch aus den Actis befunden würde, daß die Appellation nicht formlich geschehen, angebracht, oder aus was Ursachen

an

an das Hofgericht nicht erwachsen, desert und
verlassen, oder nicht anzunehmen, soll selbige Ap=
pellations=Sache an dem Hofgericht von Amts
wegen verworfen und nicht angenommen wer=
den. Hofg. Ordn. p. 67. §. 5. und p. 98. §. 6.

§. 8.

Weilen man bey dem Hofgericht wahrgenom=
men, daß einige Advocaten, ohnerachtet sie öfters
so münd= als schriftlich erinnert worden, sich der
unnöthigen *Exceptionis contra formalia Ap=*
pellationis zu enthalten, solches völlig ausser Au=
gen gesezt, so sind dieselbe wiederholter angewiesen
worden, die Exceptiones contra formalia Ap=
pellationis, wann sie nicht mit sattem Grund
voraus sehen können, daß sie damit hinaus lan=
gen werden, zu unterlassen, oder, wann sie je
solche anzuführen vor nöthig finden sollten, bloß
bey denen Formalien stehen zu bleiben, und sich in
die Materialia causæ nicht weiter einzulassen.
Decr. Dic. d. 25. Sept. 1758. s. Verab=
schiedung §. 1. 2. 3.

Fructus.

Nachdem in vielen Sachen derselben Natur
und Eigenschaft gemäß nicht allein die Gerichts=
kosten und Schäden, sondern auch die aufgeha=
ben Nuzung und Interesse geklagt und begehrt
werden, so solle hierinn das Fürstliche Landrecht
und Ordnung, oder da dieselbe nicht genugsam,
die gemeine Rechten gehalten werden. Hofg.
Ordn. p. 115. §. 7.

F

Gant-Proceſſe.

§. 1.

Nachdeme bey vorgefallenen Gant-Proceſſen die Frage vorgefallen, wohin eigentlich die erfordernde ruckſtändige Gülten von denen Erb-lehen- und andern dergleichen Gütern zu lociren, und ob gnädigſter Herrſchaft wegen der beeden Fürſtlichen Cammern, Kellereyen und Verwaltungen, als dem Domino directo, ein Vorzug zukomme, mithin ſolcherley Prätenſion in untenbemelte Claß zu ſezen ſeyn möchte? Auch nach zerſchiedenen eingekommenen Berichten einige Conſulenten die ruckſtehende Gült-Forderung, ob ſollte derentwegen in dem Fürſtlichen Landrecht eigentlich nichts determinirt ſeyn, nur in die Claſſem Chirographariorum oder Creditorum ſimplicium collocirt: Als haben *Sereniſſimus* das Fürſtliche Landrecht P. I. t. 75. §. Nach jeztgemeltem ꝛc. und P. II. t. 8. §. Ferner ſo einer Uns ꝛc. wie es ohnedem, ſo viel die Fürſtliche Cammer-Intraden anbelangt, ob Particulam: oder dergleichen ꝛc. keinen andern Verſtand haben kan, ausdrucklich dahin interpretirt und erläutert, daß die Fürſtliche Kellereyen im Herzogthum, auch Clöſter, Stätt, Dörfer und Flecken, arme Käſten und Hoſpitäl wegen ſolcher Gülten in die Rubric: Herrſchaft, Gemeinnuz und Obrigkeit mit eingeſezt, und künftig bey vorfallenden Gant-Proceſſen, nach dieſer Diſpoſition geſprochen werden ſolle. Gen. Reſcr. d. 14. May 1695.

§. 2.

§. 2.

Da bey denen vormals fürgewährten Kriegszeiten den Unterthanen zu Stillung des Hungers
und Anblümung der Felder verſchiedene Jahr von
dem Fürſtlichen Kirchengut mit Saat- und Su-
ſtentations-Früchten ausgeholfen, auch denenſelben ſchon ſub dato 1. Apr. 1699. durch Special Fürſtliche Reſolution ein beſonders und ex-
traordinarium Privilegium ſowol bey dero
Wieder-Einzug und Reſtitution zur Erndzeit, als
ſonſten bey vorfallenden Gant-Proceſſen auch vor
den Steuren und andern Herrſchaftlichen Præ-
ſtandis concedirt und ſeitdeme je und je auf ein
und andere Jahr prorogirt worden: Und nun
zwar *Sereniſſimus* in denen Jahren, wo durch
Fürſtliche Reſolution dem Fürſtlichen Kirchengut
eine ſolche Special-Prälation vor allen Steuren
bewilliget worden, pro præterito es dabey gelaſſen, pro futuro aber reſolvirt haben, ſowol
dem Fürſtlichen Welt- als Geiſtlichen Fiſco in
Saat- und Unterhalts-Früchten Anlehnungen,
und zwar mit ausdrucklichem Beding und allein
auf den Fall, wann ſolche auf Atteſtation der
Beamten oder Gerichte allein zu ſolchem Ende geſchehen, ein Privilegium prælationis nach den
Steuren immediate und vor allen denenſelben
nachgehenden Präſtationen angedeyhen zu laſſen:
Als iſt verordnet worden, daß zwar pro præterito zur Reſtitution und Einzug ſolch ausgeliehe-
ner und etwa annoch im Ausſtand verbliebenen
Früchten nach der in den vorigen Jahren durch
Fürſtliche Reſolution dem Geiſtlichen Gut bewil-

ligten

ligten Special-Prälation der Geiſtlichen Cammer von den weltlichen Beamten ſowol zur Erndzeit, als bey vorfallenden Gant-Proceſſen vor
den Steuren, auch andern Herrſchaftlichen Præ-
ſtandis wegen des vom 1. Apr. 1699. an biß
dato verbliebenen Ruckſtands jederzeit nachdrück-
liche Aßiſtenz geleiſtet, pro futuro aber dergleichen
Frucht-Schulden ſowol von den geiſt- als weltlichen Beamten, auch bey denen Ganten und
Schuldenverweiſungen allein nach den Steuren
immediate, und vor allen denenſelben Präſtationen eingezogen, denenſelben auch dieſe Prälation
erſt von Zeit der Publication dieſer Reſolution ver-
ſtattet, und darnach jedesmalen ſowol bey der
Fürſtlichen Univerſität zu Tübingen, als den Gerichten des Herzogthums geſprochen werden ſolle.
Gen. Reſcr. d. 11. April 1714.

§. 3.

Demnach ſich bey vorfallenden Gant-Proceſſen dieſer Anſtand ſich faſt beſtändig ereignet, daß
die Trägere über die Erblehen und Hofgüter
ſich nicht Namens der beeden Fürſtlichen Cammern, Kellereyen und Verwaltungen in die Gant
einlaſſen, ſondern, wann es mit ein oder dem andern von ihren Mit-Cenſiten oder Gültleuten,
welche in Bezahlung ihrer gebührenden Portionen
und Gült-Antheile ſaumſeelig geweſen, zum
Gant kommt, ſothane Gült-Ausſtänd gefordert,
und dahero die Frage vielfältig vorgekommen:
Ob ſolchen Falls die Trägere mit ihrer Forderung,
als einer Herrſchafts-Sache, in die erſte Claß,

oder

oder aber, weilen der Beamte ſich pure an den
Träger zu halten hat, dieſer auch, Kraft ſeines
Verſpruchs, die völlige Gült ohne einigen Ab=
gang auf den Kaſten zu liefern ſchuldig iſt, und
davor reſponſable ſeyn muß, bey ſolchen Gültfor=
derungen als Privati in die lezte Claß locirt wer=
den? Aus dieſer Urſache auch von theils Conſu=
lenten mehrmalen ganz differente Locationes an
die Hand gegeben, und alſo keine Uniformitæt
hierunter beobachtet worden: Als haben *Sereniſ-*
ſimus per modum ſanctionis pragmaticæ zu
prävenirung aller künftigen Confuſionen in der=
gleichen Fällen verordnet, daß dergleichen Lehen=
und Gült=Trägere bey vorfallenden Ganten ratione deren an ihre obärirte Mit=Gültleute zu
fordern habenden Gült=Ausſtänden, damit ſelbige
nicht unſchuldig hierunter zu ſchaden kommen,
hinkünftig, gleich dem Fiſco ſelbſten, in primam
claſſem locirt, auch darauf bey allen Vergan=
tungen jedesmalen reflectirt, und zu dem Ende
von den Gant=Richtern denen gebrauchenden Con=
ſulenten von dieſer Verordnung zu Beybehaltung
der Gleichheit in pronunciando (wie *Sereniſ-*
ſimus an Dero Juriſten=Facultät allbereits das
nöthige hierunter reſcribirt haben) die behörige
Nachricht gegeben werden ſolle. Gen. Reſcr.
d. 16. Sept. 1722.

§. 4.

Da auch allbereits durch das unterm 4. Apr.
1732. erlaſſene General=Reſcript die ausdruckli=
che Verordnung publiciret worden, daß in Cri=

minal=

minal - Fällen diejenige, welche ſich einer Uebel-
that höchſtverdächtig gemacht, oder derſelben gar
überwieſen worden, mithin durch ein delictum,
oder deſſen genugſamen Verdacht zu einem Inquiſitions - oder peinlichen Proceß die Veranlaſ-
ſung gegeben, die dadurch verurſachende Criminal - Inquiſitions - und Azungs-Koſten allezeit, es gehe gleich mit ihnen ad ultimum ſup-
plicium, oder eine andere pœnam corporis
afflictivam, von ihrem Vermögen, ſo fern ſie
dergleichen beſizen, hinwiederum erſezen und darein condemnirt werden ſollen; mitlerzeit aber aus
Gelegenheit ein ſo andern Caſus der Zweifel annoch vorgefallen, wie es alsdann zu halten, wann
dergleichen Delinquenten, oder de delicto ſu-
ſpecti ſonſten gegen andere Creditores mit ihrem Vermögen verhaft und etwa währenden Criminal - Proceſſes in Anſehung derer paſſivorum
es zu einem Concurs - Proceß gedeyhen ſolte?
Als haben *Sereniſſimus* durch eine Interpretationem authenticam, all ſolchem vorwalten-
den Zweifel und widriger Meinung abzuhelfen,
das bereits emanirte - ſo wol die Billigkeit, als
auch communem obſervantiam in Teutſchland
zum Grund habende Gen. Reſcr. d. d. 4. Apr.
1732. wegen dergleichen Criminal - Koſten dahin
erläutert, daß die Schuldigkeit auf Seiten des
Delinquenten alsbalden exiſtire und vor radicirt
zu halten ſeye, ſo bald der Delinquent durch ſein
Delictum, oder deſſen hinlänglichen Verdacht
die Inquiſition gegen ſich veranlaßt, und zwar
vor alle und jede von Anfang ſothanen proceſſus
usque

usque ad ejusdem finem erforderliche Crimi-
nal-Inquiſitions- und Azungs-Koſten dergeſtalten und mit der fernerweiten Interpretation,
daß zugleich von Anfang der Inquiſition des Delinquenten Vermögen nach Maaßgab Fürſtlicher
Landrechte P. II. t. 8. §. fin. & P. I. t. 75. §.
nach jeztgemeldten ꝛc. davor und zwar pro omnibus expenſis ad integrum proceſſum, als
vor Schuldigkeiten gegen die Obrigkeit mit der
tacita hypotheca cum jure prælationis afficirt ſeyn, folglich ermeldte Koſten in Concurs-
Proceſſen unter ſolcher Rubric in prima claſſe
locirt werden ſollen, ohne Unterſchied, es mag
die Inquiſition vor Anfang des Concurs-Pro-
ceſſes ſeine Endſchaft ſchon erreicht haben, und
der Delinquent in ſothane per ſententiam condemnirt ſeyn, oder auch gedachte Inquiſition
und Criminal-Proceß annoch in die Zeiten des
Concurs-Proceſſus ſich extendiren, mithin
die Inquiſitions- oder Criminal-Koſten vor-
oder nach einem ausgebrochenen Gant verwendet
worden ſeyn, wann nur diejenige Zeit, wo die
Inquiſition oder der Criminal-Proceß ſeinen Anfang nimmt, nicht würcklich der Concurs-Pro-
ceß intuitu anderer Creditorum erkannt worden, daß des Delinquenten Vermögen vor die
Inquiſitions- und Criminal-Koſten überhaupt
mit obiger tacita hypotheca & jure prælationis
annoch hat afficirt werden können. Es ſolle dahero
ſowohl von der Juriſten-Facultät, als dem Hofgericht und übrigen Gerichten im Land in Zukunft
bey dergleichen vorkommenden Fällen docendo,

con-

conſulendo & judicando dieſe Jnterpretation
pro norma genommen, und jedesmal darauf geſprochen werden. Gen. Reſcr. d. 13. Dec. 1746.

§. 5.

Nachdeme *Sereniſſimo* die niedergeſezte Zucht-
und Arbeit-Hauß-Deputation angezeigt, was-
maſſen die in denen dem Zucht- und Arbeit-
Hauß unterm 9. Mart. 1737. gegebenen Privilegiis und in dieſen §. 19. bey Gant-Fällen zu-
geſtandene ſonderbare Locations-Stelle bey Gelegenheit eines von dem Stadt- oder Gant-Ge-
richt zu Marbach ausgeſprochenen Gant-Urthels
eine wider den wahren Sinn ſothaner Privilegien laufende Jnterpretation dahin gemacht worden, daß denen Zuchthauß-Forderungen ihr Jus
ſingulare prælationis in erſterer Claß immediate nach dem Liedlohn nur bey allenfalſigen
Reſt-Prätenſionen und andern Nothfällen zuge-
ſtanden, keineswegs aber auch auf deren aus andern Urſachen, oder von Conträcten herrührende
Credita erſtrecket und appliciret, ſondern vielmehr
denen Schuldforderungen lezterer Art zur Unge-
bühr in Concurſu eine Stelle in der 3ten Claſſe
inter hypothecarios angewieſen werden wollen,
auch dergeſtalt würcklich zuerkannt worden ſeye:
Als haben *Sereniſſimus* in Anſehung der Diſpoſition des §. 19. der Zucht- und Arbeits-Hauß-
Privilegien die Landesherrliche Erklärung und
authentiſche Jnterpretation dahin gegeben, daß
bey Ganten oder Schulden-Verweiſungen alle
und jede Forderung des Zucht- und Arbeit-

Hauſes

Hauſes ohne mindeſte Ausnahm und Unterſchied
jedesmalen, nach dem klaren Buchſtaben obbe-
rührten Fürſtlichen Privilegii, in die erſte Claß
unmittelbar vor dem Liedlohn lociret und eingeſezt, auch ſo wol von der Juriſten-Facultät zu
Tübingen und andern privat Conſulenten, als
auch von dem Fürſtlichen Hof- und den übrigen
Gerichten im Land in vorkommenden Fällen dieſe
Landesfürſtliche Declaration und Interpretation docendo, conſulendo & judicando zur
unwandelbaren Richtſchnur genommen, ſo mithin jener gemäß der Zucht- und Arbeit-Hauß-
Forderungen halber je und allezeit erkannt, geſprochen und geurtheilt werden ſolle. Gen. Reſcript. d. 3. Jul. 1755.

§. 6.

Nachdeme Seine Herzogliche Durchlaucht
wahrzunehmen gehabt, daß bißhero bey unter-
ſchiedlichen Vorfallenheiten, da man bey Reſt-
Sezungen derer Beamten mit dem Gant Landrechtlicher Ordnung nach vorgegangen, in conſulendo & judicando das Principium, daß
die gegen den Fürſtlichen Kirchen-Rath ausge-
ſtellte Cautiones derer Beamten nicht auch gegen Fürſtliche Rent-Cammer operiren können,
hinfolglich dem Fiſco Camerali nichts als tacita hypotheca, wie in andern debitis fiſcalibus,
bevorbleibe, aufgeſtellt worden; Und nun aber
auſſer allem Zweifel geſezt, daß die Cautiones,
welche die geiſtliche Beamte gegen Fürſtlichen
Kirchen-Rath ausſtellen, virtualiter ſich auch

auf Fürſtliche Rent-Cammer und die gegen ſelbige zu verrechnen habende Reſervat-Gefälle extendiren: Als haben Seine Herzogliche Durchlaucht gnädigſt verordnet, daß bey all dergleichen Vorfallenheiten künfftighin in judicando
darauf geſehen werden ſolle, daß die Reſidua,
welche die geiſtliche Beamte gegen Fürſtliche Rent-
Cammer ſezen, unter die hypothecarios publi-
cam hypothecam habentes in Concurſibus
Creditorum geſezt werden mögen. *Reſcr. Duc.*
d. 17. Jul. 1756.

§. 7.

Nachdeme das Stadtgericht der Reichsſtadt
Rothweil unterm 18. Dec. 1761. wegen künftiger
Location derjenigen Privat-Verſchreibungen
und Obligationen, welche ohne obrigkeitliches-
oder amtliches Vorwiſſen von denen dortigen Unterthanen ausgeſtellet werden, die Verordnung
ergehen laſſen, daß in Zukunft auf die von Zeit
deren Verkündigung erſtehende Privat-Verſicherungen oder Obligationen, es ſeye ſodann in ſelbigen ein Special- oder General-Unterpfand
bedingt, keine rechtliche Attention mehr gemacht,
ſondern allen dergleichen gleich denen ſimplen
Chirographis oder Schuld-Bekänntniſſen kein
anderer Plaz, als die lezte Claß eingeraumet werden ſolle, ohne Unterſchied, ob ſolche von Gemein-
den, oder Privat- und dieſen hoh- oder burgerlichen Stands, errichtet worden ſeyen: So haben zwar Seine Herzogliche Durchlaucht auf
die von dem Magiſtrat zu Rothweil beſchehene

Re-

Requiſition um ſo weniger Anſtand gefunden, ſolche Verordnung auch in Dero Herzoglichen Landen bekannt zu machen, als diſe Benachrichtigung zur künfftigen Sicherſtellung der diſſeitigen Creditorum abzweckt, zugleich aber und damit die Landes-Unterthanen in Anſehung der Rothweiler hierunter gleich gehalten werden, nicht nur an Dero ſamtliche Ober-Aemter den Befehl erlaſſen, ſondern auch dem Herzoglichen Hofgericht aufgegeben, daß ſolches Recht pro futuro auch gegen die Rothweiler beobachtet, mithin, wann an ſelbige dergleichen Privat-Verſicherungen mit oder ohne Unterpfand ohne diſſeitig obrigkeitliches Vorwiſſen ausgeſtellet werden wurden, dergleichen Obligationen bey entſtehenden Ganten ebenfalls in die lezte Claß lociret werden ſollen. *Reſcr. Spec.* d. 9. Febr. 1762.

§. 8.

Weilen in Gant-Proceſſen, wo von ein oder andern Creditoribus appellirt wird, von denen Stadt- und Amtſchreibern die Appellations-Acta öffters unnöthiger Dingen ſehr weitläufig ausgefertigt, und die ſamtliche Gant-Acta denenſelben inſerirt und abgeſchrieben werden, da doch ſolche allein *quoad paſſus concernentes* mit Auslaſſung und Vorbeygehung derjenigen Puncten und Verhandlungen, ſo die Appellation nicht angehen und wohl ſeparirt werden können, zu extrahiren nöthig : Als ſind dieſelbe angewieſen worden, ſich in Zukunfft hiernach zu achten, und den Partheyen mit überflüßigem decopiren keine unnöthige

Un-

Unkoſten dißfalls zu cauſiren. Gen. Reſcr. d.
6. Jun. 1741. ſ. *Hypotheca. Reſidua.*

Gegen=Klagen.

In Appellations = Sachen ſolle keine Reconvention, ſo zuvor nicht eingekommen, angenommen werden. Hofg. Ordn. p. 74. t. VI.

Gerichte, ausländiſche.

Es iſt zwar in der Fürſtlichen Lands = Ordnung
t. X. ausdrucklich verbotten, daß kein Unterthan
den andern für einig ausländiſch Hof = oder
Landgericht laden ſolle, und in dem dritten §.
jeztbemeldten Tituls verordnet, daß, welcher einen andern mit ausländiſchen Gerichten fürnehmen und laden werde, derſelbe jederzeit ſolches
mit einem groſen Frevel büſſen ſolle; Nachdeme
es aber mit dieſer Verordnung, ſo viel die Pöna-
liſirung derſelben betrifft, gar nicht die Meinung
gehabt, als wann dadurch denen dem Herzogthum Würtemberg in Anno 1495. und 1629.
ertheilten und confirmirten Kayſerlich = und Königlichen Exemtions-Privilegiis, kraft deren keinen Würtembergiſchen Unterthanen bey Straf
hundert Marck löthigen Golds, halb in des Heil.
Röm. Reichs Cammer, und den andern halben
Theil denen Herzogen zu Würtemberg, Dero
Erben und Nachkommen, unabläſig zu bezahlen,
vor einig ausländiſch Gericht zu ziehen, verbotten
iſt, im geringſten etwas derogirt worden wäre,
oder die Violation der Fürſtlichen Privilegio-
rum an den Unterthanen gelinder, als an andern

Con-

Contravenienten gestraft werden sollte: Als haben *Serenissimus* auf erlangte Nachricht, was gestalten die Provocationes mit Processen an auswärtige Gerichte, absonderlich an das Kayserliche Hofgericht zu Rothweil je länger je gemeiner werden wollen, Sich veranlaßt gesehen, den in der Fürstlichen Lands = Ordnung t. X. befindlichen Passum, so viel die Bestrafung der Provocanten betrifft, dahin zu extendiren, daß, wann fürohin ein Unterthan, um waserley Sach es auch seyn möchte, einen andern mit Processen an dem Kayserlichen Hofgericht zu Rothweil, oder andern auswärtigen Gerichten vorzuladen sich unterfangen würde, derselbe statt der in Fürstlicher Lands = Ordnung darauf gesezten grosen Frevel mit denen in angeführtem Kayserlichen Exemtions = Privilegio enthaltenen = *Serenissimo* und Dero Fürstlichen Hauß zukommenden fünfzig Marck löthigen Golds, oder nach Reichs = Währung mit sieben tausend zwey hundert Gulden angesehen, und dabey zu verordnen, daß diese Fürstliche Declaration nicht nur von den Beamten zu jedermanns Wissenschaft behörig publicirt, und von Zeit zu Zeit ihren Amts = Untergebenen in frische Gedächtniß gebracht, sondern auch in allen Gerichten darauf gesprochen, und bey der Universität von der Juristen = Facultät in consulendo & respondendo darauf angetragen werden solle. Gen. Rescr. d. 28. Aug. 1728.

Gerichts = Acta.

§. 1.

Wann derjenige so appellirt, darneben und mit
auch alsbald ihme Apostolos und Gerichts-*Acta*
zu geben oder mitzutheilen gebetten und begehrt
(darum dann denjenigen Personen, vor welchen
appellirt worden, da deshalb Stritt fürfiele, zu
glauben) so solle solches Begehren für genugsam
geachtet werden. Hofg. Ordn. p. 51. §. 1.

§. 2.

Da aber mit und neben gethaner Appellation
nicht auch zugleich und alsbald Apostoli oder Ge-
richts-*Acta* begehrt, oder da vor zwey Männern, so nicht des Gerichts oder einem Notario
und Zeugen appellirt worden, solle der Appellant
innerhalb dreyßig Tagen von ausgesprochener
Urthel anzurechnen, bey dem Richter voriger Instanz oder dem Amtmann und einem des Gerichts,
der bey der Urthel gesessen, ihme Apostolos und
Gerichts-*Acta* (wie er auch dasselbe mit Worten, daraus seine Meynung genugsam zu vernehmen, begehren wird) mitzutheilen und zu geben,
anzusuchen schuldig seyn, oder da solches durch
den Appellanten unterlassen, die Appellation als
desert oder versaumt an dem Hofgericht nicht
angenommen werden. Hofg. Ordn. p. 51. §. 2.
p. 47. §. 3. Landr. P. 176. §. Welcher ꝛc.
f. Stadt-Amt- und Gerichtschreiber. §. 3.
6. 7.

Ge

Gerichts = Kosten.

f. Unkosten.

Gewälte.

§. 1.

Die *Procuratoria* und Gewälte werden am Hofgericht nicht allein schriftlich (*) fürge=
bracht, sondern auch etwan mündlich apud acta und vor dem Hofgericht mit angeloben an den Ge=
richts = Stab, oder ausserhalb desselben vor dem Hofrichter und zwey Assessoribus samt dem Hof=
gerichts=Secretario mit gegebener Handtreu über=
geben und angenommen; Doch wann eine Par=
they der Unterthanen oder Ausländischen, (**)
einen Procuratorem und Anwald, oder der An=
wald cum clausula substituendi einen After=
Anwald mündlich bestellen und constituiren will,
soll dasselbig von der Parthey oder Anwald selbst gegenwärtig und Persönlich vor dem Hofgericht oder dem Hofrichter, auch zwey Assessoribus und Hofgerichts = Secretario, wie oben be=
nahmßt, mit allen nothdürftigen Substantial=
Clausuln ad totam causam geschehen, auch je=
desmals die ganze Constitution solcher An = oder After=Anwaldschaft, wie und mit was Clausuln selbige vorgangen, durch den Secretarium fleis=
sig ad acta verzeichnet werden. Hofg. Ordn.
p. 18. §. 2.

§. 2.

(*) Conf. §. 20. & 21.
(**) Conf. Rubr. Kayserl. und Reichs = Cammer=
Gericht.

§. 2.

**Verſpruch der Principal=Partheyen,
ſo vor dem Hofgericht Anwâlde beſtel=
len, und denſelben ihren Gewalt
geben wollen.**

Ihr ſollet an Gerichts=Stab an Eydesſtatt an=
geloben, daß ihr euren vollmâchtigen Gewalt in
dieſer Sache, dieſelbig in eurem Namen an dieſem
Fürſtlichen Hofgericht nach deſſelben Ordnung zu
vertretten, auch inſonderheit den Eyd für Geſähr=
de, ſo derſelbig erfordert, oder einen andern mit
Recht erkannten Eyd in euer Seel zu ſchwôren,
N. N. geben und gegeben haben wollet.

Der Anwâlde Verſpruch.

Ihr ſollet an Gerichts=Staab angeloben, daß
ihr den von N. N. euch gehôrter maſſen gegebe=
nen Gewalt hiemit alſo angenommen haben wollet.

Alſo mag auch mutatis mutandis ein Anwald,
ſo er cum Clauſula ſubſtituendi verordnet, ei=
nen andern ſubſtituiren, welche beede nachgehends
gleichförmigen Verſpruch thun ſollen. Hofg.
Ordn. p; 34.

§. 3.

Sonſten ſolle es in andern Fâllen, mit Verfer=
tigung und Beweiſung der Mandaten und Gewâlte
bey der Diſpoſition und Verordnung des Fürſtli=
chen Landrechtens und der Gemeinen geſchriebenen
Rechte verbleiben. (*) Hofg. Ordn. p. 18. §. 3.

§. 4.

(*) Conf. §. 20. & 21.

§. 4.

Wann die Hauptsache nicht einen Ehemann vor sich selbst, sondern Ehevögtlichen, und also vornemlich seine Haus- und Ehefrau concerniret, solle der Gewalt auf beede zugleich mit diesen Worten gerichtet werden : Ich N. N. Burger zu N. und ich N. N. seine eheliche Haußfrau mit ihme bekennen und thun kundt mit diesem Brief : Nachdem vor dem 2c. Vogt, Burgermeister und Gericht der Stadt N. wir gegen und wider N. wegen eines 2c. Hofg. Ordn. p. 12. §. 6. & p. 26. §. 5. Gen. Rescr. d. 18. Febr. 1632. und 9. Aug. 1648.

§. 5.

Da die Sache eine Weibs-Person im ledigen- oder Wittib-Stand, welche nicht mehr verpflegt, sondern bevögtet werden soll, angehet, soll dieselbe samt ihrem Kriegs-Vogt, welcher ihro würcklich zuzuordnen, wo sie nicht bereits damit versehen, auf folgende Weise Gewalt geben: Ich N. weyland N. N. geweßten Burgers zu N. hinterlassene Wittib (oder eheliche Tochter, da sie nemlich noch ledigen Standes) und mit ihro ich N. N. Burger daselbst, ihr gerichtlich zugeordneter Kriegs-Vogt, bekennen und thun kundt mit diesem Brief: Nachdem vor dem 2c. Vogt, Burgermeister und Gericht der Stadt N. wir gegen und wider N. wegen eines 2c. Hofg. Ordn. p. 12. §. 6. & p. 26. §. 6.

G §. 6.

§. 6.

Wann aber Wayſen und minderjährige intereßirt, ſollen derſelben Pfleger und Vormünder, ſo ihnen ebenmäſig ohnfehlbar zu verordnen, wo ſie nicht bereits damit verſehen, auf dieſe Maaß und Weiſe Gewalt geben: Wir N. N. und N. N. beede Burger zu N. als weyland N. N. hinterlaſſener minderjährigen Kinder, mit Namen N. und N. verordnete Pflegere, bekennen und thun kundt ꝛc. *Ib.* p. 26. §. 7.

§. 7.

Darum dann die Stadt-Amt- und Gericht-ſchreiber alles Ernſtes ermahnt, ſeyn ſollen, von denen Partheyen, ſo vor das Hofgericht vertagt werden, umſtändlich zu vernehmen: Ob allein die in der Citation begriffene Perſonen intereßirt, oder ob ſich nicht etwan mit Heurathen oder ſonſten Aenderungs-Fälle begeben, oder ob keine Weiber oder minderjährige Kinder in lite, ſofort die Gewält erſtgeſezter maſſen in guter Form mit Eindruckung aller daſelbſt verordneten Clauſuln und ausdrücklicher Benahmſung aller conſtituirenden Partheyen neben gebührenden Tutoriis und Curatoriis, wo nöthig, auszufertigen, damit man nicht Urſach habe, gegen den überfahrenden, welche dadurch das Hofgericht und die Partheyen verhindern und aufhalten, ohnausbleibliche Straf vorzunehmen. *Ib.* §. 8. Gen. Reſcr. d. 18. Febr. 1632. und 9. Aug. 1648.

§. 8.

§. 8.

Weilen man aber von geraumer Zeit her verspürt, daß durch vorgebrachte unförmliche Gewält und ungenugsame Legitimationes der Procuratorn vielfältig dem Hofgericht Feriæ gemacht, und nichts ausgerichtet, gnädigster Herrschaft aber und den Partheyen vergebliche Unkosten verursacht werden: Als ist dem Hofgericht zugelassen und befohlen worden, daß, wann schon in solchen Gewälten, sonderlich bey Ausländischen Partheyen, etwa die Clausula ratificationis prius actorum, Juramentorum und dergleichen, welche sonsten pro substantialibus gehalten werden, sich nicht ausdruckentlich befinden, da aber nun Clausula generalis inserirt, kraft derselben ad conclusionem usque procedirt, ja auch im Fall einiges Juraments, Ratificirens oder dergleichen Special-Handlens nicht vonnöthen zu seyn, im Proceß sich ergeben möchte, gar definitive sententionirt werden könne und solle; Wiewohlen die Partheyen, wie auch sonderlich die Stadt-Amt- und Gerichtschreiber sich hierauf nicht zu verlassen haben, sondern einen- als andern Weg mit Einbring- und Auffezung der Gewält, Tutorien oder Curatorien obiger Ordnung gemäß sich bezeigen, und gegen die Uebertretter mit gebührender Bestraffung verfahren werden solle. *Ib.* §. 10.

§. 9.

Insonderheit aber sollen minderjähriger oder anderer Personen, so durch sich selber das Recht nicht vertretten mögen, Pfleger und Vormünder,

der, die von gemeldter Perſonen wegen am Hofgericht zu thun haben, von der Obrigkeit an jedem Ort, Vogt oder Schultheiß und Gericht,
als den Ober-Pflegern mit genugſamen Gewalt,
wie oben angeregt, verſehen ſeyn, bey Pön und
Straf der hievor deshalb ausgegangenen Mandaten. *Ib.* §. 1 3.

§. 10.

Ein Vatter mag für ſeinen Sohn, Sohns
Weib und Tochtermann, auch Enckel und Ur-
Enckel, und hingegen der Sohn für ſeinen Vatter, und der Tochtermann für ſeinen Schwehr,
wie auch die Blutsverwandte insgemein biß auf
den vierten- und verſchwägerte Perſonen biß auf
den andern Grad incluſive (den Gradum nach
den Kayſerlichen Rechten zu rechnen) für ihre
Verwandte, Manns- oder Weibs-Perſonen,
ſie ſeyen minderjährig oder nicht, bevögtet oder
nicht; deßgleichen ein Ehemann wegen ſeiner
Haußfrauen, dafern er *majorennis;* Sodann
nach der Kriegs-Beveſtigung ein Mit-Kriegs-
Verwandter für ſeinen Conſortem litis, ohngeachtet dieſer ſub *tutela vel Cura, vel neutra*
conſtituirt, *tam agendo, quam defendendo*
an dem Hofgericht ohne Gewalt im Rechten zu ſtehen zugelaſſen werden, doch mit genugſamer Caution und Verſicherung de *rato. Ib.* p. 29.
§. 14.

§. 11.

Ob auch jemand, ſo eines erbaren, tapfern
Weeſens und Lebens, auf des Antworters Seiten

ten ohne einigen Gewalt erschiene, und gleich=
wol dem Antworter nicht gesipt noch zugewandt
wäre, thäte doch genugsamen Bestand und Si=
cherheit, der Sachen auszuwarten, den Beklagten
zu vertretten und dem erfolgenden Rechten genug
zu thun, das soll, ohnangesehen Mangel des Ge=
walts, gehört werden. *Ib.* §. 15.

§. 12.

Die Advocaten sollen die Gewält hinc inde
besichtigen, und da dieselbe an Substantial=Or=
ten oder Clausuln ohngenugsam oder mangelhaft,
darwider zu excipiren und gebührende erhebliche
Einred zu thun zugelassen werden. **Hofg. Ord.**
p. 64. §. 5.

§. 13.

Doch daß hierinn keine ohnnothwendige Ein=
rede zu Umtrieb oder Verzug der Sachen fürge=
bracht oder gesucht werde, bey Straf, so das
Hofgericht nach Gestalt der Sachen darauf zu
sezen haben solle. *Ib.* §. 6.

§. 14.

Und so *Extranei* oder ausgesessene Partheyen
den gemeinen geschriebenen Rechten, auch des
Kayserlichen Cammergerichts üblichem Gebrauch
und Stylo, oder des Orts, worunter selbige
fremde Personen gesessen, habenden sonderbaren
Rechten und Gewohnheiten gemäß sich legitimi=
ren, oder Gewält übergeben, sollen solche Ge=
wält und Legitimationes für genugsam ange=
nommen werden. *Ib.* §. 7.

§. 15.

Da ein Gewalt auf darwider fürgebrachte Exception, oder auch etwa von Amtswegen aber-
kannt, solle der Anwald zu andern Tagen genugsamen Gewalt cum ratificatione priorum einzubringen, Caution an den Gerichts-Staab
thun, und darauf in der Sache, so weit möglich, fürzugehen zugelassen werden. *Ib.* §. 8.

§. 16.

Es trägt sich auch bißweilen zu, daß ein Appellant fürgibt, es habe ausser seinem mündlich gegebenen Mandat und Befehl ein anderer von
seinetwegen von der wider ihn ausgesprochenen
Urthel appellirt; Wann dann solches durch ge-
genugsame Kundschaft beygebracht und erwiesen
würde, so solle dieser mündliche Gewalt für
kräftig erkennt und angenommen werden. **Hofg.**
Ordn. p. 48. §. 7.

§. 17.

Im Fall auch genugsam dargethan und durch
Kundschaft erstattet möchte werden, daß ein Appellant einem andern schriftlich oder mündlichen
Special-Gewalt ad unam certam caufam,
oder aller seiner rechtstrittigen Sachen wegen Ge-
neral-Gewalt ad agendum, defendendum,
& omnia necessaria suo nomine facienda hätte
gegeben, alsdann, obgleich dem Special- oder
General-Mandat nicht weiter in specie einverleibt,
daß der Anwald von der Urthel, so wider seinen
Principal in dieser N. Sache ergehen werde, appelliren

pelliren soll und möge, dannoch nichts deſtoweniger die von ſolchem Anwald interponirte Appellation ſo gar für kräftig und beſtändig zu halten, daß auch er, Anwald, von oberzehlten
Mandats wegen ad appellandum verpflichtet
und verbunden, alſo daß, wo er die Appellation unterlaſſen, er von deſſen wegen ſeinem
Principal das Intereſſe zu erſtatten ſchuldig. Und
iſt demnach ein ſchriftlich- oder mündlich Spe-
cial- ad unam- oder General-Mandat ad om-
nes cauſas in Rechten genugſam, und nicht vonnöthen, daß überdiß noch ein weiteres ſpeciale
Mandatum de appellando ſolchem Gewalt in-
ſeriret werde; Es ſtehet aber hernachmals dem
Principal in dergleichen begebendem Fall frey und
bevor, ſolche Appellation gebührend zu proſequiren oder fallen zu laſſen. *Ib.* §. 8.

§. 18.

Da zum öftern die Gewälte der Commu-
nen nur ſigillirt, ohne einige Unterſchrift producirt, hernach aber jeweils von theils der Communen als wider und ohne ihr Vorwiſſen ertheilt
und gefertigt angefochten worden: So iſt befohlen worden, daß hinfüro dergleichen Gewälte oder
Syndicatus nicht allein mit den Commun- oder
wo keines vorhanden ſeyn ſollte, des Staabsbe-
amten oder Stadtgerichts Inſigel bedruckt, ſondern auch von Schultheiß, Burgermeiſtern, Gericht und Rath, und zwar von jeden dergleichen
Perſonen abſonderlich, und nicht nur überhaupt
und collectivo nomine unterſchrieben überreicht,

auch

auch von einem jeden bey der Unterschrift seine
Qualität, ob er des Gerichts oder Raths seye,
beygesezt, oder aber als mangelhaft wieder zu-
ruckgegeben werden solle. Gen. Rescr. d. 9.
Aug. 1718. Circ. Rescr. d. 28. Jun. 1748.

§. 19.

Nachdeme man bey dem Hofgericht wahrgenommen, daß bey denen daselbst vorkommenden
Appellations-Sachen zum öftern mit Erörterung
des puncti legitimationis viele Zeit consumirt
und angewendet, mithin die übrige Vorträge
dadurch verzögert und aufgehalten werden: Alß
ist verordnet worden, daß bey denen vorkommenden Appellations- oder Remißions-Sachen von
derselben Patronis causæ die einkommende Gewälte und Curatoria jedesmals Tags vorher
samt denen darwider habenden Exceptionen dem
Hofgerichts-Secretario eingehändiget werden
sollen, um solche sofort dem Referenti in causa
zu Handen stellen zu können, damit selbige vorher inspicirt und das nöthige darunter vorgekeh-
ret werden möge. Decr. Dic. d. 29. Sept.
1739. Res. Spec. d. 17. Jun. 1772.

§. 20.

Weilen man bey dem Hofgericht unter anderm
observirt, daß in denen einkommenden Procura-
toriis und Gewälten der Partheyen öfters viele
Defectus sich erzeigen, welche zum Aufenthalt
der Sachen und deren weitläuftigen Ventilirung
Anlaß geben: Als ist die Verordnung gemacht
worden, daß, wie es bey andern Chur- und
Fürst-

Fürſtlichen Dicaſteriis üblich, und auch dem
Stylo der Reichsgerichte gemäß, die Gewälte
und Mandata Procuratoria ſo wol vor die Appellanten, als Appellaten, ingleichem Syndicats-
Formularia vor die Communen, auch Gewälte
in cauſis Remiſſionis nach Landrechtlicher Form
und Ordnung gedruckt und die vor dem Fürſtlichen Hofgericht vorkommende Partheyen angewieſen werden ſollen, daß, wo ſie dergleichen
Hofgerichtlicher Gewälte benöthiget, ſie ſolche bey
der allhieſigen Cottaiſchen Hof- und Canzley-
Buchdruckerey, das Exemplar pro vier Kreuzer
ablangen, und derſelben bey dem Fürſtlichen Hofgericht ſich behörig bedienen ſollen. Gen. Reſcr.
d. 30. Jan. 1740.

A.) Formular eines Appellantiſchen Gewalts an das Herzogliche Hof- gericht zu Tübingen.

Ich zu End ſUnterſchriebener bekenne und thue
kund mit dieſem offenen Brief vor mich und meine Erben, nachdem vor dem Löbl. - - - Gericht
zu N. N. ich gegen und wider N. N. puncto
N. N. in Rechtfertigung gerathen, und aber die
End-Urtheil, ſo in ſolcher Rechtfertigung eröfnet
worden, wider mich, und für beſagten meinen
Gegentheil, wider mein Verhoffen ausgefallen,
darum ich von derſelben, als damit zum höchſten
beſchwert, an das Herzoglich-Würtembergiſche
Hof- und Ober-Appellations-Gericht zu Tübingen appellirt, auch von ſelbigem Proceß und

Cita-

Citation wider gemeldten meinen Gegentheil auf
den = = Tag Monats = = = erlangt und aus=
gezogen.

Dieweil nun ich ehehafter Ursachen halber fol=
cher Appellations = Rechtfertigung selbst nicht bey=
wohnen und abwarten kan, so habe ich N. N.
zu einem vollmächtigen Anwald und Procuratorn
hiemit constituirt und gesezt mit gemeiner wissent=
licher Ratification und Genehmhaltung aller und
jeder vorgehenden = in dieser Sachen von meinet=
wegen verübten Handlungen, und gebe ihme hier=
auf vollkommenen Gewalt in der allerbesten und
beständigsten Form mit allen nothwendigen Substancial-Clausuln, als solches vermög der Rech=
ten und Hochermeldten Herzoglichen Hofgerichts
Gebrauchs immer am kräftigsten beschehen kan
und mag, also und dergestalten daß erstbenannter
Anwald solle und möge in meinem Namen vor
Hochermeldtem Herzoglichen Hofgericht auf an=
gesezten Rechts = Tag und allen andern Vertagun=
gen und Terminen jederzeit erscheinen, dieselbe
ausüben, die Formalia Appellationis justifici=
ren, und, so meine Appellation für formlich er=
kennt und angenommen wird, alsdann meine Ap=
pellations = Klag einbringen, meines Gegentheils
Exceptionen, so er darwider fürwenden möchte,
anhören, und Litem contestiren, repliciren, Cau=
tion des Rechtens thun, und dergleichen von mei=
nem Gegentheil begehren, Juramentum calumniæ, malitiæ, affectionis, æstimationis, litis, caufæ vel rei, veritatis dicendæ, tertiæ dilationis cum folennitate legali, arti-
culo-

culorum, dandorum & respondendorum,
und sonst einen jeden andern zimlichen und mit
Recht mir auferlegten Eyd, etiam purgationis,
suppletorium & litis decisorium, in dieser
Sachen in meine und respective meiner Erben
Seel schwören, und gleichergestalt von meinem
Gegentheil fordern und begehren, Positionen und
Articul übergeben und verantworten, eine oder
mehrere Dilationen bitten, Commißion ausbitten, Commissarien ernennen, wider des Gegentheils excipiren, darauf nothwendige Beweisungen, sowol durch briefliche Urkunden, als der
Zeugen Aussagen, thun, und auch zu Erlangung
deren Compulsorial- und Compaß-Brief bitten, von Attestationen und all andern Acten Abschrift begehren, darauf, wie recht, procediren,
Sigillen und Handschriften recognosciren oder diffitiren, desgleichen von meinem Gegentheil begehren, solches zu geschehen, sehen oder hören, auch
wider dessen angemaßte Beweisungen seine eigene
oder der Zeugen Personen, ihre Aussagen, briefliche Urkunden, Sigillen, Handschriften oder anderes nothwendige Einreden thun, auch alle andere Exceptiones Gerichtlich fürwenden, hingegen all dasjenige, so mir zu gutem dienen möchte,
für eine Gerichtliche Bekanntnuß annehmen, und
sonsten alle und jede meine Rechtliche Defension
schriftlich oder mündlich üben, in allen Processen
und Terminen, und diese ganze Rechtfertigung
allermöglichst ausführen, Bescheid, Bey- und
End-Urthel, auch derselben Declarationen bitten
und solche anhören, insonderheit auch, wo vonnöthen,

nöthen, Restitutionem in integrum begehren,
Querelam nullitatis nach Maßgab der Herzog=
lichen Hofgerichts = Ordnung und des General=
Rescripts d. d. 9. Aug. 1718. gebrauchen und
ausführen, in contumaciam handlen, dieselbe
purgiren, auf Pön aller Processen, auch Arrest
anhalten, Expens, Kosten, Schaden und Interesse eingeben und zu taxiren bitten, die taxirte
mit Treu oder Eyd betheuren, was rechtlich, oder
aber durch gütliche Unterhandlung, Anlaß und
Compromiß oder Arbitrament gesprochen, auch
durch Pacta und Verträge, (welche alle er einzu=
gehen, hiemit in specie völligen Gewalt haben
soll) eingewilligt, meinetwegen an baarem Geld
oder Bürgschaft, gar und auf einmal, oder zum
Theil empfahen und dafür quittiren, auf die Exe=
cution gesprochener Urthel, wie sichs gebührt, voll=
fahren, Hülf = Briefe und Proceß active aus=
und wieder einbringen, darauf, und deren Pönen,
wie recht, procediren, auch passive, da schon
die Urthel mir zuwider ergehen sollte, und darauf
gegen mir in executionem procedirt würde, von
meinetwegen alle Nothdurft biß zu endlicher Er=
örterung des puncti Executionis verhandlen.
Deßgleichen mag er auch einen oder mehrere Aff=
ter = Anwälde substituiren, diesen Gewalt gar,
oder zum Theil, auf den oder dieselbe wenden,
und, so oft ihme beliebt, wieder an sich nehmen,
und in summa cum libera & plena potestate,
alles thun und lassen, so ich selbsten, da ich jeder=
zeit zugegen wäre, thun oder lassen sollte und möch=
te. Und ob er, mein Anwald, oder auch seine
sub=

substituirte eines vollkommenern Gewalts nothdürftig wären, den will ich ihnen hiemit samtlich, und
jedem besonders vollkommenlich und kräftig, wie
solcher im Recht und Hochermeldten Herzoglichen
Hofgerichts Gebrauch seyn solle, in dieser ganzen
Sache gegeben, auch also in bester Form jezt, alsdann und dann als jezt wissentlich und wohlbedächtlich zugestellt, und durch die General = Clau-
sul alles das, so mit sonderen lautern Worten hierinnen verleibt seyn sollte, exprimirt, und alle andere Mängel supplirt und erstattet haben.

Was auch mehrgedachter mein Anwald und
seine substituirte samt oder sonders in gegenwärtiger Sache von meinetwegen handlen, thun und
lassen würden, oder auch zuvor in erster Instanz
verhandelt oder gelassen hätten, das alles und jedes soll von mir ratificirt seyn, und ist, wie schon
oben ermeldt, es mein Befehl, gänzlicher Will
und Meynung. Ich gerede auch und verspreche
hiemit vor mich und meine Erben bey meinen Ehren, Trauen und Glauben an Eydesstatt, das
alles anzunehmen, steth und fest zu halten, auch
sie, An = und Affter = Anwälde von berührter Anwaldschaft und gänzlicher Genugthuung derselben
Schadlos zu halten, und von allen Bürden und
Rechtlichen Cautionen, sonderlich judicatum solvi, in allweg zu entheben, zu Gewinn, Verlust
und allem Rechten, bey Verpfändung aller und
jeder meiner und meiner Erben gegenwärtig und
künftiger Haab und Güter, so viel deren hiezu
vonnöthen seyn werden. Alles getreulich und ohngefährlich. Dessen allen zu wahrer Urkund ꝛc.

B.) Ap-

B.) Appellatischer Gewalt an das Herzogliche Hofgericht.

Ich zu End unterschriebener bekenne und thue kund mit diesem offenen Brief vor mich und meine Erben, nachdem vor dem Löbl. ⸗ ⸗ ⸗ Gericht zu N. N. ich mit N. N puncto N. N. in Rechtfertigung gerathen, und die End⸗Urtheil, so in solcher Rechtfertigung eröfnet worden, vor mich wider besagten meinen Gegentheil ausgefallen, davon aber derselbe an das Herzoglich⸗Würtembergische Hof⸗ und Ober⸗Appellations⸗Gericht zu Tübingen appellirt, auch von selbigem Proceß und Citation wider mich auf den ⸗ ⸗ ⸗ Tag Monats ⸗ ⸗ ⸗ erlangt und ausgezogen.

Dieweil nun ich ehehafter Ursachen halber solcher Appellations⸗Rechtfertigung selbst nicht beywohnen und abwarten kan, so habe ich zu einem vollmächtigen Anwald und Procuratorn hiemit constituirt und gesezt ⸗ ⸗ ⸗ mit gemeiner wissentlicher Ratification und Genehmhaltung aller und jeder vorgehenden⸗ in dieser Sachen von meinetwegen verübten Handlungen, und gebe ihme hierauf vollkommenen Gewalt in der allerbesten und beständigsten Form mit allen nothwendigen Substancial-Clausuln, als solches vermög der Rechten und Hochermeldten Herzoglichen Hofgerichts Gebrauchs immer am kräftigsten beschehen kan und mag, also und dergestalten, daß erstbenannter Anwald solle und möge in meinem Namen vor hochermeldtem Herzoglichen Hofgericht auf angesezten Rechts⸗Tag und allen andern Verta⸗

gungen

gungen und Terminen jederzeit erscheinen, dieselbe
ausüben, und, so meines Gegentheils Appella=
tion für förmlich erkennt und angenommen, und
die Appellations=Klag von ihme eingebracht wird,
meine Exceptionen dagegen fürbringen, und denen
ferneren Handlungen gebührend abwarten, Cau=
tion des Rechtens thun, und dergleichen von mei=
nem Gegentheil begehren, Juramentum calumniæ, malitiæ, affectionis, æstimationis litis,
causæ vel rei, veritatis dicendæ, tertiæ dilationis cum solennitate legali, articulorum
dandorum & respondendorum und sonst einen
jeden andern ziemlich und mit Recht mir aufferleg=
ten Eyd, etiam purgationis, suppletorium
& litis decisorium in dieser Sache in meine und
respective meiner Erben Seel schwören, und
gleichergestalt von meinem Gegentheil fordern und
begehren, Defensional = Articul übergeben und
verantworten, eine oder mehrere Dilationen bit=
ten, Commißion ausbitten, Commissarien er=
nennen, wider des Gegentheils excipiren, darauf
nothwendige Beweisungen so wohl durch briefli=
che Urkunden, als der Zeugen Aussagen thun,
und auch zu Erlangung deren Compulsorial= und
Compaß=Brief bitten, von Attestationen und allen
andern Acten Abschrift begehren, darauf, wie recht,
procediren, Sigillen und Handschriften recogno=
sciren oder diffitiren, deßgleichen von meinem Ge=
gentheil begehren, solches zu geschehen, sehen oder
hören, auch wider dessen angemaßte Beweisun=
gen seine eigene oder der Zeugen Personen, ihre
Aussagen, briefliche Urkunden, Sigillen, Hand=

schrif=

ſchriften oder anders nothwendige Einreden thun, auch alle andere Exceptiones gerichtlich fürwenden, hingegen all dasjenige, ſo mir zu gutem dienen möchte, für eine gerichtliche Bekanntnus annehmen, und ſonſten alle und jede meine rechtliche Defenſion ſchriftlich oder mündlich üben, in allen Proceſſen und Terminen, und dieſe ganze Rechtfertigung allermöglichſt ausführen, Beſcheid, Bey = und End = Urtheil, auch derſellen Declarationen bitten und ſolche anhören, inſonderheit auch, wo vonnöthen, Reſtitutionem in integrum begehren, Querelam nullitatis | nach Maßgab der Herzoglichen Hofgerichts = Ordnung und des General = Reſcripts d. d. 9. Aug. 1718. gebrauchen und ausführen, in contumaciam handlen, dieſelbe purgiren, auf Pön aller Proceſſen, auch Arreſt anhalten, Expens, Koſten, Schaden und Intereſſe eingeben und zu tariren bitten, die tarirte mit Treu oder Eyd betheuren, was rechtlich, oder aber durch gütliche Unterhandlung, Anlaß und Compromiſs - oder Arbitrament geſprochen, auch durch Pacta und Verträge (welche er alle einzugehen hiemit in ſpecie völligen Gewalt haben ſoll) eingewilligt, meinetwegen an baarem Geld oder Bürgſchaft gar und auf einmal, oder zum Theil empfahen und dafür quittiren, auf die Execution geſprochener Urthel, wie ſichs gebührt, vollfahren, Hülf = Briefe und Proceß active aus = und wieder einbringen, darauf und deren Pönen, wie recht, procediren, auch paſſive, da ſchon die Urthel mir zuwider ergehen ſollte, und darauf gegen mir in execu-
tionem

tionem procedirt würde, von meinetwegen alle
Nothdurft biß zu endlicher Erörterung des puncti execucionis verhandlen. Deßgleichen mag er
auch einen oder mehrere After-Anwälde substituiren, diesen Gewalt gar oder zum Theil auf den-
oder dieselbe wenden, und, so offt ihme beliebt,
wieder an sich nehmen, und in summa cum libera & plena poteſtate alles thun und laſſen,
so selbsten, da ich jederzeit zugegen wäre, thun
oder laſſen sollte oder möchte. Und ob er, mein
Anwald, oder auch seine Subſtituirte eines vollkommenern Gewalts nothdürftig wären, den will
ich ihnen hiemit samtlich und jedem besonders vollkommenlich und kräftig, wie solcher im Recht
und hochermeldten Herzoglichen Hofgerichts Gebrauch seyn solle, in dieser ganzen Sache gegeben, auch also in bester Form jezt, alsdann
und dann, als jezt wiſſentlich und wohlbedächtlich zugestellt, und durch die General-Clauſul
alles das, so mit sonderen lauteren Worten hierinnen verleibt seyn sollte, exprimirt und alle andere Mängel supplirt und erstattet haben.
Was auch mehrgedachter mein Anwald und
seine Subſtituirte samt oder sonders in gegenwärtiger Sache von meinetwegen handlen, thun und
laſſen würden, oder auch zuvor in erster Inſtanz
verhandelt oder gelaſſen hätten, das alles und jedes soll von mir ratificirt seyn, und ist, wie schon
oben ermeldt, es mein Befehl, gänzlicher Will
und Meinung. Ich gerede auch und verspreche
hiemit vor mich und meine Erben bey meinen Ehren, Trauen und Glauben, an Eydesſtatt, das

H   alles

alles anzunehmen, stteh und vest zu halten, auch sie,
An-und After-Anwälde, von berührter Anwaldschaft und gänzlicher Genugthuung derselben
Schadlos zu halten, und von allen Bürden und
rechtlichen Cautionen, sonderlich judicatum solvi, in allweg zu entheben zu Gewinn, Verlust
und allem Rechten bey Verpfändung aller und
jeder meiner und meiner Erben gegenwärtig und
künftiger Haab und Güter, so viel deren hiezu
vonnöthen seyn werden. Alles getreulich und ungefährlich. Dessen allen zu wahrer Urkund. ꝛc.

C.) Appellantischer Gewalt in Com-
mun-Sachen an das Herzogliche
Hofgericht.

Wir Ends Unterschriebene N. N. Burgermeister und Gericht und Rath zu N. N. bekennen
und thun kund mit diesem offenen Brief; Nachdem vor dem Löblichen N. N. Gericht zu N. N.
gemeiner Fleck zu besagtem N. N. gegen und wider N. N. puncto N. N. in Rechtfertigung gerathen, und aber die End-Urthel, so in solcher
Rechtfertigung eröfnet worden, wider die Commun und für derselben Gegentheil wider Verhoffen ausgefallen, darum wir im Namen erster-
meldter Commun, als damit zum höchsten be-
schwehrt, an das Herzoglich-Würtembergische Hof-
und Ober-Appellations-Gericht zu Tübingen appellirt, auch von selbigem Proceß und Citation auf
den ꝛ ꝛ Tag Monats ꝛ ꝛ ꝛ erlangt und ausgezogen.

Dieweil nun wir solcher Appellations-Recht-
fertigung selbst nicht beywohnen und abwarten
können,

können, so haben wir N. N. zu einem vollmächtigen Anwald und Syndico hiemit constituirt und
gesezt, mit gemeiner wissentlicher Ratification und
Genehmhaltung aller und jeder vorgehenden = in
dieser Sache von besagter Commun wegen verübten Handlungen, und geben ihme hierauf vollkommenen Gewalt in der allerbesten und beständigsten Form, mit allen nothwendigen Substantial-
Clausuln, als solches vermög der Rechten und
Hochermeldten Herzogl. Hofgerichts Gebrauchs
immer am kräftigsten beschehen kan und mag,
also und dergestalten, daß erstbenannter Anwald
solle und möge in unserm Namen vor Hochermeldtem Herzoglichen Hofgericht auf angesezten
Rechts = Tag und allen andern Vertagungen und
Terminen jederzeit erscheinen, dieselbe ausüben,
die Formalia Appellationis justificiren, und so
unsere Appellation für formlich erkennt und angenommen wird, alsdann die Appellations = Klag
einbringen, des Gegentheils Exceptionen, so er
darwider fürwenden möchte, anhören, und Litem contestiren, repliciren, Caution des Rechtens thun, und dergleichen von dem Gegentheil
begehren, Juramentum calumniæ, malitiæ,
affectionis, æstimationis litis, causæ vel rei,
veritatis dicendæ, tertiæ dilationis cum so-
lennitate legali, articulorum dandorum & respondendorum und sonst einen jeden andern ziemlichen und mit Rechten auferlegten Eyd, etiam
purgationis, suppletorium & litis decisorium in dieser Sache in unsere Seel schwören, und
gleichergestalt von dem Gegentheil fordern und

be-

begehren, Positionen und Articul übergeben und
verantworten, eine oder mehrere Dilationen bitten, Commißion ausbitten, Commissarien ernennen, wider des Gegentheils excipiren, darauf
nothwendige Beweisungen so wohl durch briefliche
Urkunden, als der Zeugen Aussagen thun, und
auch zu Erlangung deren Compulsorial- und
Compaß-Brief bitten, von Attestationen und
allen andern Acten Abschrift begehren, darauf,
wie recht, procediren, Sigillen und Handschriften recognosciren oder diffitiren, deßgleichen von
unserm Gegentheil begehren, solches zu geschehen,
sehen oder hören, auch wider dessen angemaßte
Beweisungen seine eigene oder der Zeugen Personen, ihre Aussagen, briefliche Urkunden, Sigillen, Handschriften oder anderes nothwendige
Einreden thun, auch alle andere Exceptiones
gerichtlich fürwenden, hingegen all dasjenige, so
uns zu gutem dienen möchte, für eine Gerichtliche Bekanntnus annehmen, und sonsten alle und
jede unsere rechtliche Defension schriftlich oder
mündlich üben, in allen Processen und Terminen,
und diese ganze Rechtfertigung allermöglichst ausführen, Bescheid, Bey- und End-Urthel, auch
derselben Declarationen bitten, und solche anhören, insonderheit auch, wo vonnöthen, Restitutionem in integrum begehren, Querelam nullitatis nach Maßgab der Herzoglichen Hofgerichts-Ordnung und des General-Rescripts d.
d. 9. Aug. 1718. gebrauchen und ausführen,
in contumaciam handlen, dieselbe purgiren,
auf Pön aller Processen, auch Arrest anhalten,

Expens,

Expens, Kosten, Schaden und Interesse einge=
ben, und zu taxiren bitten, die taxirte mit Treu
oder Eyd betheuren, was Rechtlich, oder aber
durch gütliche Unterhandlung, Anlaß und Com=
promiß oder Arbitrament gesprochen, auch durch
Pacta und Verträge (welche er alle einzugehen
hiemit in specie völligen Gewalt haben soll) ein=
gewilligt, unsertwegen an baarem Geld oder
Bürgschaft gar und auf einmal, oder zum Theil
empfahen und dafür quittiren, auf die Execution
gesprochener Urthel, wie sichs gebührt, vollfüh=
ren, Hülf=Briefe und Proceß active aus= und
wieder einbringen, darauf, und deren Pönen,
wie recht, procediren, auch passive, da schon
die Urthel uns zuwider ergehen sollte, und darauf
gegen uns in executionem procedirt würde,
von unsertwegen alle Nothdurft biß zu endlicher
Erörterung des puncti executionis verhandlen.
Deßgleichen mag er auch einen oder mehrere Af=
ter=Anwälde substituiren, diesen Gewalt gar,
oder zum Theil auf den= oder dieselbe wenden,
und, so oft ihme beliebt, wieder an sich nehmen,
und in summa cum libera & plena potesta=
te alles thun und lassen, so wir selbsten, da wir
jederzeit zugegen wären, thun oder lassen sollten
und möchten. Und ob er, unser Anwald, oder
auch seine Substituirte eines vollkommenern Ge=
walts nothdürftig wären, den wollen wir ihnen
hiemit samtlich und jedem besonders vollkom=
menlich und kräftig, wie solcher im Recht und
hochermeldten Herzoglichen Hofgerichts Ge=
brauch seyn solle, in dieser ganzen Sache gege=

ben,

ben, auch also in beſter Form jezt, alsdann und
dann, als jezt wiſſentlich und wohlbedächtlich zu=
geſtellt, und durch dieſe General=Clauſul alles
das, ſo mit ſonderen lauteren Worten hierinnen
verleibt ſeyn ſollte, exprimirt, und alle andere
Mängel ſupplirt und erſtattet haben.

Was auch mehrgedachter unſer Anwald und
ſeine Subſtituirte ſamt oder ſonders in gegenwär=
tiger Sache von unſertwegen handlen, thun und
laſſen würden, oder auch zuvor in erſter Inſtanz
verhandelt oder gelaſſen hätten, das alles und je=
des ſoll von uns ratificirt ſeyn, und iſt, wie ſchon
oben ermeldt, es unſer Befehl, gänzlicher Will
und Meinung. Wir gereden auch und verſpre=
chen hiemit vor uns und unſere Erben bey unſern
Ehren, Trauen und Glauben an Eydesſtatt, das
alles anzunehmen, ſteth und feſt zu halten, auch
ſie, An= und After=Anwälde, von berührter An=
waldſchaft und gänzlicher Genugthuung derſelben
ſchadlos zu halten, und von allen Bürden und
rechtlichen Cautionen, ſonderlich judicatum ſol-
vi, in allweg zu entheben, zu Gewinn, Verluſt
und allem Rechten, bey Verpfändung aller und
jeder unſer und unſerer Erben gegenwärtig und
künftiger Haab und Güter, ſo viel deren hiezu
vornöthen ſeyn werden. Alles getreulich und ohn=
gefährlich. Deſſen allen zu wahrer Urkund ꝛc.

D.) Appellatiſcher Gewalt in Com=
mun=Sachen an das Herzogli=
che Hofgericht.

Wir Ends Unterzogene N. N. Burgermei=
ſter,

ster, Gericht und Rath zu N. N. bekennen und
thun kund mit diesem offenen Brief; Nachdem
vor dem Löbl. = = = Gericht zu N. N. gemeiner Fleck N. N. mit N. N. puncto N. N.
in Rechtfertigung gerathen, und die End=Urthel
vor die Commun wider den Gegentheil ausgefallen, davon aber derselbe an das Herzoglich=
Würtembergische Hof= und Ober=Appellations=
Gericht zu Tübingen appellirt, auch von demselben Proceß und Citation wider die Commun auf
= = Tag Monats = = erlangt und ausgezogen.

Dieweil nun wir solcher Appellations = Rechtfertigung selbst nicht beywohnen und abwarten
können, so haben wir N. N. zu einem vollmächtigen Anwald und Syndico hiemit constituirt
und gesezt mit gemeiner wissentlicher Ratification
und Genehmhaltung aller und jeder vorgehenden=
in dieser Sache von besagter Commun wegen verübten Handlungen, und geben ihme hierauf vollkommenen Gewalt in der allerbesten und beständigsten
Form mit allen nothwendigen Substantial=Clau-
suln, als solches vermög der Rechten und hochermeldten Herzoglichen Hofgerichts Gebrauchs immer
am kräftigsten beschehen kan und mag, also und
dergestalten, daß erstbenannter Anwald solle und
möge in unserm Namen vor Hochermeldtem Herzoglichen Hofgericht auf angesezten Rechts=Tag
und allen Vertagungen und Terminen jederzeit
erscheinen, dieselbe ausüben, und so des Gegentheils Appellation für formlich erkannt und angenommen und die Appellations = Klag von ihme
eingebracht wird, unsere Exceptionen dargegen

für=

fürbringen, und denen fernern Handlungen gebührend abwarten, Caution des Rechtens thun, und dergleichen von dem Gegentheil begehren, Juramentum calumniæ, malitiæ, affectionis, æstimationis litis, causæ vel rei, veritatis dicendæ, tertiæ dilationis cum solennitate legali, articulorum dandorum & respondendorum und sonst einen jeden andern ziemlich- und mit Recht uns auferlegten Eyd, etiam purgationis & litis decisorium in dieser Sache in unsere Seel schwören, und gleichergestalt von dem Gegentheil fordern und begehren, Defensional-Articul übergeben und verantworten, eine oder mehrere Dilationen bitten, Commißion ausbitten, Commissarien ernennen, wider des Gegentheils excipiren, darauf nothwendige Beweisungen so wohl durch briefliche Urkunden, als der Zeugen Aussagen thun, und auch zu Erlangung derer Compulsorial- und Compaß-Brief bitten, von Attestationen und allen andern Acten Abschrift begehren, darauf, wie recht, procediren, Sigillen und Handschriften recognosciren oder diffitiren, deßgleichen von unserm Gegentheil begehren, solches zu geschehen, sehen oder hören, auch wider dessen angemaßte Beweisungen, seine eigene oder der Zeugen Personen, ihre Aussagen, briefliche Urkunden, Sigillen, Handschriften oder anders nothwendige Einreden thun, und alle andere Exceptiones Gerichtlich fürwenden, hingegen all dasjenige, so uns zu gutem dienen möchte, für eine gerichtliche Bekanntniß annehmen, und sonsten alle und jede
recht=

rechtliche Defenfion ſchriftlich oder mündlich üben,
in allen Proceſſen und Terminen und dieſe gantze
Rechtfertigung allermöglichſt ausführen, Beſcheid,
Bey= und End=Urthel, auch derſelben Declara=
tionen bitten und ſolche anhören, inſonderheit
auch, wo vonnöthen, Reſtitutionem in integrum begehren, Querelam nullitatis nach
Maaßgab der Herzoglichen Hofgerichts = Ord=
nung und des General=Reſcripts d. d. 9. Aug.
1718. gebrauchen und ausführen, in Contumaciam handlen, dieſelbe purgiren, auf Pön aller
Proceſſen, auch Arreſt anhalten, Expens, Ko=
ſten, Schaden und Intereſſe eingeben und zu
tariren bitten, die tarirte mit Treu oder Eyd
betheuren, was Rechtlich, oder aber durch güt=
liche Unterhandlung, Anlaß und Compromiß
oder Arbitrament geſprochen, auch durch Pacta
und Verträge (welche alle er einzugehen, hiemit
in ſpecie völligen Gewalt haben ſoll) eingewil=
ligt, unſertwegen an baarem Geld oder Bürg=
ſchaft gar und auf einmahl, oder zum Theil
empfahen und dafür quittiren, auf die Execution
geſprochener Urthel, wie ſichs gebührt, vollfah=
ren, Hülf=Briefe und Proceß active aus= und
wieder einbringen, darauf und deren Pönen, wie
recht, procediren, auch paſſive, da ſchon die Ur=
thel uns zuwider ergehen ſollte, und darauf gegen
uns in executionem procedirt würde, von un=
ſertwegen alle Nothdurft biß zu endlicher Erörte=
rung des puncti executionis verhandlen. Deß=
gleichen mag er auch einen oder mehrere After=
Anwälde ſubſtituiren, dieſen Gewalt gar, oder

zum Theil auf den= oder dieſelbe wenden, und,
ſo oft ihme beliebt, wieder an ſich nehmen, und
in ſumma cum libera & plena poteſtate alles
thun und laſſen, ſo wir ſelbſten, da wir jederzeit
zugegen wären, thun oder laſſen ſollten und möch=
ten. Und ob er, unſer Anwald, oder auch ſeine
Subſtituirte eines vollkommenern Gewalts noth=
dürftig wären, den wollen wir ihnen hiemit ſamt=
lich, und jedem beſonders vollkommentlich und
kräftig, wie ſolcher im Recht und Hochermeldten
Her;oglichen Hofgerichts Gebrauch ſeyn ſolle, in
dieſer ganzen Sache gegeben, auch alſo in beſter
Form jezt, alsdann, und dann, als jezt, wiſ=
ſentlich und wohlbedächtlich zugeſtellt, und durch
dieſe General=Clauſul alles das, ſo mit ſonderen
lauteren Worten hierinnen verleibt ſeyn ſollte, ex=
primirt, und ;alle andere Mängel ſupplirt und
erſtattet haben.

Was auch mehrgedachter unſer Anwald und
ſeine Subſtituirte ſamt oder ſonders in gegen=
wärtiger Sache von unſertwegen handlen, thun
und laſſen würden, oder auch zuvor in erſter In=
ſtanz verhandlet oder gelaſſen hätten, das alles und
jedes ſoll von uns ratificirt ſeyn, und iſt, wie ſchon
oben ermeldt, es unſer Befehl, gänzlicher Will
und Meynung. Wir gereden auch und verſpre=
chen hiemit vor uns und unſere Erben bey unſeren
Ehren, Trauen und Glauben an Eydesſtatt, das
alles anzunehmen, ſteth und feſt zu halten, auch
ſie, An= und After=Anwälde, von berührter An=
waldſchaft und gänzlicher Genugthuung derſelben
ſchadlos zu halten, und von allen Bürden und

Recht=

Rechtlichen Cautionen, sonderlich Judicatum solvi, in allweg zu entheben, zu Gewinn, Verlust und allem Rechten, bey Verpfändung aller und jeder unser und unserer Erben gegenwärtig und künftiger Haab und Güter, so viel deren hierzu vonnöthen seyn werden. Alles getreulich und ohngefährlich. Dessen allem zu wahrem Urkundt rc.

E.) Gewalt in Remißions-Sachen an das Herzogliche Hofgericht.

Ich zu End unterschriebener bekenne und thue kund mit diesem offenen Brief vor mich und meine Erben; Nachdeme ich mit N. N. in Strittigkeit gerathen, diese Sache aber bey Herzoglicher Canzley, woselbst sie anhängig gewesen, ex officio nicht ausgemacht werden können, sondern an das Herzoglich-Würtembergische Hofgericht zu Tübingen zu rechtlicher Erörterung remittirt, auch von selbigem Proceß und Citation auf den ʒ ʒ Tag Monats ʒ ʒ ʒ erkannt worden.

Dieweil nun ich ehehafter Ursachen halber solcher Rechtfertigung selbst nicht beywohnen und abwarten kan, so habe ich N. N. zu einem vollmächtigen Anwald und Procuratorn hiemit constituirt und gesezt, und gebe ihme hierauf vollkommenen Gewalt in der allerbesten und beständigsten Form mit allen nothwendigsten Substantial-Clausuln, als solches vermög der Rechten und hochermeldten Herzoglichen Hofgerichts Gebrauchs immer am kräftigsten beschehen kan und mag, also

so

so und dergestalten, daß erst=benannter Anwald
solle und möge in meinem Namen vor Hocher=
meldtem Herzoglichen Hofgericht auf angesezten
Rechts=Tag und allen andern Vertagungen und
Terminen jederzeit erscheinen, dieselbe ausüben,
allen nöthigen Handlungen, wie die Namen ha=
ben, vor mich und an meiner statt gebührend
abwarten, Caution des Rechtens thun, und der=
gleichen von dem Gegentheil begehren, Juramentum calumniæ, malitiæ, affectionis, æstimationis litis, caufæ vel rei, veritatis dicendæ, tertiæ dilationis cum folennitate legali, articulorum dandorum & refponden-
dorum und sonst einen jeden andern ziemlich und
mit Recht mir auferlegten Eyd, etiam purgationis, fuppletorium in dieser Sache in meine
und refpective meiner Erben Seel schwören, und
gleichergestalt von dem Gegentheil fordern und
begehren, Positionen und Articul übergeben und
verantworten, eine oder mehrere Dilationen bit=
ten, Commißion ausbitten, Commiffarien ernen=
nen, wider des Gegentheils excipiren, darauf
nothwendige Beweisungen sowohl durch briefliche
Urkunden, als der Zeugen Aussagen thun, und
auch zu Erlangung deren Compulforial= und
Compaß=Brief bitten, von Attestationen und al=
len andern Acten Abschrift begehren, darauf, wie
recht, procediren, Sigillen und Handschriften
recognofciren oder diffitiren, desgleichen von mei=
nem Gegentheil begehren, solches zu geschehen,
sehen oder hören, auch wider dessen angemaßte
Beweisungen, seine eigene oder der Zeugen Per=
sonen,

fonen, ihre Aussagen, briefliche Urkunden, Sigillen, Handschriften oder anderes nothwendige
Einreden thun, auch alle andere Exceptionen Gerichtlich fürwenden, hingegen alldasjenige, so mir
zu gutem dienen möchte, für eine gerichtliche Bekanntniß annehmen, und sonsten alle und jede
meine rechtliche Defension schriftlich oder mündlich
üben, in allen Processen und Terminen, und diese ganz: Rechtfertigung allermöglichst ausführen,
Bescheid, Bey- und End-Urthel, auch derselben Declarationen bitten, und solche anhören,
insonderheit auch, wo vonnöthen, Restitutionem in integrum begehren, Querelam nullitatis nach Maßgab der Herzoglichen Hofgerichts-
Ordnung und des General-Rescripts d. d. 9.
Aug. 1718. gebrauchen und ausführen, in Contumaciam handeln, dieselbe purgiren, auf Pön
aller Processen, auch Arrest anhalten, Expens,
Kosten, Schaden und Interesse eingeben und zu
taxiren bitten, die taxirte mit Treu oder Eyd betheuren, was rechtlich, oder aber durch gütliche
Unterhandlung, Anlaß und Compromiß oder Arbitrament gesprochen, auch durch Pacta und
Verträge (welche alle er einzugehen hiemit in
specie völligen Gewalt haben soll) eingewilligt,
meinetwegen an baarem Geld oder Bürgschaft
gar und auf einmahl, oder zum Theil empfahen
und dafür quittiren, auf die Execution gesprochener Urthel, wie sichs gebührt, vollfahren, Hülf-
Briefe und Proceß active aus- und wieder einbringen, darauf und deren Pönen, wie recht, procediren, auch passive, da schon die Urthel mir

zuwider ergehen sollte, und darauf gegen mich in
Executionem procedirt würde, von meinetwegen
alle Nothdurft biß zu endlicher Erörterung des
puncti Executionis verhandlen. Desgleichen
mag er auch einen oder mehrere After-Anwälde
substituiren, diesen Gewalt gar oder zum Theil
auf den- oder dieselbe wenden, und, so oft ihme
beliebt, wieder an sich nehmen, und in summa
cum libera & plena potestate alles thun und
lassen, so ich selbsten, da ich jederzeit zugegen wäre, thun oder lassen sollte und möchte. Und ob
er, mein Anwald, oder auch seine Substituirte
eines vollkommenern Gewalts nothdürftig wären,
den will ich ihnen hiemit samtlich, und jedem besonders vollkommentlich und kräftig, wie solcher
im Recht und Hochermeldten Herzoglichen Hofgerichts Gebrauch seyn solle, in dieser ganzen Sache gegeben, auch also in bester Form jezt, alsdann, und dann, als jezt wissentlich und wohlbedächtlich zugestellt, und durch diese General-Clausul alles das, so mit sonderen lauteren Worten
hierinnen verleibt seyn sollte, exprimirt und alle
andere Mängel supplirt und erstattet haben.

Was auch mehrgedachter mein Anwald und
seine Substituirte samt oder sonders in gegenwärtiger Sache von meinetwegen handlen, thun und
lassen würden, oder auch zuvor in erster Instanz
verhandlet oder gelassen hätten, das alles und jedes soll von mir ratificirt seyn, und ist, wie schon
oben ermeldt, es mein Befehl, gänzlicher Will
und Meynung. Ich gerede auch und verspreche
hiemit vor mich und meine Erben bey meinen Ehren,

ren, Trauen und Glauben an Eydesstatt, das
alles anzunehmen, steth und fest zu halten, auch
sie, An- und After-Anwälde, von berührter Anwaldschaft und gänzlicher Genugthuung derselben
schadlos zu halten, und von allen Bürden und
rechtlichen Cautionen, sonderlich Judicatum solvi, in allweg zu entheben, zu Gewinn, Verlust
und allem Rechten bey Verpfändung aller und jeder mein und meiner Erben gegenwärtig und künftiger Haab und Güter, so viel deren hierzu vonnöthen seyn werden. Alles getreulich und ohngefährlich. Dessen allen zu wahrem Urkundt rc.

F.) Gewalt in Remißions-Sachen der Communen an das Herzogliche Hofgericht.

Wir zu End unterschriebene N. N. Burgermeister, Gericht und Rath zu N. N. bekennen
und thun kundt mit diesem offenen Brief; Nachdem gemeiner Fleck zu besagtem = = = mit N. N.
puncto N. N. in Strittigkeit gerathen, diese
Sache aber bey Herzoglicher Canzley, woselbst
sie anhängig gewesen, ex officio nicht ausgemacht werden können, sondern an das Herzogliche Hofgericht zu Tübingen zu rechtlicher Erörterung remittirt, auch von selbigem Proceß und
Citation auf den = = = Tag Monats = = = erkannt worden.

Dieweil nun wir solcher Rechtfertigung selbst
nicht abwarten können; So haben wir zu einem
vollmächtigen Anwald und Syndico hiemit con-
sti-

ſtituirt und geſezt N. N. und geben ihme hierauf
vollkommenen Gewalt in der allerbeſten und be-
ſtändigſten Form mit allen nothwendigen Sub-
ſtantial-Clauſuln, als ſolches vermög der Rechten und Hochermeldten Herzoglichen Hofgerichts
Gebrauchs immer am kräftigſten beſchehen kan
und mag, alſo und dergeſtalten, daß erſtbenam-
ter Anwald ſolle und möge in unſerem Namen
vor Hochermeldtem Herzoglichen Hofgericht auf
angeſezten Rechts-Tag und allen andern Vertagungen und Terminen jederzeit erſcheinen, dieſelbe
ausüben, allen nöthigen Handlungen, wie die
Namen haben, vor uns und an unſerer ſtatt
gebührend abwarten, Caution des Rechtens thun,
und dergleichen von dem Gegentheil begehren,
Juramentum calumniæ, malitiæ, affectionis, æſtimationis litis, cauſæ vel rei, veritatis dicendæ, tertiæ dilationis cum ſolen-
nitate legali, articulorum dandorum & re-
ſpondendorum und ſonſt einen jeden andern ziemlichen und mit Recht uns auferlegten Eyd, etiam
purgationis, ſuppletorium & litis deciſorium
in dieſer Sache in unſere Seel ſchwören, und
gleichergeſtalt von dem Gegentheil fordern und begehren, Poſitionen und Articul übergeben und
verantworten, eine oder mehrere Dilationen bitten, Commißion ausbitten, Commiſſarien erne-
nen, wider des Gegentheils excipiren, darauf
nothwendige Beweiſungen ſowohl durch brieflich-
Urkunden, als der Zeugen Ausſagen thun, und
auch zu Erlangung deren Compulſorial- und Compaß-Brief bitten, von Atteſtationen und allen

an-

andern Acten Abschrift begehren, darauf, wie
recht, procediren, Sigillen und Handschriften
recognosciren oder diffitiren, desgleichen von un=
serm Gegentheil begehren, solches zu geschehen,
sehen oder hören, auch wider dessen angemaßte
Beweisungen, seine eigene oder der Zeugen Per=
sonen, ihre Aussagen, briefliche Urkunden, Si=
gillen, Handschriften oder anderes nothwendige
Einreden thun, auch all andere Exceptiones Ge=
richtlich fürwenden, hingegen alldasjenige, so uns
zu gutem dienen möchte, für eine gerichtliche Be=
kanntniß annehmen, und sonsten alle und jede un=
sere rechtliche Defension schriftlich oder mündlich
üben, in allen Processen und Terminen, und die=
se ganze Rechtfertigung allermöglichst ausführen,
Bescheid, Bey= und End=Urthel, auch derselben
Declarationen bitten, und solche anhören, inson=
derheit auch, wo vonnöthen, Restitutionem in
integrum begehren, Querelam nullitatis nach
Maßgab der Herzoglichen Hofgerichts=Ordnung
und des General=Rescripts d. d. 9. Aug. A. 1718.
gebrauchen und ausführen, in Contumaciam
handlen, dieselbe purgiren, auf Pön aller Pro=
cessen, auch Arrest anhalten, Expens, Kosten,
Schaden und Interesse eingeben, und zu taxiren
bitten, die taxirte mit Treu oder Eyd betheuren,
was rechtlich, oder aber durch gütliche Unterhand=
lung, Anlaß und Compromiß oder Arbitrament
gesprochen, auch durch Pacta und Verträge
(welche alle er einzugehen, hiemit in specie völ=
ligen Gewalt haben soll) eingewilligt, unsertwe=
gen an baarem Geld oder Bürgschaft gar und auf

J   ein=

einmahl, oder zum Theil empfahen und darfür quittiren, auf die Execution gesprochener Urthel, wie sichs gebührt, vollfahren, Hülf-Briefe und Proceß active aus- und wieder einbringen, dar- auf, und deren Pönen, wie recht, procediren, auch passive, da schon die Urthel uns zuwider ergehen sollte, und darauf gegen uns in Execu- tionem procedirt würde, von unsertwegen alle Nothdurft biß zu endlicher Erörterung des pun- cti Executionis verhandlen. Desgleichen mag er auch einen oder mehrere After-Anwälde substi- tuiren, diesen Gewalt gar, oder zum Theil auf den- oder dieselbe wenden, und, so oft ihme be- liebt, wieder an sich nehmen, und in summa cum libera & plena potestate alles thun und lassen, so wir selbsten, da wir jederzeit zugegen wären, thun oder lassen sollten und möchten. Und ob er, unser Anwald, oder auch seine Substituirte eines vollkommenern Gewalts nothdürftig wären, den wollen wir ihnen hiemit samtlich und jedem beson- ders vollkommentlich und kräftig, wie solcher im Recht und hochermeldten Herzoglichen Hofge- richts Gebrauch seyn solle, in dieser ganzen Sache gegeben, auch also in bester Form jezt, alsdann, und dann, als jezt wissentlich und wohlbedächtlich zugestellt, und durch diese General-Clausul alles das, so mit sonderen lauteren Worten hierinnen verleibt seyn sollte, exprimirt, und alle andere Mängel supplirt und erstattet haben.

Was auch mehrgedachter unser Anwald und seine Substituirte samt oder sonders in gegenwär- tiger Sache von unsertwegen handlen, thun und

laffen

laſſen wůrden, oder auch zuvor in erſter Inſtanz
verhandlet oder gelaſſen hätten, das alles und jedes ſoll von uns ratificirt ſeyn, und iſt, wie ſchon
oben ermeldt, es unſer Befehl, gänzlicher Will
und Meynung. Wir gereden auch und verſpre-
chen hiemit vor uns und unſere Erben bey unſern
Ehren, Trauen und Glauben an Eydesſtatt, das
alles anzunehmen, ſteth und feſt zu halten, auch
ſie, An- und After-Anwälde, von berührter An-
waldſchaft und gänzlicher Genugthuung derſelben
ſchadlos zu halten, und von allen Bürden und
rechtlichen Cautionen, ſonderlich Judicatum ſol-
vi, in allweg zu entheben, zu Gewinn, Verluſt
und allem Rechten, bey Verpfändung aller und
jeder unſer und unſerer Erben gegenwärtig
und künftiger Haab und Güter, ſo viel deren
hierzu vonnöthen ſeyn werden. Alles getreulich
und ungefährlich. Deſſen allen zu wahrer Urkundt ꝛc.

§. 21.

Obſchon durch das General-Reſcript vom 30.
Jan. 1740. befohlen worden, daß bey Fürſtli-
chem Hofgericht fürohin kein ſchriftlicher Gewalt
mehr eingelegt, ſondern daß ſolche nach dem vorgeſchriebenen gedruckten Formular jedesmalen ſollen ausgefertiget und übergeben werden, ſo hat
man doch wahrnehmen müſſen, daß dieſer Verordnung nicht von männiglich behörig nachgelebt,
ſondern je und je noch ein ſchriftlicher Gewalt zum
Vorſchein gebracht, und deßwegen nochmalen
ernſtlich und bey Straf eines Gulden anbefohlen

J 2 wor-

worden, der schriftlichen Gewälte bey dem Fürst=
lichen Hofgericht sich in Zukunft gänzlich zu be=
müßigen, und dagegen der gedruckten Formula=
rien sich jedesmals der Ordnung gemäß zu bedie=
nen, und daß solches den Partheyen sogleich bey
Eröffnung der Hofgerichtlichen Citation ange=
ditten werden solle. *Decr. Dic.* d. 22. Sept.
1740. **Gen. Rescr.** d. 6. Jun. 1741. s. *Le-*
gitimationes §. 3. 4. 5.

Gewohnheiten.

s. Urtheln §. 5. 9. 10.

Gravamina.

s. Appellations=Klage. §. 1. 2. *Dilationes.*

Gravatorial-Klage.

s. Appellations=Klage. *Dilationes.* §. 4.

Gülten.

s. Gant=Processe §. 1. 3.

Herkommen.

s. Urtheln. §. 5. 9. 10.

Hofgericht.

§. 1.

Serenissimus wollen Dero Hofgericht jeder=
zeit mit dreyzehen taugentlichen Personen, einem
Hofrichter und zwölf Assessoribus, Räthen und
Beysizern besezen und versehen lassen, welche ein=
mal

mal verordnete Perſonen Sie auch ohne ſonders bewegende Urſachen nicht leichtlich zu verändern gedencken. **Hofg. Ordn. p. 1. §. 1.**

§. 2.

Wo ſo viel Appellations-Sachen vorhanden, ſolle das Hofgericht des Jahrs viermal gehalten werden, und das erſte nach Invocavit, das andere nach Trinitatis, das dritte nach Bartholomäi und das vierte nach Martini angehen. (*) **Hofg. Ordn. p. 60. §. 1. & 2.**

§. 3.

Und nachdem ſich die Appellations-Sachen mindern oder mehren, ſolle auf den Bericht des Secretarii darnach auch die Zeit jeden Hofgerichts beſtimmt werden. *Ib.* **§. 3.**

§. 4.

Das Hofgericht ſolle fürterhin in allweg zu Tübingen ſeyn und bleiben, es wäre dann, daß ſich künftiglich etwas anderer Urſachen wegen, wodurch fürfallender Gelegenheit nach eine Aenderung veranlaßt werden ſolle, begeben würde. Urkunde vom Freytag nach Mariä Himmelfarth 1514. (**)

§. 5.

Dem Fürſtlichen Hofgericht, als welches in
J 3 allen

___

(*) Wie oft und zu welcher Zeit nachhero das Hofgericht abgehalten worden, iſt aus dem Anhang num. I. des mehrern zu erſehen.

(**) Vid. Vorrede num. IV.

allen Appellations - und Reinißions-Sachen an *Sereniſſimi* ſtatt den höchſten Gerichts-Zwang und Jurisdiction hat, ſolle der gebührende Reſpect und Gehorſam erwieſen werden. Gen. Reſcr. d. 1. Nov. 1699.

Hofgerichts-Advocaten.

§. 1.

Dieweil das Fürſtliche Hofgericht fürnemlich darum zu Tübingen gehalten wird, daß die junge angehende Juriſten bey der hohen Schul daſelbſt ſich daran mit advociren, oder auch procuriren exerciren und üben mögen, ſo ſoll keiner von der hohen Schul am Hofgericht zu advociren ſich unterſtehen oder zugelaſſen werden, er habe dann zuvor drey oder vier Jahr Jura ſtudirt, und mit Fleiß gehört, auch inſonderheit publice diſputirt, deſſen ihme ſeine Præceptores, wo vonnöthen, Kundſchaft geben mögen. Hofg. Ordn. p. 15. §. 1.

§. 2.

Des Hofgerichts Advocaten ſollen fromme, verſtändige und beſcheidene Perſonen ſeyn, und ſo ſie vorm Hofgericht zu advociren und zu reden anfahen wollen, daſſelbe dem Hof-Richter etlich Tag zuvor anzeigen, und den Advocaten-Eyd vor dem Hofgericht erſtatten. *Ib.* §. 2.

§. 3.

Der Secretarius ſoll aller des Hofgerichts-Advocaten, und wann jeder den Advocaten-
Eyd

Eyd erstattet, ein Verzeichniß und Register haben. *Ib.* §. 3.

§. 4.

Die Advocaten sollen der ausgekündten Fürstlichen Hofgerichts-Ordnung, so viel selbige sie berührt, in allen Puncten und Articuln mit Fleiß nachkommen, auch vor dem Hofgericht in Gebärden, Worten und Reden, wie auch in ihren Schriften aller Erbarkeit und Bescheidenheit sich befleissen und gebrauchen, sonderlich aber aller Stumpfier, Ehrenrührender Schmachwort und Reden gänzlich enthalten, und diß alles bey Straf, so das Hofgericht ihnen jederzeit nach Gestalt der Sachen aufzulegen und ohnnachläßlich einzufordern, sondern ernstlichen Befehl haben solle. *Ib.* p. 16. §. 4.

§. 5.

In ihren Fürträgen sollen sie in allweg der Kürze sich befleissen, jedoch alles klar, verständlich, und so viel die Legitimationes und Figurationes casuum betrifft, solchergestalten proponiren, damit dasselbe wohl ad Protocollum genommen und verzeichnet werden könne; Was aber den Sachen nicht dienlich, dasselbe unterlassen, sonderlich aber nichts, so in voriger Instanz fürgekommen, und in Actis zu finden, ausserhalb des blosen Facti, so kürzlich von neuem zu erzehlen, oder von ihnen zuvor einmal fürgebracht, und zu Begründung der Haupt-Sache nicht sonderlich fürständig, wiederum verdrüßlich und zu Aufzug der Sachen repetiren und erholen;

J 4　　　　　　Des-

Deßgleichen, da was neues, so der Sache dienlich, fürzubringen, daſſelbe mit guter Beſcheidenheit thun. *Ib.* §. 5.

§. 6.

Daneben wollen *Sereniſſimus* alle dieſe, ſo an dem Hofgericht hinfüro ſich alſo advocando gebrauchen zu laſſen, oder allein eine Zeitlang zu exerciren gemeint, mit allem Ernſt erinnert und vermahnt haben, daß in ihrem Officio ſie getreulich wandlen, allen müglichen Fleiß anwenden, und weder articulando noch interrogando, vielweniger in andere Weg Weitläufigkeit ſuchen und erwecken, damit den Partheyen nichts verabſäumt, auch ſelbige nicht in groſſen= doch vergeblichen Koſten geführt, und alſo dadurch Urſach gegeben werde, ſie entweder eine Zeitlang ab officio zu ſuſpendiren, oder aber von demſelben (deß dann Hofrichter und Räthe zu begegneten Fällen zu thun, vollen Gewalt haben ſollen) gänzlich zu removiren und abzuweiſen. *Ib.* §. 6.

§. 7.

Keine Parthie ſoll in einer Sache mehr, dann einen Advocaten, ſo dem Hofgericht verwandt und der Sache genugſam, haben. *Ib.* p. 17. §. 7.

§. 8.

So ein Advocat einer Parthey gerathen, oder ihre Sache angehört, ſoll er darinnen fürter zu dienen ſchuldig ſeyn, und ſich deſſen ohne ſonder erhebliche Urſachen, die er vor dem Hofgericht

gericht fürzubringen, nicht entschlagen mögen.
Ib. §. 8.

§. 9.

Wann einer Parthey auf ihr Begehren oder
von Amtswegen vom Hofrichter ein Advocat geordnet, soll derselbe, er habe dann erhebliche Ursachen und Entschuldigung darzuthun, die Sache
anzunehmen, und mit bestem Fleiß der Parthey
zu dienen schuldig seyn, oder fürohin des Hofgerichts sich enthalten. *Ib.* §. 9.

§. 10.

Die Advocaten sollen ihrer Partheyen Sachen,
und was sie darinnen erfahren, niemand, dann
der Parthey, oder wem die Parthey will, ausserhalb was an dem Hofgericht fürzubringen, offenbaren, sondern in Geheim halten. *Ib.* §. 10.

§. 11.

Ob einige Parthey also geschickt wäre, und
ihre Nothdurft selber reden, oder durch ihren
eigenen Advocaten oder Redner fürbringen lassen wollte, das soll auf des Hofgerichts Gutbefinden ihr unbenommen, sondern zugelassen seyn,
doch dergestalt, daß solche Partheyen oder ihre
Advocaten sich der Kürze befleissen, und nichts
unnothwendiges und überflüßiges, das zuvor auch
gehört worden, fürbringen und repetiren sollen,
bey Vermeidung ohnnachläßiger Strafe. *Ib.* §. 11.

§. 12.

Es sollen auch die Advocaten keine Schrift,
so schmählich, einbringen, da sie aber solches
über-

übertretten würden, soll die übergebene Schrift
verworffen werden, mit Vorbehalt der Strafe,
so der Hofrichter und Räthe demselben übertret=
tenden Advocaten nach Gelegenheit der Sachen
sollen aufzulegen haben. *Ib.* p. 19. §. 15.

§. 13.

Die angenommene und beeydigte Advocaten,
so an dem Hofgericht in Schriften handeln,
sollen sich zu End der Schriften mit Namen
unterschreiben, oder die Schriften nicht ange=
nommen, sondern mit Vorbehalt des Hofgerichts
Strafe der Parthey wieder hinaus gegeben wer=
den. *Ib.* §. 16.

§. 14.

Nachdeme man bey dem Hofgericht wahrge=
nommen, daß einige Advocaten bey Führung ih=
rer Recesse sich vielfältiger tavtologischer *phra-
sium* und *synonymorum* gebraucht, wodurch
dann, wie nicht weniger durch unzeitige Anfüh=
rung der Rechts=Gründe in bloser Erzehlung des
Facti das Fürstliche Hofgerichts=Collegium be=
schwerlich aufgehalten, und ein guter Theil der
Zeit vergeblich hingebracht: Als sind dieselbe er=
innert worden, fürohin sich dergleichen Tavtolo=
gien und synonymischer Wörter in ihren führenden
Recessen zu enthalten, und in ihren Furträgen,
sonderheitlich in narrationibus Factorum sich
möglichster Perspicuität, eingezogener Geschichts
Erzehlung und Kürze zu befleissen. Hofg. Dec.
d. 24. Sept. 1664. 16. Sept. 1724. und 2.
Sept. 1743.

§. 15.

§. 15.

Demnach man wahrnehmen müssen, daß die Abforderung der Appell. Actorum von dem Secretario auf Seiten einiger Advocaten gar zu lang differirt, und biß auf den Tag hin der angestellten Juridicæ, da doch denen Partheyen, die Gebühr dißfalls zeitlich zu beobachten, in allen Fürstlichen Citations-Befehlen, expresse anbefohlen worden, ausgesezt, mithin dem auf der Gelehrten Banck vorsizenden Rath allzuspat und kaum ein paar Stund vor angehender Seßion zugefertiget zu werden pflegen, so daß demselben keine zulängliche Zeit übrig bleibt, sich in facto nach Genüge zu informiren, wodurch dann geschiehet, daß die Processe mehrmalen verzögert, folglich die Partheyen ohnnöthiger Weise umgetrieben und aufgehalten, und in noch mehrere Unkosten gesezet werden, indeme an statt man in Dicasterio, so man in facto genau informirt wäre, ad definitivam schreiten könnte, propter hunc defectum allererst in zerschiedene-zuweilen den Partheyen und der Justiz selbst präjudicirliche Weitläufigkeiten sich einzulassen genüßiget ist: Als sollen die Advocaten nicht allein die Acta zeitlich, und sobald sie das Patrocinium in causa quæst. übernommen, von dem Hofgerichts-Secretario annoch vor Antritt des Dicasterii von Stuttgart aus abfordern, sondern auch nachmals durante Dicasterio jedesmals demjenigen Fürstl. Rath und Assessori, so das primum votum zu führen hat, wenigstens einen ganzen Tag vor ange-

gehendem Proceß behändigen. Hofg. Decr.
d. 27. Aug. 1711.

§. 16.

Da man auch zerschiedentlich wahrnehmen
müssen, daß einige Advocaten mit vielem *special*
acceptiren und contradiciren, aus denen gegnerischen Narrationibus facti die Zeit zubringen,
da doch alles solches hernach bey Ventilirung der
Hauptsache und Materialien wiederum vorkommt,
auch einige, was sie schon vorgetragen, überflüs-
sig wiederholen: Als sind dieselbe erinnert worden, hinfüro sich aller unnöthigen Weitläufigkeit
zu enthalten, und durch kurze- jedoch hinlängli-
che und gründliche Fürträge der ausgekündeten
Fürstlichen Hofgerichts-Ordnung sorgfältig nach-
zusezen. Hofg. Decr. d. 2. Maji 1716. und
4. Maji 1718.

§. 17.

Ferner hat man beobachtet, daß zerschiedene
Advocaten auf die erzehlte Iniquitates der sententiæ a qua eher antworten, als sie die vermei-
nende Æquitates sententiæ a qua vortragen,
und ist deßwegen denen Advocaten alles Ernstes
bedittet worden, vor Beantwortung der ange-
führten Iniquitatum sententiæ a qua die vor-
zubringen habende Æquitates anzuzeigen. Hofg.
Decr. d. 4. Maji 1718.

§. 18.

Die Advocaten sollen keine *Depositiones testium* mehr ad protocollum dictiren, sondern
die

dieselbe allein quoad numerum & folia allegiren. Hofg. Decr. d. 16. Sept. 1724.

§. 19.

Wann eine Parthie, oder deren Sachwalter und Patronus causæ sich unterstehen würde, schriftlich oder mündlich *falsa narrata* fürzubringen, solle der- oder dieselbe jedesmalen mit einer Lugen-Frevel *à* drey Gulden fünfzehen Kreuzer, belegt werden. Gen. Rescr. d. 14. Aug. 1770.

§. 20.

Damit auch des Hofgerichts Advocaten wissen, was sie für ihre Belohnung von den Partheyen fordern mögen, solle damit nachfolgende Ordnung gehalten werden: Nemlich, wann in Sachen mündlich procedirt, soll dem Advocaten für jeden Tag, so er vor dem Hofgericht handlen wird, zur Belohnung ein Rthl. oder Neunzig Kreuzer und mehr nicht gegeben werden; Es wäre dann, daß die Sache so wichtig und so weitläufig, daß einer ein mehrers verdient zu haben vermeinte, soll das auf sein Begehren von dem Hofrichter und Räthen nach Gelegenheit der Sache moderirt und tarirt werden. Hofg. Ord. p. 18. §. 12.

§. 21.

So aber zu vorgehenden Hofgerichts-Tagen in Sachen beschlossen, und allein Urthel zu empfahen, mag der Advocat für seine Belohnung dreyßig Kreuzer fordern. *Ib.* §. 13.

§. 22.

§. 22.

Wann dann die Sache verabschiedet, und in
Schriften zu handlen, sollen dem Advocaten oder
Procuratori für solche Gerichts-Stände vor
dem Hofgericht Tags dreyßig Kreuzer und
sonst die gestellte Schriften nach billigen Dingen,
auch Hof-Richters und der Beyfizer Taxation,
wo es vonnöthen und begehrt, bezahlt werden.
Ib. §. 14.

§. 23.

Da man in glaubwürdige Erfahrung gebracht,
auch bey E. E. Landschaft Klagen eingekommen,
daß manchmal arme nothleidende Landes-Unterthanen, so sich in gerichtlichen Proceß einlassen
müssen, bey Ausführung der Sachen von einigen
Advocatis und Patronis causarum tam in prima, quam secunda Instantia in ihren Schrift-
stellungen sehr gesteigert und übernommen, ihnen
grosse Unkosten so in Commissionibus und Augenschein Einnehmung, als auch Zöhrungen und
dergleichen zugezogen, und unter dem Vorwand,
als ob von der verlustigten Parthey aller Kosten
refundirt und gut gethan werden müßte, zu grosser Spesen Aufwendung verleitet werden, wodurch nicht allein mancher armer Unterthan in seiner habenden gerechten Sache aus Ermanglung
der unnöthig aufwendenden Unkosten zuruckstehen,
manchmalen auch dem Richter ganz unschuldiger
Weise in puncto moderationis & taxationis
expensarum ein und anders ungleiches beygemes-
sen werden möchte: Als ist verordnet worden,

daß

daß vorderiſt alle Advocaten in verabſchiedeten
Sachen und Stellung ihrer Schriften ſich aller
weitläufiger Ausführung gemeiner Rechts-Reguln
und Allegationen enthalten, keine unnothwendige
Incident - Puncten tractiren, ſodann auf ihre
ausfertigende Producta, Schriften, Implora-
tiones &c. gleich in frontiſpicio die Taxam,
wie viel ſie vor ſolche Schrift erfordern, verzeichnen;
Sodann, da ſie ſich auf Commiſſionibus oder
Augenſcheinen nicht nur als Commiſſarii, ſondern
auch als Advocati partium befinden, alle unnothwendige Unkoſten abſtellen, ihren Verdienſt
nebens Rittlohn, Zöhrungs-Koſten (welchen ſie
von ſelbſten ſolchergeſtalten zu moderiren wiſſen
werden, daß die Partheyen ſich hierüber zu beſchweren keine Urſache haben) und andern ohnent-
behrlichen Ausgaben auf einen ſpecificirten-mit
beglaubten Urkunden belegten Zettel begreiffen,
ſolchen jederzeit zur Hofgerichts-Expedition ein-
ſchicken, und ſich dergeſtalt bezeugen ſollen, daß
Hofrichter und Aſſeſſores hiernechſt bey vorneh-
mender Taxatione Expenſarum nicht allein deſto
beſſere Information haben, auch die arme litigirende Partheyen wegen ihrer rechtmäſig auslegen-
den Unkoſten nicht verkürzt, oder auf einigerley
Weiſe graviret und beſchwert werden, bey Vermeidung ernſtlichen Einſehens und willführlicher
Beſtraffung. Hofg. *Decr.* d. 9. Mart. 1667.

§. 24.

Nachdem an Hofgericht etwan gar arme
Partheyen fürkommen, ſo ihrem Advocaten ſeine
Be-

Belohnung zu geben nicht vermögen ; Wann sie
dann dessen von ihren Amtleuten Kundschaft brin=
gen, und solches bey ihrem Eyd oder Treu an
Eydesstatt auf des Hofgerichts Gutbefinden erhal=
ten, so soll derjenige Advocat, dem solches zu
thun von dem Hofrichter befohlen, solcher Par=
they ohne Belohnung zu dienen schuldig seyn ; Je=
doch mit dem Anhang, da solche Parthey im
Rechten obsiegen, und damit so viel, daß sie den
Advocaten seines Lohns befriedigen möchte, ero=
bern, oder sonsten zu besserem Vermögen kom=
men würde, daß sie alsdann dem Advocaten seine
verdiente und gebührliche Belohnung erlegen solle.
Hofg. Ordn. p. 19. §. 17.

§. 25.

Wann ein Canzley = Advocat bey dem Fürst=
lichen Hofgericht recipirt zu werden verlangen wür=
de, solle derselbe ohne Erstehung des gewohnli=
chen Examinis zu einem Hofgerichts = Advocaten
aufgenommen werden. Concl. Dic. d. 12. Apr.
1741. f. App. Acta. §. 22. 23. Aeq. Sent.
a qua. Art. prob §. 4. App. Klage. Beweiß.
§. 2. Declaratoriæ. Dilationes. Documenta.
Facta. Gewälte. §. 9. 10. Hofrichter. §. 11.
12. 13. Jur. Calumniæ. §. 5. Legitimatio=
nes. §. 2. 3. Termine. Verabschiedung.
§. 5. 8. 11. Zeugen = Verhör = Commissarii. §. 2.

Hofgerichts = Advocaten = Eyd.

Die Advocaten und Redner am Hofgericht
sollen dem Hofrichter geloben und schwören, daß
sie

sie das Fürstliche Hofgericht und deſſelben Perſonen in Ehren halten, in ihren mündlichen Fürträgen und ſchriftlichen Handlungen aller Beſcheidenheit in Worten und Wercken ſich befleiſſen, alle Stumpfierer, Schmach-oder Ehrenrührende Worte und Reden gänzlich unterlaſſen; den Partheyen, deren Sachen ſie annehmen, ihres beſten Verſtands und mit Fleiß dienen, ihre Sachen und derſelben Nothdurft getreulich handlen, und mündlich oder in Schriften fürbringen; In Fürträgen, ſo viel möglich, der Kürze ſich befleiſſen, was den Sachen nicht dienlich, in vorigen Actis eingekommen und begriffen, oder von ihnen einmal fürgebracht, daſſelbe unterlaſſen, und nicht überflüßig repetiren und wiederholen; Keine gefährliche Dilation oder Aufzug zu Verlängerung der Sache begehren noch ſuchen, oder die Partheyen ſolches zu thun unterweiſen; der Partheyen Heimlichkeit und Behelf, ſo ſie von ihnen einnehmen, oder ſelber in Sachen erfahren, zu Nachtheil ihrer Parthey niemand offenbaren; die Partheyen über die geordnete Belohnung mit Erhöhung derſelben, oder einig Geding, Theil oder Gemein an der Sache zu haben, nicht beſchweren, den Sachen, ſo ſie angenommen, auswarten, dieſelbe ohne erhebliche Urſachen und des Hofrichters Erlaubnus nicht von ſich geben, und in ſolchem allem keinen Betrug, Falſch oder Unrecht brauchen; Wie auch die an dieſem Fürſtlichen Hofgericht ergangene Urtheile in keinem Weg unfugter Weiſe diſputiren, tadeln oder impugniren, und dann ſich auch ſonſten dieſer Fürſtlichen Ord-

K nung

nung gemäß verhalten wollen. Hofg. Ordn.
p. 33.

Hofgerichts-Assessores.

§. 1.

Die zwölf Assessores sollen aus denen vom
Adel der Fürstlichen Edlen Räth, Obervögten
oder anderer Diener, Doctoribus Juris, auch
von der Landschaft genommen werden; Jedoch,
weil sich je zu Zeiten allerhand Aenderungen zu-
tragen, so behalten Sich *Serenissimus* in dem
bevor, jedesmals nach der Sachen Gelegenheit
und erforderter Nothdurft eines oder des andern
Standes mehr oder weniger zu verordnen. Hofg.
Ordn. p. 1. §. 3.

§. 2.

Die Beysizer sollen zum wenigsten vierzehen
Tag zuvor, und ehe das Hofgericht angeht,
dazu beschrieben, desgleichen denen Doctoribus,
was für alte Sachen selbigen Hofgerichts fürkommen sollen, ein Verzeichnus vom Secretario zeitlich zuvor zu wissen gemacht werden. *Ib.* p. 7. §. 6.

§. 3.

Dieselbe sollen jederzeit, wann und wie sie beschrieben werden, dabey erscheinen, keiner ohne
Serenissimi Vorwissen und Bewilligen länger
ausbleiben, sondern gleich alsbald im Anfang
dabey seyn, und demselben fleißig auswarten helfen, oder zur Straf für jeden Tag im Anfang
dem Hofgericht ein Gulden zu sechzig Kreuzer
bezahlen. Hofg. Ordn. p. 5. §. 1.

§. 4.

§. 4.

Am Hofgericht sollen sie insonderheit auf Herkommenheit der Sachen, wie dieselbe, wo vonnöthen, zu besserem Bericht und Verstand der Sachen vor Ablesung der vorigen Acten von Advocaten oder Procuratorn angezeigt; Item auf Ablesung der vorigen Acten und beyder Theil Fürträg, sonderlich aber, da Beweisung fürgebracht, auf dieselbe gut Aufmercken haben, und darunter die fürnehmste zur Sache dienliche Fundamenta fleißig notiren, selbigem nach auch ihre Vota mit gutem Bedacht vernünftig accommodiren, damit also alles dasjenige, was Gerichtlich fürkommt, nothdürftiglich erwogen, und die liebe Justitia desto ohnfehlbarer administriret werden möge; Darüber dann der Hofrichter kraft seines tragenden Amts mit allem Ernst fleißig halten solle. *Ib.* §. 2.

§. 5.

Die Beysitzer sollen sich auch unnöthigen Gesprächs im Receßiren der Advocaten allerdings und gänzlich enthalten, damit alles ohne Confusion desto besser gehört, vermerckt und gefaßt werden möge. Hofg. Ordn. p. 106. §. 12.

§. 6.

Die gelehrte Assessores sollen sich des advocirens und procurirens vor den Schrancken bey Stadt- und Dorfgerichten zu Vermeidung aller Verschimpfung des Fürstlichen Hofgerichts und ihr selbsteigenen Authoritæt und Ansehen gänz-

lich)

lich enthalten ; Desgleichen in denen Land-Sachen, da sie ihnen die Gedancken wol machen können, daß dieselbe künftig an das Hofgericht erwachsen mögen, advocando sowol schrift- als mündlich zu dienen, sich allerdings bennüßigen; Doch mögen sie in ihren eigenen oder nechstverwandter Sachen sich wol consulendo & advocando gebrauchen lassen, wann allein juris ordo observirt und alle Partheylichkeit vermitten bleibt. Hofg. Ordn. p. 6. §. 2.

§. 7.

Zu künftiger Regulirung einer gewiesen Ancienneté vor die denen Hofgerichtlichen Seßionen anwohnende gelehrte zwey Regierungs-Räthe haben Se. Herzogliche Durchlaucht Dero gnädigste Normal Verordnung dahin ertheilt, daß in Zukunft, so oft einer von denen beeden dem Hofgericht anzuwohnen habenden Regierungs-Räthen abgehen werde, der von der Regierung von neuem dazu ernannte jedesmal nicht von unten auf der gelehrten Banck anfangen, sondern allezeit in denjenigen Plaz einrucken solle, auf welchem sein Antecessor aus der Regierung gesessen, jedoch so, daß beede Regierungs-Räthe unter sich ihren Siz und Rang so nehmen, wie sie gegen einander nach ihrer Ancienneté sich in dem Regierungs-Raths-Collegio verhalten. *Decr. Duc.* d. 11. Jun. 1759. s. Hofrichter. §. 6. 7. 8. 9. 10. Urtheln. §. 3. 4. 5. 6. 7. 8. 9. 10. 11. 12. 13. 18. 19.

Hof-

Hofgerichts : Assessorum Eyd.

Die Beysitzer sollen dem Hofrichter in *Serenissimi* Namen geloben und einen Eyd zu GOtt schwören, daß sie *Serenissimi* Frommen schaffen und fördern, Dero Schaden wenden und warnen, und dem Hofgericht, so lang sie daran sitzen, getreulich und mit Fleiß vorstehen, und nach dem ausgekündeten Fürstlichen Landrecht, der Fürstlichen Vorelter, wie auch Fürstlichen gemeinen Satzungen und der Hofgerichts : Ordnung, darzu nach redlichen erbarn Gewohnheiten, so er-meldtem Landrecht nicht zuwider, und für sie ge-bracht und bewiesen werden, und, so die nicht vor-handen, nach des Heil. Reichs Rechten dem rei-chen und armen nach ihrer besten Verständniß gleich richten, und sich keine Sache darwider be-wegen lassen, wie das Menschen Sinn erdencken mag ; Auch keine sondere Parthey im Gericht oder Anhang und Zufall in Urtheilen suchen oder ma-chen, und keiner Parthey rathen, warnen noch reden, und wo ihnen der Partheyen eine biß in vierten Grad der Bluts-Freundschaft oder Schwä-gerschaft (den Grad nach den Kayserlichen Rech-ten zu rechnen) inclusive verwandt, oder daß sie der Sache Gemein, Nutz, Theil oder Scha-den haben möchten, oder zuvor darein gerathen hätten, alsdann in derselbigen Sache aufstehen, austretten und ruhig seyn, und was in Rathschlä-gen und Sachen gehandelt wird, den Partheyen oder jemands ausserhalb *Serenissimo* und dem oder denen, so Dieselbe das befehlen, vor oder nach der

K 3 **Urthel**

Urthel nicht eröffnen, auch die Sachen ausser bösen Meynung nicht aufhalten oder verziehen, darzu *Serenissimi* Rath und Geheim biß in ihren Tod verschweigen wollen, alles getreulich und ohne gefährde. Hofg. Ordn. p. 30.

Hofgerichts-Bott.

§. 1.

Nachdeme nicht wenig daran gelegen, daß die Fürstliche Befehle, Citationes und Tagsazungen von des Hofgerichts wegen zu rechter Zeit und fleißig exequirt, überantwortet und verkündet werden, so soll ein sonderer Bott dazu bestellt seyn, welchen der Hofgerichts-Secretarius zu dem Hofgericht und desselben Sachen, sonderlich aber, da Citationes und Vertagung zu exequiren und zu verkünden, vor andern Sachen zu gebrauchen habe. Hofg. Ordn. p. 10. §. 1.

§. 2.

Dieser Bott soll jederzeit vor angehendem Hofgericht auf des Secretarii Befehl dem Hofrichter und Beysizern und an der Partheyen statt den Amtleuten jeden Orts die Fürstliche Befehl und Citationes überantworten, und von Amtleuten, daß solches, wann und welchermassen geschehen, dem Secretario schriftlich Urkund bringen. *Ib.* p. 11. §. 2.

§. 3.

Dem Hofgerichts-Botten solle von den Amtleuten das gewohnliche Bottenlohn bezahlt, und dasselbe von den Partheyen, nachdem derselben in jedem Amt viel oder wenig, wieder eingezogen, jedoch

jedoch hierinn bey Vermeidung Fürstlicher Ungnad und Straf keine Gefahr gebraucht werden. *Ib.* p. 13. §. 7.

§. 4.

So Brief oder Citationes von dem Hofge=richt ausserhalb des Herzogthums zu überantwor=ten, soll der Bott Urkund dem Secretario zu=bringen von den Partheyen oder ihren Amtleuten, darzu sein Bottenlohn begehren, und deßhalber dem Secretario mit Wahrheit und getreulich, wie die Sache beschaffen, Relation und Anzeige thun. *Ib.* §. 8.

§. 5.

Wo das Bottenlohn nicht bezahlt, solle der Secretarius solches mercken, ad Acta verzeich=nen, und dasselbe von den Partheyen, wann sie fürkommen, fordern und einziehen. *Ib.* §. 9.

§. 6.

Damit auch der Hofgerichts=Bott die Par=theyen nicht übernehme, soll der Secretarius je=derzeit bey der Citation sein Bottenlohn bestim=men, und zu dem Ende ihme, Botten, einen ge=wiesen Laufzettel an alle und jede Amtleute (welche auch den ausbezahlten Lohn allwegen darunter verzeichnen sollen) zustellen, dergestalten, daß den Stuttgarter Partheyen der Lohn von Tübingen, (wofern der Bott allda wohnt) biß auf Stutt=gart, den übrigen aber von dannen aus, und al=so von einem Ort zum andern aßignirt, auch für jede Meil vierzehen Kreuzer aufgeschrieben,

K 4 und

und solchergestalten an allen Orten neben dem gewohnlichen Wartgeld, wo der Bott nothwendig aufzuwarten hätte, von den Amtleuten ohnwaigerlich bezahlt, von den Tübinger Partheyen aber für jede Rechtshängige Sache, es seyen gleich der Consorten viel oder wenig dabey interessirt, zwey Bazen entrichtet werden sollen; Wobey der Secretarius fleißig in Acht zu nehmen, daß keine Gefahr gebraucht, und die Partheyen darüber nicht beschweret werden. *Ib.* §. 10.

Hofgerichts-Botten Eyd.

Der Hofgerichts-Bott soll geloben und schwören, daß er alle Citationes, Tagsazungen und Brief, so ihme von des Hofgerichts wegen aufgegeben und befohlen, an die Ort, dahin dieselbe gehören, zu rechter Zeit, wie er vom Secretario bescheiden, überliefern, daß auch solches geschehen, Urkund von den Amtleuten an jedem Ort nehmen, dem Secretario liefern, deßhalb wahren Bericht und Anzeige thun, an dem verordneten Bottenlohn sich begnügen lassen und darüber niemand beschweren wolle. Hofg. Ordn. p. 32.

Hofgerichts-Jurisdiction.

§. 1.

Serenissimus geben und befehlen an Dero statt dem Hofgericht Dero Jurisdiction und Gerichts-Zwang über die Appellations-Sachen, so daran erwachsen, und was denselben anhängig. Hofg. Ordn. p. 43. §. 1.

§. 2.

§. 2.

An dem Fürstlichen Hofgericht sollen allein Appellationes, und keine Sachen in prima Instantia leichtlich angenommen werden. *Ib.* §. 2.

§. 3.

Doch solle *Serenissimo* bevor stehen, daß Dieselbe aus sonderem Bedencken und Ursachen auch Sachen *in prima Instantia* dafür weisen, und daran anzunehmen befehlen mögen. *Ib.* §. 3.

§. 4.

Alß auch von Alter Herkommen, daß die Jungfrauen, auch Frauen vom Adel etwa ihre Verzüg, von mehrern Ansehens wegen vor dem Fürstlichen Hofgericht gethan, wollen Serenissimus nochmalen zulassen, daß solche Verzüg vor dem Fürstlichen Hofgericht, wie von Alter, geschehen mögen, doch daß die Form und der Proceß wie von Alters her gehalten werde. *Ib.* §. 5.

§. 5.

In burgerlichen Sachen mag gemeinlich von allen End-Urtheln und den Vor- oder Bey-Urtheln, deren Beschwerden durch die Appellation der End-Urthel in der Haupt-Sache nicht wieder zu erholen, oder die in ihrer Würckung einer Endurthel sich vergleichen, an das Hofgericht appellirt werden. *Ib.* p. 45. §. 1.

§. 6.

Ausserhalb deren Sachen, darinn gar nicht oder allein mit gewiser Maaß zu appelliren zugelassen, als:

K 5   Da

Da einer aus fürgeseztem kundlichen Muthwillen mehr zu gefährlichem Verzug der Execution, Nachtheil und Umtrieb des obsiegenden
Theils, dann aus habendem Fug und Rechten zu
appelliren sich unterstünde; Welches dann aus
dem abzunehmen, so der muthwillige Appellant
deren im Rechten fürgebrachten Klag und Forderung offentlich geständig und bekanntlich, oder
sonst derselben mit rechtmäsiger Kundschaft oder
andern glaubwürdigen Schein und Urkunden
ohnverneinlich überwiesen wäre. Landr. p. 193.
§. als da einer 2c. Hofg. Ordn. p. 45. §. 2.

Item, so drey gleiche End-Urtheln wider
einen ergangen, also daß er schon zwey mal appellirt hätte, soll es dabey bleiben, und ihme zum
dritten mal zu appelliren nicht vergonnt noch zugelassen werden. Ib.

Item, wann einer in erster Instanz zu ganzer
Handlung oder zur End-Urthel citirt und gefordert, und aber wissentlich ungehorsam ohne
einig erhebliche erwiesene Ursachen, ausgeblieben
wäre. Ib.

Item, so jemand allererst nach verflossenem
Fatal der zehen Tagen zu appelliren sich unterstünde. Ib.

Item, da von einer Bey- oder Vor-Urthel
appellirt, die sich in ihrer Würckung einer End-
Urthel nicht vergleicht, oder deren Beschwerden
durch die häuptsächliche End-Urthel, oder vermittelst von derselben zugelassenen Appellation abzukommen seyn möchte. Ib.

Von

Von Malefiz-Sachen, wie auch von Fre-
veln, Bußen und Strafen zu appelliren, wird
sonsten für sich selbsten nicht zugelassen; Doch
da ein Frevel, Buß oder Straf der Hauptsache
anhängig, und dieselbe sonst appellirt werden mag,
soll die Frevel, Buß oder Straf eingestellt, die
Haupt-Sache am Appellations-Gericht angenommen, was recht, darinnen erkennt, und alsdann der erkannten Urthel gemäß exequirt werden. *Ib.*

Item, so die Haupt-Sache erster Instanz
die bestimmte Summen nicht erreichte; *Ib.*

Item, so eine Parthey von der Haupt-Urthel
nicht appellirt hätte, aber erst von Execution und
Vollziehung derselben appelliren wollte; Es würde dann bey der Execution die gebührliche Maaß
überschritten, oder die verlustigte Parthey höher,
weiter oder anderst, als die Urthel ausweißt, beschwert. *Ib.*

Deßgleichen, wann jemand von einer Vor-
Urthel, darinnen seinem Gegentheil ein Eyd auf-
erlegt, nicht gleich, sondern erst nach geleistetem
Eyd appellirt. *Ib.*

Ebenmäßig, so jemand auf ein eröfnet Te-
stament ex Edicto Hadr. in die Posseßion der
Erbschaft eingesezt. *Ib.*

Vom Ausspruch der erkießten Schieds-Rich-
ter soll auch keine Reduction statt haben; Es wäre dann, daß jemand dadurch enormissime und
zum höchsten lädirt und vernachtheilt worden. *Ib.*

§. 7.

§. 7.

Was auch sonsten mehr für Fälle in gemeinen geschriebenen Rechten versehen, darinnen die Appellationen nicht zugelassen, wollen *Serenissimus* für inserirt gehalten haben. *Ib.*

§. 8.

Insonderheit aber sollen die Sachen, so das Fürstliche Cammer-Gut oder Interesse belangen, am Hofgericht ohne *Serenissimi* sondern Befehl nicht angenommen, sondern für die Fürstliche Ober- oder Rent-Cammer-Räthe gewiesen werden. Hofg. Ordn. p. 45. §. 3.

§. 9.

Die Sachen, so sich nicht auf fünfzig Gulden oder darüber belaufen, sollen am Hofgericht nicht angenommen werden, und ist hierinnen auf des Klägers in erster Instanz eingekommene Klag und nicht auf die ergangene Urthel zu sehen. *Ib.* §. 5.

§. 10.

Da aber zwischen den Partheyen Stritt fürfiele, ob die Haupt-Sache auf fünfzig Gulden oder darunter zu achten, mag solches dem Appellanten mit Verspruch an Gerichts-Staab an Eydesstatt zu erhalten zugelassen werden. *Ib.* §. 6.

Verspruch des Appellanten, daß ihme mehr, dann fünfzig Gulden an der Appellation gelegen.

Ihr sollet an Gerichts-Staab an Eydesstatt angeloben, daß ihr lieber fünfzig Gulden von
dem

dem euren verlieren, oder dieselbe nicht nehmen,
dann von dieser eurer fürgenommenen Appellation
abstehen wolltet. **Hofg. Ordn. p. 36.**

§. 11.

Ausgenommen Sachen, so Ehr und Geführ,
Grund- Boden- Urbar- und Lehen- oder sonst
ohnablösige Zinß, Ehehaftinen oder Dienstbarkeiten, item Losungen und dergleichen Gerechtsame
belangen, die sollen am Hofgericht angenommen
werden. **Hofg. Ordn. p. 46. §. 7. f. Strafen.**

Hofgerichts-Knecht.

§. 1.

Der Hofgerichts-Knecht solle vom Hofrichter
und Beysizern angenommen werden, auf dieselbe
sein Aufsehen und sie in Ehren haben; Wie auch
auf den Secretarium, desselben Befehl, die
Hofgerichts-Acta und Sachen warten, und was
ihm derhalben von dem Hofrichter oder Secretario jederzeit befohlen wird, dasselbe fleißig und
getreulich versehen und ausrichten. **Hofg. Ord.
p. 14. §. 1.**

§. 2.

Jede Parthey, so am Hofgericht fürkommt,
solle dem Hofgerichts-Knecht bey einer Vertagung zu seiner Belohnung vier Kreuzer geben,
damit er also von jeder Sache wegen jederzeit
acht Kreuzer erheben möge, woran er sich dann
gänzlich begnügen lassen, und niemand darüber
beschweren solle. *Ib. §. 2.*

§. 3.

§. 3.

Hofgerichts-Knechts Eyd.

Der Hofgerichts-Knecht soll dem Hofrichter geloben und schwören, daß er das Hofgericht und desselben Personen in Ehren halten, was ihme jederzeit in des Hofgerichts-Sachen oder von derselben wegen vom Hofrichter oder Secretario befohlen, dasselbe fleißig verrichten, keine Parthey der andern zu Nachtheil warnen, oder unterrichten, und da er etwas Geheimniß im Rath oder Gericht erfahren oder mercken würde, dasselbe niemand offenbaren, sondern in der Stille bey sich behalten wolle. Hofg. Ordn. p. 32.

Hofgerichts-Ordnung.

§. 1.

Was zu der leztmals An. 1654. publicirten Herzoglichen Hofgerichts-Ordnung Anlaß gegeben, ist aus dem derselben vorangesezten Fürstlichen Rescript des mehrern zu ersehen, welches folgenden Innhalts ist:

Von GOttes Gnaden Wir Eberhard, Herzog zu Würtemberg und Teck, Graf zu Mömpelgart, Herr zu Heydenheim ꝛc. Entbieten Unsern Hofrichtern, Räthen und Beysizern Unsers Hofgerichts zu Tübingen, auch allen Amtleuten, Obern- und Unter-Richtern, Stadt-Amt- und Gerichtschreibern, wie auch Unterthanen Unsers Herzogthums Unsern Gruß, Gnad und alles Guts zuvor, und fügen denselben hiemit gnädiger Meynung zu vernemmen:

Als

Als zwar weiland Unser freundlicher lieber Herr Vetter, Herzog Ludwig in Anno 1587. und vorher deſſen auch freundlich hochgeliebter Herr Vatter Herzog Chriſtoff, beede Chriſtſeelig und Löbl. Angedenckens in Anno 1557. aus chriſtlichem und ſonderbarem Fürſtlichen Eyfer die heilſame billich und gleichmäſige Gerechtigkeit be- ſtändig jedem nach Gebühr und Gelegenheit der Perſonen oder Sachen vermittelſt ordentlichen- doch ſchleunigſten Hofgerichts wol verfaßten Pro- ceß durch Dero Edle, gelehrte und von einer gehor- ſamen Landſchaft, auch guten Theils bey- und zugeordnete Hofrichter, Räth und Aſſeſſores ganz aufrichtig und unpartheyiſch adminiſtriren zu laſ- ſen, Sich in Gnaden entſchloſſen, und zu Erlan- gung eines ſolchen ſo hochrühmlichen Intents eine gewiſe Hofgerichts-Ordnung zu zweyen unter- ſchiedlichen malen in offentlichem Druck publiciren und ausgehen, und zwar das lezteremal, wo es die Nothdurft unumgänglich erfordert, um etwas corrigiren, verbeſſern und vermehren laſſen, damit alle und jede, ſo an gedachtem Hofgericht einige Gerichts-Handlung auszuüben, zu vertretten, und auch ſelbſt den Proceß zu dirigiren, den ge- wohnlichen Stylum in Obacht fleißig zu erhalten, endlich auch das Recht und Urtheil zu erkennen und auszuſprechen hätten, eine ſtete Norm und Richtſchnur könnten vor Augen haben, wornach ſie ſich in Juſtificirung aller ihrer Gerichts-Actio- nen eigentlich zu richten.

Nach welcher längſt zu zweyenmalen gedruckter und ausgekündter Hofgerichts-Ordnung hocher-
meldte

meldte Ihre Liebd. Liebd. die Tag Lebens, auch
nach der Hand Unsere fürgeliebte Fürstliche Groß-
und Vor-Eltern, als Vor-Regenten dieses Löbl.
Herzogthums samt Uns (so viel sonderlich diese
allbekannte Kriegsläuft und dero ohnerschwing-
liche Trangsalen zugeben mögen) eifrigst Anordnung gethan, daß männiglich zu seinem Rechten
gedeyliche Hülf erwiesen worden.

Und aber seit des leztern Abdrucks gehörter
Hofgerichts-Ordnung de Anno 1587. nicht allein die Exemplaria alle aufgegangen, und so
gar distrahirt worden, daß dero Mangel, und
doch hohe Nothdurft, sie wieder in guter Anzahl
zu haben, beedes geklagt und im Werck erschienen,
benebens entzwischen Unser erneurt Fürstliches
Landrecht, auch sonst allerhand neue Constitutiones, Mandata und Rescripta Generalia,
auf welche Unsere Hofgerichts-Ordnung in etlich
viel Puncten ihr Absehen, Harmonie und Con-
cordanz zu nemmen, von Zeiten zu Zeiten nach der
Hand ausgegangen, daß je ein und anderer Paß,
so im Landrechten begriffen, wieder in der Hofgerichts-Ordnung wiederholt, und also nunmehr
das neue Landrecht auch eine revidirte erneurte
gleichstimmige Hofgerichts-Ordnung hat nothwendig und desto mehrers erfordern wollen, weilen nicht weniger die Zeit, Praxis und alltägliche
Erfahrung auch, etliche Verbesser- und Erläute-
rungs-Puncta nuzlich und am starcken Lauf des
Proceß wohl diensam zu seyn an Hand gegeben,
derowegen Wir Unsern Obern Räthen allhie samt
respective Räthen und Assessoren Unsers Hofge-
gerichts

gerichts zu Tübingen gnädigen Befelch aufgetragen, mit sonderbarem Fleiß die vorige Hofgerichts-Ordnung zu durchgehen, und was für dißmalen ins künftig besser fruchten möchte, in zeitliche reiffe Deliberation zu ziehen, es gehöriger Orten zu erinnern und beyzuzeichnen, hernach es wieder Uns ad approbandum unterthänigst zu hinterbringen, deme sie auch gehorsame Folge gethan, und befunden, daß gleichwolen etliches mit seiner gewiesen Maaß, Enderung, Declaration, Minderung und Vermehrung bedörft, welches zum Theils und so fern alles dasjenige, so jezo durch diesen Druck beygeruckt, Wir auch auf weiter Gutachten und Unsers sonderbaren Ermessens gnädig placedirt, und hiemit ebenmäsig hinfüro zu observiren constituirt und also verordnet haben wollen.

So befehlen Wir solchemnach forderst Unserm Hofrichter, Räthen und Beysizern gedachts Unsers Hofgerichts, desgleichen allen Amtleuten, Ober- und Unter-Richtern, nicht weniger Stadt-Amt- und Gerichtschreibern und gesamten Unterthanen, gnädiglich und ernstlich gebietende, daß sie nach den göttlichen Sazungen, so forderst aller anderer einig Fundament und Richtschnur, diese Unser anjezo mit gutem Bedacht wiederholte- in mercklich viel Weg verbesserte und gemehrte Ordnung fleißig vor Augen haben, deren Disposition und Versehung gemäß die Erkanntnissen aller für sie kommenden Sachen, so viel einer jeden gelegen, und sonsten die verstandene rechtmäsige Billichkeit erleiden würdet, moderiren, fassen, und die liebe-

L   deren

deren beſtem Verſtand und chriſtlichem Gewiſſen
nach befundene Gerechtigkeit alſo adminiſtriren
und ertheilen, wie ſie es vor dem Allmächtigen,
als dem höchſten Richter, deſſen dann der Schrift
nach alle Gericht, welchem ſie forderſt auch einig
gehalten, und dann vor Uns getrauen zu verant=
worten; Damit ſich alſo jedermänniglich erbaren
Gemüths und richtigen Verſtands mitgetheilter
Gerechtigkeit mehr zu erfreuen, dann billicher
Weiſe zu beſchweren habe.   Hieran geſchieht
GOttes ernſtlicher Befelch und Unſer gnädige,
zuverläſige gänzliche Meynung.   Datum Stutt=
garten den 29. Tag Martii Anno 1654.

§. 2.

Ob aber was weiters, ſo der Sache dienlich,
in dieſer Ordnung nicht = ſondern in dem Fürſtli=
chen Landrecht oder Lands= und andern Ordnun=
gen verſehen, das wird hieher erhohlt, und dem=
ſelben auch nachzukommen, ernſtlich befohlen.
Hofg. Ordn. p. 119.

§. 3.

Da etwas in dem Fürſtlichen Landrecht und
Ordnung nach zutragenden Dingen unterlaſſen
und nicht gefunden, ſollen die gemeine geſchriebe=
ne und des Heil. Reichs Recht und Sazungen an
die Hand genommen und dieſelbe gehalten wer=
den. Hofg. Ordn. p. 120.

§. 4.

Sereniſſimus behalten ſich aber bevor, dieſe
Ordnung in ein oder mehrern Articuln und Pun=
cten,

cten, wie dasselbe nach Gelegenheit der Zeit, Sachen und Personen für rathsam angesehen und sich gebühren wird, zu erläutern, zu ändern, zu mindern und zu mehren, oder auch von neuem machen zu lassen. *Ib.*

Hofgerichts-Secretarius.

§. 1.

Dieweil *Serenissimo* und Dero Landschaft nicht wenig an einem Hofgerichts-*Secretario* gelegen, so wollen Dieselbe bedacht seyn, daß Dero Hofgericht jederzeit mit einem geschickten Secretario, so der lateinischen Sprache und der Terminorum, auch Allegationum Juris kundig, und Gerichtliche Sachen und des Processes nicht ungeübt, sonderlich aber der Fürstlichen Hofgerichts-Ordnung erfahren, versehen werde. Hofg. Ordn. p. 6. §. 1.

§. 2.

Es solle aber vorderist ein Secretarius jederzeit sein Gerichts-*Protocoll* auf das leslichst, so immer möglich, und umständlich zu schreiben sich befleissen, auch unverständiger Abbreviaturen sich enthalten, damit nicht allein er selbst, sondern auch andere nach ihm sich daraus ohne Zweiffel wissen zu richten. *Ib.* §. 2.

§. 3.

Ehe dann jederzeit das Hofgericht zu halten fürgenommen und ausgeschrieben, solle der Secretarius bey *Serenissimo* oder Dero Landhofmei-

L 2   ster

ster und Canzler sechs Wochen zuvor desselben
Anmahnung thun, mit Anzeigung der Beysizer,
und wie viel Sachen zu vertagen vorhanden, und
darüber Bescheids erwarten. *Ib.* p. 7. §. 3.

§. 4.

Wann nun auf *Serenissimi* Befehl das Hofgericht auszuschreiben, das Tagbuch zu ordnen,
und die Sachen zu registriren, soll dasselbe jederzeit mit Vorwissen und Gutachten eines Fürstlichen gelehrten Raths, so sonst zu dem Hofgericht,
und hiezu sonderlich verordnet, von dem Secretario beschehen, und solle bey ihme, Secretario,
allein nicht stehen, seines Gefallens in einer oder der
andern Sache die Partheyen zu citiren. *Ib.* §. 4.

§. 5.

Nachdem nun das Tagbuch gemeldter massen
verfertiget, solle hierüber von erstgedachtem-dazu
verordneten Gelehrten Rath in dem völligen Fürstlichen Ober-Raths-Collegio, fernere Gebühr
dabey zu verfügen, umständlich referirt werden.
Ib. §. 5.

§. 6.

Der Hofrichter und die Beysizer sollen zum
wenigsten vierzehen Tag zuvor, und ehe das
Hofgericht angeht, dazu beschrieben, desgleichen
den Doctoribus, was für alte Sachen selbigen
Hofgerichts fürkommen sollen, eine Verzeichniß
vom Secretario zeitlich zuvor zu wissen gemacht
werden. *Ib.* §. 6.

§. 7.

§. 7.

Da mehr Sachen, dann auf einem Hofgericht ausgericht werden mögen, vorhanden, sollen jederzeit in der ersten und andern Woche die älteste Sachen, doch auf der Partheyen Ansuchen, in der dritten und vierten aber die jüngere, sodann in der fünften und sechsten diejenige, so erst von neuem anhängig gemacht, und zuvor noch niemalen vertagt gewesen, fürgenommen und verrichtet werden. *Ib.* §. 9.

§. 8.

Und nachdem es sich begeben mag, daß wegen gänzlichen Ausbleibens der vertagten Partheyen, oder durch ungenugsame Legitimationes der Procuratorn dem Hofgericht Feriæ gemacht werden, soll der Hofgerichts-Secretarius allweg jedes Hofgericht etliche verabschiedete Sachen, in welchen man allein mündlich zu beschliessen hat, neben den andern Actis mit sich nehmen, damit, wann solche unversehene Ferien fürfielen, selbige Sache, in welcher keines fernern Einbringens zu gewarten, alsdann nach des Hofgerichts Gutachten ad referendum gegeben, in andern aber, welche die Referenten vorhin in Handen, alsbalden referirt, damit solche Sachen gleich erörtert, expedirt und die gefaßte Urthel hernacher gleich nach mündlichem Beschluß publicirt, also die Zeit nicht vergeblich verlohren, zumalen Unkosten verhütet, und die Sachen desto eher befördert werden mögen. *Ib.* §. 10.

§. 9.

Wann der Hofrichter und die Beyfizer, oder der mehrere Theil derselben in was Sachen sich einer Meynung, Bescheids oder Urthel vergleichen und endlich entschlossen, so soll der Secretarius gute Achtung darauf haben, daß er denselben Bescheid oder Urthel zum füglichsten aufs Papier bringe, wieder ablese, und wo vonnöthen, ändern und verbessern lasse. *Ib.* §. 11.

§. 10.

So die Partheyen ergangener Bescheid oder Urthel Abschrift oder Urthel-Brief begehren, sollen dieselbe ihnen auf ihren Kosten von dem Secretario mitgetheilt, aber sonst von andern gerichtlichen Actis oder Supplicationibus ohne des Hofgerichts Erlaubniß und Befehl niemand einige Copiá gegeben werden. *Ib.* §. 12.

§. 11.

Der Hofgerichts-Secretarius, oder desselben Substitut, in deren Abwesenheit aber ein anderer Ober-Raths-Secretarius oder Registrator sollen die Acten von den Partheyen empfahen und annehmen, und nachgehends der Hofgerichts-Secretarius solche, wie sie nach einander eingelegt werden, in ein sonder Buch, deßgleichen das præsentatum der Actorum, das Jahr, Monat, Tag und Stund, Vor- oder Nachmittag, item, ob das Einleggeld bezahlt oder nicht? fleißig auf die Acta verzeichnen. Hofg. Ordn. p. 59. §. 3. f. *Art. posit.* §. 3. 8.

Dila-

Dilationes. §. 7. Fatalia. Hofgerichts-Advocaten. §. 3. Hofgerichts-Bott. Hofgerichts-Secretarii Substitutus. Supplicationes. Tagbuch. §. 1. Urtheln. §. 15. Verabschiedung. §. 10. Verglich. §. 4. Zeugen-Verhör-Commissarii. §. 4.

Hofgerichts-Secretarii Eyd.

Der Hofgerichts-Secretarius solle geloben und schwören, daß er *Serenissimi* Frommen schaffen und fördern, Dero Schaden warnen und wenden, seinem Amt, und was ihme deßhalben gebühret, mit lesen, schreiben und anderm im Rath und Gericht getreulich auswarten; die Supplicationen, alle *Acta* und briefliche Urkunden, so im Rath oder Gericht fürkommen, fleißig verwahren, dieselbe den Partheyen oder jemand nicht eröfnen, noch davon ohne Geheiß des Hofrichters Abschrift geben, keiner Parthey rathen, noch sie warnen, oder für die andere aufhalten noch befördern; Das Einleggeld und andere Hofgerichts-Gefäll zu gebührender Zeit denen, so dazu verordnet, getreulich verrechnen, und was im Rath oder Gericht gehandelt, dasselbe in Geheim halten, auch sich sonsten allerdings seinem hieoben gegebenen Staat gemäß erweisen wolle, alles getreulich ohne Gefährde.

Hofgerichts-Secretarii Substitutus.

Dem Secretario solle hinfürter, so es die Nothdurft erfordert, auch ein *Substitut* zugeordnet werden, der alsdann in Hofgerichts-Sachen

L 4   auf

auf den Secretarium und deſſelben Befehl war=
ten, und ihme mit ſchreiben, leſen, und was da=
zu gehörig, behülflich ſeyn ſolle. Hofg. Ordn.
p. 10. §. 14. ſ. Hofgerichts = Secretarius.
§. 11.

Hofgerichts = Secretarii Subſtitu= ten Eyd.

Des Secretarii *Subſtitut* ſoll geloben und
ſchwören, daß er ſeinem befohlenen Amt im Hof=
gericht und deſſelben Sachen mit leſen, ſchreiben
und anderm, wie er deſſelben vom Hofrichter oder
Secretario jederzeit beſchieden wird, getreulich
und fleißig nachkommen, alles, ſo im Rath oder
Gericht gehandelt, verſchweigen, und niemand,
dann wem es vom Hofrichter, Beyſizern oder
Secretario geheiſſen, offenbaren wolle. Hofg.
Ordn. p. 31.

Hof = Güter.
ſ. Gant=Proceſſe. §. 1.

Hofrichter.

§. 1.
Der Hofrichter ſoll zum wenigſten einer von
Adel ſeyn. Hofg. Ord. p. 1. §. 2.

§. 2.
Sereniſſimus wollen einen Hofrichter, ſo ſtu=
diert, der lateiniſchen Sprach verſtändig und des
gerichtlichen Proceſſes guter maſſen wiſſend, ver=
ordnen laſſen. Hofg. Ordn. p. 2. §. 1.

§. 3.

§. 3.

Insonderheit aber solle er der Fürstlichen Hof=
gerichts = auch Lands=Ordnung und Land=Rech=
tens, nicht weniger übriger ausgelassener Fürst=
lichen Mandaten, Rescripten und Constitutionen
wohl erfahren, sein gut Aufmercken haben, und
dieweil gute Ordnungen ohne würckliche ernstliche
Execution mehr schimpflich, als fürträglich, ver=
mög seiner Pflicht, auch obligenden Amts mit
sonderem Fleiß darob und daran seyn, daß alle
Sachen denselben gemäß ordentlich gehandelt und
verrichtet werden, oder da von jemand darwider
was fürgenommen, gegen demselben gebührliche
Strafe mit Erkänntniß der übrigen Beysizer an
die Hand nehmen und fürgehen lassen. *Ib.* §.2.

§. 4.

Der Hofrichter, oder sein Verweser sollen je=
derzeit, wann und wie sie beschrieben werden, am
Hofgericht erscheinen, und ohne *Serenissimi* Vor=
wissen und bewilligen nicht länger ausbleiben,
sondern gleich alsbald im Anfang dabey seyn,
und demselben fleißig auswarten helfen. Hofg.
Ordn. p. 5. §. 1.

§. 5.

Er soll auch zu bestimmter Zeit und Stund
am Hofgericht erscheinen, und seinem Amt selber
vorstehen, oder da er dasselbe, zu was Zeit, zu
thun ehehaftiglich verhindert, sein Amt einem an=
dern und dem ältesten Beysizer vom Adel befeh=
len, damit das Hofgericht jederzeit mit einem Hof=

rich=

richter oder deſſelben Amts-Verweeſer verſehen
werde. Hofg. Ordn. p. 3. §. 3.

§. 6.

Nicht weniger ſoll der Hofrichter hinfüro, (es
wären dann ſondere erhebliche Urſachen vorhanden,) auf einmal mehr nicht, dann zwey Aſſeſſoribus von dem Hofgericht abzuſeyn erlauben,
doch dergeſtalt, daß ſolche Erlaubniß auf mehr
Zeit nicht, dann allein auf drey Tag ſich erſtre-
cke; Da aber ein oder der andere Aſſeſſor mit
ſolcher Zeit nicht erſättiget, ſoll ein ſolches bey
Sereniſſimo angebracht und darüber Beſcheids
erwartet werden. Im Fall nun einer über die
erlaubte Zeit ausbleiben würde, ſoll demſelben die
Zeit Abweſens das Sizgeld abgezogen, und be-
neben, da er mit längerm Ausbleiben Gefahr gebraucht, ſolches bey *Sereniſſimo*, ſich darüber
befindenden Dingen nach ferner in Gnaden haben
zu reſolviren, angebracht werden. *Ib.* §. 4.

§. 7.

Wo ſich dann zutrüge, daß die Hofgerichts-
Räthe und Beyſizer in Fällung der Urthel zweyer-
ley Meinung, und auf der einen Seite ſo viel
Stimmen, als auf der andern wären, ſo ſoll der
Hofrichter mit ſeiner Chur und Stimm das
mehrere machen, und dieſem Theil Beyfall thun,
ſo ſeines Erachtens die beſſere Argumenta für
ſich hat. *Ib.* §. 5.

§. 8.

Da ein oder mehrere Beyſizer etwa von Sachen abzutretten, erhebliche Urſachen haben,
daß

daß der übrigen Beyſizer zu der Sache, oder
darinnen zu urtheilen nicht genug, ſolle der Hofrichter an dem Ort, da das Hofgericht derſelben
Zeit gehalten, andere der Sachen unverwandte
Profeſſores Juris, Doctores, Licentiatos,
ſo an dem Fürſtlichen Hofgericht keine Advocati
oder Procuratores, aber doch der rechtlichen
Sachen und Proceſſe verſtändig und erfahren
ſind; Deßgleichen in ſubſidium die Amtleut,
Ober = und Unter = Vögt, oder auch einen oder
zwey vom Gericht zu dem Hofgericht zu nehmen
Macht haben, doch daß dieſelbe zuvor den Beyſizer Eyd erſtatten ſollen. *Ib.* §. 6.

§. 9.

So aber ein Beyſizer am Hofgericht gar abgegangen, ſoll *Sereniſſimum* der Hofrichter
deſſen berichten, um alsdann an ſeine ſtatt einen
andern verordnen laſſen zu können. *Ib.* §. 7.

§. 10.

So die Advocaten und Redner in was Sachen, ſonderlich der armen Partheyen zu dienen
ſich etwa beſchweren würden, ſolle der Hofrichter
den Partheyen auf ihr Begehren oder von Amtswegen einen Advocaten oder Redner ordnen und
geben, und doch hierinn Ordnung unter den Advocaten halten, damit keiner für den andern beſchwert, ſondern die, ſo den mehrern Theil Sachen und den beſten Gewinn haben, mehr dann
die andere dazu gebraucht werden. *Ib.* §. 9.

§. 11.

§. 11.

Wann er auch vermerckt, daß die eine Par=
they nach Gestalt der Sachen mit ihrem Advo=
caten und Redner nicht genugsam versehen, son=
dern von der andern Parthey Advocaten und Red=
ner mit Geschicklichkeit überlängt werden möchte;
Da soll der Hofrichter von Amtswegen Einse=
hung haben, und der andern Parthey auch einen
taugentlichen Advocaten, so der Sache verstän=
dig und gemäß, adjungiren und zuordnen, damit
in allweg der Partheyen Nothdurft der Gebühr
nach verhandelt werde. *Ib.* §. 10.

§. 12.

Da junge Juristen vor dem Hofgericht zu ad=
vociren anfahen wollen, soll ihnen der Advocaten
Eyd vom Hofrichter in sizendem Gericht ertheilt
werden. *Ib.* §. 11.

Hofrichters Eyd.

Der Hofrichter solle *Serenissimo* oder Dero
Landhofmeister geloben und einen Eyd zu GOtt
schwören, daß rc. s. Hofgerichts= *Assessorum*
Eyd. Hofg. Ordn. p. 30.

Hofrichter = Amts = Verweser.

Was vom Hofrichter geordnet, das soll auch
von desselben Amts=Verweser verstanden wer=
den. Hofg. Ordn. p. 5. §. 12. s. Hofrich=
ter. §. 4.

Hy-

Hypothecæ.

§. 1.

Nachdeme *Serenissimus* aus denen zu Fürstl. Canzley eingekommenen Berichten mißliebig zu ersehen gehabt, was gestalten die Vergantungen hin und wieder auf dem Land so gemein zu werden beginnen, daß dadurch sehr viele und oft ganz unschuldige Leute in den grösten Schaden gesezet werden, hierzu aber auch vornemlich die Consti- tuirung der vielen hypothecarum quasi publica- rum Gelegenheit gibt, als wodurch manch übler Haußhälter seine böse Oeconomie lang verstecken, mithin seinem Nebenmenschen und dem Publico Schaden zufügen kan: Als ist, um solchem im- merhin weiters einreissenden Malo zu steuren, ver- ordnet worden, daß von dem 1. Jun. 1736. an die *Hypothecæ quasi publicæ*, so nur coram Notario & testibus errichtet werden, denen pri- vatis nicht mehr präferirt, sondern nur unter de- nenselben nach der Priorität der Zeit rangirt, die *tacitæ vel legales hypothecæ* aber immediate nach denen publicis und vor denen privatis lo- cirt werden sollen. Gen. Rescr. d. 19. Mart. 1736.

§. 2.

Welche Verordnung nachhero dahin erleutert worden, daß ermeldte *Hypothecæ quasi publicæ*, so coram Notario & testibus oder auch nur coram tribus testibus absque Notario vorma- len und vor dem 1. Jun. d. a. errichtet worden,

in

in ihrer bißher gleich denen *publicis* gehabten
Prärogativ beſtändig und auch nach dem 1. Jun.
verbleiben, und nur die vom 1. Jun. an noviter
conſtituirte unter die privatos gerechnet werden,
und mit denſelben rouliren ſollen. *Reſcr. Duc.*
d. 3. Maji 1736.

§. 3.

Demnach *Sereniſſimo* von Dero Vormundſchaftlichen Hofgericht unterthänigſt vorgetragen
worden, wie daß zwar in dem Fürſtlichen Land-
Recht p. I. t. 75. §. folgends ꝛc. verſehen wäre, daß, wann einer zu nothwendigem Bau
und Unterhaltung eines Guts geliehen, und
daſſelbe Gut ihme zum Unterpfand ausdruckentlich eingeſezt, ſolcher Darleyher vor allen andern
mit der Bezahlung den Vorgang haben ſolle;
So hätte ſich jedoch ergeben, daß von der Vormundſchaftlichen Juriſten-Facultät zu Tübingen
und ſonſten in dem Fall, wo zu Reparir- und
Beſſerung eines Hauſes Geld vorgeſtreckt worden, dem ſenſui literali erwehnten §phi nicht
ſtricte inhärirt, ſondern in Conformität der gemeinen Rechten dahin ſtatuirt und geſprochen worden ſeye, daß in ſolchem Fall dem Darleyher,
wann von demſelben gleich kein ausdruckliches
Unterpfand ſtipulirt und anbedingt worden, dannoch nicht, wie das Fürſtliche Landrecht p. II.
t. 8. §. ſodann ꝛc. mit ſich bringt, ein ſimpel
ſtillſchweigende, ſondern eine cum prælationis
privilegio conjuncta hypotheca competire,
Dahingegen bey dem Fürſtlichen Hofgericht die

Sa-

Sache anderst angesehen, und daß unter Häusern
und andern Gütern dißfalls keine Differenz zu
statuiren seye, davor gehalten worden, und dahero *Sereniſſimum* belangt, diesen wldrigen Meinungen per interpretationem authenticam
abzuhelfen, und allen weiter hieraus vermuthenden
Difformitäten vorzubiegen. Als haben *Sereniſſimus* vorermeldten §. folgends 2c. obschon in
demselben nur insgemein von denenjenigen, welche zu eines Guts nothwendigen Bau und Unterhaltung Geld geliehen haben, von Häusern aber
specifice nichts gemeldt wird, nach gepflogener
reifen Deliberation und von dem Vormundschaftli-
chen Justiz-Rath hierunter erstatteten unterthänigsten Gutachten authentice dahin interpretirt, daß
derselbe so wol auf Häuser, als andere Güter zu
verstehen, und wo künftighin Geld zu Bau und
Besserung eines Hauses dargeliehen, und kein
ausdrückliches Unterpfand dabey anbedingt worden, in diesem Fall dem Darleyher kein Jus prælationis oder privilegirte Hypothec, sondern einig und allein nach vorangezogenem §. sodann 2c.
p. II. t. 8. Fürstlichen Land Rechtens ein simpel
stillschweigendes Unterpfand zustehen, und
man also in Zukunft in dergleichen vorkommenden Fällen so in docendo, als consulendo &
judicando diese Interpretation und pragmatische
Sanction pro norma vor Augen haben und jedesmals darauf sprechen solle. Gen. Reſcr. d.
6. Jun. 1741.

Ini-

Iniquitates ſententiæ a qua.

ſ. Appellations=Klage. §. 1. Hofge=
richts=Advocaten. §. 18. *Nullitates.* §. 1. 2.

Injuriæ.

§. 1.

Dieweil Schmach= und Schlaghandlun=
gen vor andern Sachen gemein, ſo ſollen darin=
nen nachfolgende Sazungen mit Ernſt gehalten
werden:

Wann der Kläger ſeine Klage, daß die geklagte
Schmachwort oder Reden vom Beklagten er=
gangen, bewieſen, oder aber der Beklagte derſel=
ben nicht in Abrede, doch darauf nicht verharret,
oder die beklagte Wort nicht wiſſen will, ſo ſoll
der Beklagte nach geſtalt der Wort oder Reden,
derſelben Umſtänd und der Partheyen Ehr und
Herkommenheit *Sereniſſimo* einen groſſen Fre=
vel oder ſonſt gebührende Strafe zu bezahlen,
darzu der Parthey, ſo verlezt, einen ziemlichen
Abtrag zu thun erkannt werden. Hofg. Ordn.
p. 108. §. 1. & 2.

§. 2.

Doch ſollen dadurch die Unterthanen ihrer Eh=
ren nicht entſezt ſeyn, ſondern dieſelbe ihnen aus=
druckentlich in der Urthel vorbehalten werden.
Ib. §. 3.

§. 3.

Da aber der Beklagte auf den geübten und
ausgegoſſenen Schmachworten oder Reden im
Rech=

Rechten beharren würde, und dieselbe etwas wichs
tig, doch aber hernach vom Beklagten wider und
auf den Kläger, wie sichs gebührt, nicht bewiesen
werden möchten, darum soll, was recht ist, ges
schehen. *Ib.* §. 4.

§. 4.

Ob jemand den andern mit = oder ohne Bluts
vergiessen geschlagen, und aber solches nicht bes
trüglicher, auffäziger oder hinterlistiger Weise ges
schehen, soll es gegen dem Beklagten, wie nechst
oben §. Wann der Kläger xc. gemeldt, gehalten
werden. *Ib.* §. 5.

§. 5.

So aber solches über gebottenen und angelobs
ten Frieden, oder mit Betrug und Fürsaz gesches
hen, das soll an *Sereniſſimum* gebracht, und
Dero Bescheid darüber erwartet werden. *Ib.* §. 6.

§. 6.

Da jemand in einer Schlaghandlung umges
kommen, und aber, durch welchen solches ges
schehen, nicht eigentlich beygebracht werden mag,
so sollen alle und jede, so dabey und der Sachen
verwandt gewesen, des entleibten Freundschaft
nach Richterlicher Mäßigung einen Abtrag zu
thun, und jeder Mitthäter nach Gestalt der Sas
chen, auch unterschiedlicher Verwürckung zu einer
nahmhaften ernstlichen Strafe fällig erkennt wers
den. *Ib.* §. 7.

§. 7.

Wann jemand obgehörtermassen in einer
Schlaghandlung hart verwundt, aber nicht zu

M   todt

todt geschlagen, und man, wer solches gethan,
nicht wissen mag, sollen alle die, so bey dem Handel gewesen, dem beschädigten Arzt Lohn, Kosten und Schaden nach Richterlicher Erkanntniß
und Mäßigung zu bezahlen und abzulegen, dazu
jeder *Serenissimo* eine nahmhafte Strafe zu entrichten, fällig und schuldig erkennt werden. *Ib.* §. 8.

§. 8.

Nachdem viel Schmach = und Schlaghand-
lungen aus Trunckenheit erwachsen und herkommen, da gemeiniglich, wie dieselbe angefangen,
und sich zugetragen, nicht eigentlich und genugsam
bewußt, noch zu beweisen, sonderlich wann diejenige, so dabey gewesen, und Kundtschaft sagen
sollen, gleichfalls mit Trunckenheit beladen gewesen. Wofern dann kein Theil sonders hoch an
Ehren geschmäht, und sonderlich der Beklagte
auf den Schmähworten nicht beharret, oder kein
Theil beschwerlich am Leib verlezet oder gelähmet,
so sollen dergleichen Sachen durch die Amtleute
und das Gericht an jedem Ort gütlich oder Rechtlich entschieden, und den Partheyen nicht mehr
leichtlich an das Hofgericht zu appelliren gestattet
werden. *Ib.* §. 9. & 10.

§. 9.

Da aber ein oder beede Theile hoch geschmäht,
verlezt oder gelähmet, und sich der Appellation
nicht begeben wollen, soll ihnen vermög der Ordnung zu appelliren zugelassen werden. *Ib.* §. 11.

§. 10.

§. 10.

Doch mit dem fernern Anhang, da hernacher befunden, daß freventlicher, muthwilliger Weiſe appellirt, daß der Appellant dem Verſchulden gemäß nicht allein mit den Expenſis, ſondern auch nach Geſtalt der Sachen und Perſonen mit dem Thurn oder empfindlicher Geldbuß ernſtlich geſtraft werden ſolle. Alles mehrern Inhalts des Fürſtlichen Landrechtens **P. l. t. 77.** Hofg. Ordn. **p. 111. §. 12.**

§. 11.

Inſonderheit ſoll die Truncfenheit in obgemeldten, wie auch andern Sachen, zu feiner Entſchuldigung verdienter Strafe fürgewendet oder angenommen, ſondern gedoppelt und dergeſtalt geſtraft werden, daß männiglich verſtehen möge, daß die Truncfenheit nicht die wenigſte Urſach der erfannten Strafgeweſen. *Ib.* §. Inſonderheit ꝛc. ſ. Vergliche. §. 7.

Infpectiones.

§. 1.

Nachdem in Sachen, da von begangener Leibs-Beſchädigung wegen geflagt, oftermalen die Beſchädigungen zu beſichtigen, von den Partheyen begehrt, oder als nothwendig und der Sache dienlich von Amtswegen erfannt wird, ſollen jederzeit, wann ſolche Sachen fürfommen, an dem Ort, da das Hofgericht gehalten, ein Doctor Medicinæ neben einem geſchickten, erſah-

fahrenen Wundarzt von dem Hofrichter beruffen,
derowegen entweder mit Treu, oder mit leiblichem
Eyd beladen, ihnen darauf die Beschädigung zu
besichtigen und dem Hofgericht der Sachen, wie
sie dieselbe befunden, Anzeige zu thun, befohlen
werden. Hofg. Ordn. p. 96. §. 1. & 2.

§. 2.

Glübd oder Eyd der Wund-Aerzte, so eine Leibs-Beschädigung besichtigen sollen.

Die sollen dem Hofrichter an Gerichts-Stab
an Eydesstatt angeloben, oder auf der Partheyen
Begehr einen Eyd schwören, daß sie N. N. empfangene Leibs-Beschädigung mit Fleiß besichtigen, und dem Hofrichter und Beysizern, so viel
sie aus Erfahrung ihrer Kunst erlernet, und mit
leiblichen Sinnen erkennen mögen, anzeigen wollen, ob solche zugefügte Leibs-Beschädigung
Beinbrüchig, eine Lähme, groß oder klein, desgleichen ob eine Schweinung oder sonst ein müde
verlezten Glieds dem beschädigten an seiner Hand-
thierung und Nahrung- und wie hoch nachtheil-
lig, ob ihme wieder zu helfen, oder nicht, und
was der Wundarzt, so ihn geheilet, an ihme ungefährlich verdienet, oder ob er durch denselben
nicht recht geheilet und verwahrloßt worden seye.
Hofg. Ordn. p. 40. sq.

§. 3.

Dem Medicinæ Doctori sollen von der Parthey, so die Besichtigung begehrt, oder dieselbe

von

von Amtswegen erkennt, von dem beſchädigten
zur Belohnung vierzig Kreuzer, dem Wundarzt aber zwanzig Kreuzer gegeben werden.
Hofg. Ordn. p. 97. §. 3. (*)

§. 4.

(*) In der Herzoglichen Medicinal - Ordnung
d. a. 1755. iſt hievon pag. 49. & 51. folgendes
verordnet worden.

I.

Was die Medici vor ihre Bemühung fordern dörfen.

1.) Vor eine Legal - Inſpection und Section in loco zuſamt dem Judicio.　　　　　3. fl.

Auſſer dem Ort, oder wann man über Land zu
reiſen hat, paßirt dem Phyſico vor die Mahl-
zeit.　　　　　　　　1. fl.

Und vor den Poſtillion, Roß-Lohn, Fütterung,
wie es ſonſten bey Fürſtlicher Rent-Cammer
üblich; Wo aber das Inſpections-Geſchäft
länger, als einen Tag, währen ſollte, gebührt
dem Phyſico, nebſt der Zehrung und Regle-
ment-mäſigen andern Koſten, vor die Ver-
ſäumniß täglich.　　　　1. fl. 30. kr.

2.) Vor die Inſpection eines Cadaveris putridi,
oder eines Cörpers, welcher ſchon unter der
Erden gelegen, ſamt dem Judicio Medico,
in loco.　　　　4. fl. 30. kr.

Und ſollen, auſſer der Amts-Stadt, dem Medico
die gewöhnliche Zehrung, Roß-Lohn, Fütterung und Poſtillion, ebenfalls paßirt werden,
auch jedes Orts Obrigkeit, welche den Medi-
cum requirirt, ſolche Belohnung demſelben
alſobald abfolgen laſſen. ꝛc.

M 3　　　　II.

§. 4.

Doch da die Wund-Aerzt oder Doctores deßhalb über Feld reisen müssen, und die Parthey
mit ihnen sich nicht vergleichen möchte, soll denselben ihre Belohnung nach Gestalt der Sachen zu
tariren, bey dem Hofrichter und Beysizern stehen. *Ib.* §. 4.

Interesse, Herrschaftliches.

s. Hofgerichts-Jurisdiction. §. 8.

Inter-

II.

Was die Chirurgi vor Verdienst und Ver-
säumniß fordern dörfen.

1.) Vor eine Legal-Inspection und Section in loco.   ⸗   ⸗   1. fl. 30. kr.

2.) Auf dem Land, ohne Roß-Lohn und Zehrung,
eben so viel, nehmlich   ⸗   1. fl. 30. kr.

Wann aber zu diesen Geschäften und der Reise mehr
als ein Tag muß zugebracht werden, solle ihm
vor den andern und folgende Täge, nebst Zehrung und Roß-Lohn, wegen Versäumniß täglich paßirt werden.   ⸗   ⸗   45. kr.

3.) Vor eine Amtlich anbefohlene Inspection,
ohne Section, wo kein Medicus dabey, und
der Chirurgus eine schriftliche Relation zu erstatten hat.   ⸗   ⸗   1. fl. 30. kr.

Ohne Relation, wo der Casus leicht.   ⸗   45. kr.

4.) Vor eine Inspection und Section eines Cadaveris, so schon faul, übel riecht, und in dem
Grab gelegen.   ⸗   ⸗   ⸗   3. fl.

Ist solche auf dem Land, werden dem Chirurgo
Zehrung und Roß Lohn, nach dem Reglement
besonders bezahlt. ꝛc.

Interlocutoriæ.

ſ. Bey-Urtheln. Hofgerichts-Jurisdiction. §. 5. 6. Verabſchiedung. §. 4.

Interrogatoria.

ſ. *Art. def.* §. 1. 2. *Art. prob.* §. 4. *Rotuli exam. teſt.* §. 12. 13. Zeugen-Verhör-*Commiſſarii.* §. 4 -- 9.

Juden.

§. 1.

Obwolen in einer unterm 2. Nov. 1706. in dem ganzen Herzogthum und Landen wegen des von denen Juden mit den Unterthanen eingeriſſenen Handels und *contrahirens* ausgelaſſenen General-Verordnung ernſtlich gebotten, daß denen Reichs-Abſchieden d. a. 1530. 32. 41. 48. 50. & 51. ins beſondere der Fürſtlichen Lands-Ordnung fol. 62. Und ſollen ꝛc. & fol. ſeq. 63. Wir gebieten ꝛc. auch nicht weniger denen von *Sereniſſimo* hienach ſo ſorgfältig gemachten heylſamen Conſtitutionen nachgelebet, und alles handlen und wandlen der Chriſten mit denen Juden, auſſer an offentlichen Märckten, jedoch ſine uſuraria pravitate, interdiciret ſeyn ſolle: So haben doch *Sereniſſimus* mit höchſtem Mißfallen wahrnehmen müſſen, wie dieſen ſo oft reiterirten zum Beſten des Publici und eines jeden Unterthanen ergangenen Conſtitutionen, ſo wenig nachgelebet worden, daß vielmehr faſt überal, ja ſogar auch an denen heiligen Sonntägen, zu nicht gerin-

M 4

geringer Aergerniß, das handlen und contrahiren
der Juden mit den Christen ganz gemein seye,
auch viele Beamte, an statt sie nach der Fürstlichen Lands-Ordnung das in einem solchen Con-
tract enthaltene confisciren sollten, denen Juden
noch allen Vorschub thun, und, ohne einmal zu
untersuchen, ob nicht eine usuraria pravitas in
denen Contracten mit untergeloffen, den Juden
zu allen ihren Forderungen zu nicht geringem Schaden und Nachtheil der Unterthanen verhülflich
seyen. Wann nun *Serenissimus* diese höchst-
sträfliche Vilipendirung Dero hierinn so oft wie-
derhohlten Befehle länger dergestalt ohngeandet
nicht hingehen zu lassen, sondern ein für allemal
gnädigst, zumalen auch ernstlich gemeinet sind,
daß von nun an keinem Dero Unterthanen etwas
von Juden zu entlehnen, mit ihnen zu handthie-
ren, oder sich in einigen Handel, er mag Namen
haben, wie er will, und seye wucherlich oder nicht,
(ausser was an offentlichen Märckten beschiehet,
oder denen Hof- und andern Juden, welche in
dem Land zu handlen und zu wandlen die special
gnädigste Conceßion erhalten, womit sie sich doch
vorderist bey dem Stabs-Beamten zu legitimi-
ren, dabey aber des herumlauffens und handlens
an denen Sonn- und Feyertagen, auch alles wu-
cherlichen contrahirens sich zu enthalten haben,
vergönnet ist) einzulassen erlaubt, sondern nach
Maßgab der Fürstlichen Lands-Ordnung gänzlich
verbotten seyn, und die allda gesezte Straffen und
Confiscationes an denen Contravenienten ohnnachläsig exequirt werden solle: Als ist denen Beamten

amten aufgegeben worden, diese wiederhohlt ernstliche Verordnung behörig zu publiciren, die Disposition der Fürstlichen Lands-Ordnung zugleich
allen ihren Amts-Untergebenen und Eingesessenen
kund zu thun und einem jeden, derselben genau
nachzuleben, geschärft zu erneuren, auch gleich
von dato der Publication dieser Verordnung über
allem, was hierinnen der Juden halber constitui-
ret, mit allem Ernst zu halten, und wider die
Uebertretter mit denen bestimmten Straffen rigo-
rose und ohnnachläsig zu verfahren 2c. Gen.
Rescr. d. 25. Maji 1729.

§. 2.

Da man bey zerschiedenen Gelegenheiten mißliebig wahrnehmen müssen, was gestalten die in
dem allgemeinen Reichs-Abschied vom Jahr
1551. §. 79. und der Reformatione politica
wegen der Juden enthaltene Disposition, kraft
deren alle von einem Juden gegen einem Christen
vornehmende Cession seiner an einen Christen habenden Forderung und Action bey Verlust derselben verbotten, in diesem Herzogthum und Landen meistentheils ausser Acht gelassen werde: Als
sollen die Beamte hierauf fürohin genaue Obsorge
haben, und zwar dergestalten, damit bey dergleichen
sich ergebendem Fall die cedirende Forderung oder
Action sofort confiscirt und zu Fürstlicher Cammer
eingezogen werde. (*) Gen. Rescr. d. 29. Nov.
1748.

M 5 Jura-

(*) Die angeführte Stelle des Reichs-Abschiedes
von 1551. §. 79. meldet hievon folgendes:
Es

Juramentum calumniæ.

§. I.
So die Principal-Partheyen selber zugegen.

Ihr sollet schwören,

1.) Daß ihr glaubet, eine rechte gute Sache zu haben, darum ihr jezt im Recht stehet vor Hofrichter und Räthen;

2.) So ihr vom Hofrichter gefragt werdet, die Wahrheit nicht zu verhalten oder abredig zu seyn;

3.) Daß ihr in dieser Sache niemand etwas gegeben oder verheissen habt, auch fürter nicht thun wollet, Sieg der Sachen zu erlangen, dann den Personen, so die Recht zugeben, als den Schreibern um Brief und Urkund, Rednern, Rathgeben, Anwälden und dergleichen um ihre Arbeit und Zehrung, den Zeugen;

4.) Daß ihr wissentlich kein Falsch, Unrecht oder betrügliche Beweisung wollet erlangen, ausbringen oder gebrauchen.

5.) Keinen Aufschub erfordern, begehren noch annehmen, zu gefährlichem Verzug und Verlängerung der Sachen, damit die Richter oder Partheyen

---

„ Es solle auch kein Christ hinfürter einem Ju-
„ den seine Action und Forderung gegen einem
„ andern Christen abkauffen, oder ein Jud als
„ Schuldglaubiger einem andern Christen solche
„ Actionen und Forderungen in einigen Weg ce-
„ diren, oder einiges Contractsweise zustellen,
„ bey Verlust derselben Forderung.

theyen aufzuhalten, alles getreulich und ungefährlich. Hofg. Ordn. p. 37.

§. 2.

So aber dieser Eyd durch einen Anwald zu
erstatten, soll derselbe in seine eigene und der Prin-
cipal-Partheyen Seele, wie nachfolgt, geschehen.

Ihr sollet in euer selbst und eures Principals
Seele schwören, daß ihr in dieser Appellation rc.
wie in nechst vorgehendem der Principal-Parthey
Eyd gesezt. Hofg. Ordn. p. 37.

§. 3.

Wiewol der Eyd für Gefährde gemeiniglich
nach der Kriegs-Bevestigung auf der Partheyen
Begehren, oder auch des Richters von Amtswegen gut ansehen erstattet wird, so soll doch den
Partheyen und dem Hofrichter frey stehen, solchen Eyd jederzeit bey- oder nach der Kriegsbeve-
stigung, wann ihnen nach Gestalt der Sachen
gefällig, biß zum Beschluß zu fordern. Hofg.
Ordn. p. 74. t. 7. §. 1.

§. 4.

Ob auch solcher Eyd in voriger Instanz geschehen, so mag doch derselbige an dem Hofgericht wiederum begehrt werden. *Ib.* Landr.
p. 190. §. Es mögen auch rc. Hofg. Ordn.
p. 74. §. 2.

§. 5.

Da aus Gelegenheit einer von dem Stadtgericht zu Stuttgart ventilirten Rechts Sache und
des

des von dem Magistrat darüber erstatteten Berichts nicht unbillig in Consideration gezogen worden, daß de consuetudine Fori die Cantzley-Advocati mit dem Eyd für die Gefährde darum, daß sie solchen bey Antrettung ihrer Dienste allbereits geschworen, bißhero nicht beschwert worden, sie haben sich dann zugleich der Anwaldschaft vermög Fürstlichen Land-Rechtens theilhaftig gemacht, daß auch ohnerachtet der Reichs-Abschied d. a. 1654. in Camera in singulis causis tam Appellationum, quam simplicis querelæ die præstationem juramenti zwar nicht bey Strafe der Sachen Verlust, sondern einer Marck löthigen Goldes auch von denen Advocatis ordinariis erfordert, dennoch solcher Reichs-Schluß bey disseitigen Gerichten bißhero nicht obfervirt worden, noch secundum tenorem angezogenen Reichs-Abschids diejenige Churfürsten, Fürsten und Stände, bey welchen ein anderes Herkommen, obligiren und verbinden kan: Als ist an ersagten Magistrat der Befehl ergangen, daß bey künftigen Particular-Sachen alle geschworne Canzley-Advocaten des Eydes für die Gefährde erlassen werden sollen. *Rescr. Duc.* d. 19. Jul. 1666.

Juramentum dandorum.

f. *Art. positionales.*

Juramentum Judiciale.

So viel das *Juramentum Judiciale a parte parti delatum* betrift, so wird zwar in dem

Fürst-

Fürstlichen Land-Rechten P. I. t. 70. §. deßgleichen ꝛc. davon nicht gehandelt; Damit aber
allen besorglichen Dubiis abgeholfen werde: So
lassen *Serenissimus* es bey der Disposition der
Kayserlichen Rechten und bißher in Dero Landen
observirten Praxi nochmalen bewenden, so daß weder derjenige, welcher einen solchen Eyd seinem
Adversario deferirt, noch der Gegentheil, so
ihm referirt, von solch seiner eigenen Delation
oder Relation, und noch viel weniger, wann der
Eyd würcklich geschworen, erst nach desselben
Prästation von der hernach folgenden Definitiv-
Urthel zu appelliren berechtiget seyn solle, es wäre
dann Sache, daß von demjenigen, deme solches
deferirt, oder auch referirt worden, justæ recu-
sationis causæ zu allegiren stünden, und er deren
ohngehört, ob er sich gleich darauf bezogen, per
Definitivam condemnirt würde, appellirt werden wollte, als welchen solches Beneficium dadurch im geringsten nicht abgestrickt, sondern in
Appellatorio dieselbe darzuthun ohnbenommen
seyn solle. Und versehen sich demnach *Serenissi-*
mus so zu Dero Juristen-Facultät, als Fürstlichen Hofgericht und übrigen andern Gerichten,
daß sie in dergleichen vorkommenden Fällen so in
docendo, als consulendo & judicando diese
Landesfürstliche Interpretation und pragmatische
Sanction pro norma vor den Augen haben,
und ihren erstatteten schweren Pflichten nach jedesmals darauf sprechen werden. Gen. Rescr.
d. 21. Jul. 1703.

Juramentum in litem.

f. *Appell. ſumma.* §. 3. Hofgerichts-Jus
risdiction. §. 10. *Jur. purg.*

Juramentum malitiæ.

§. 1.

So die Principal-Parthey ſelber vor-handen.

Ihr ſollet einen Eyd ſchwören, wofern ſolches
von euch mit gutem Gewiſſen geſchehen mag,
daß von euch dasjenige, ſo ihr fürbringet und begehret, nicht aus gefährlichem und böſen Fürſaz,
noch zu Verlängerung, ſondern allein zu erheiſchender Nothdurft der Sachen geſchehe. Hofg.
Ordn. p. 37. & p. 75. §. 3.

§. 2.

Wie dieſer Eyd durch einen Anwald zu erſtatten.

Ihr ſollet in euer ſelbſt und eures Principals
Seele ſchwören, daß von euch ꝛc. wie in nechſt
vorgehendem Eyd vermeldet, doch zu End weiter
hin zu ſezen: und ihr ſolches zu thun, von eurer
Principal-Parthey inſonderheit Befehl empfangen. *Ib.*

§. 3.

Dieſen Eyd mögen nicht allein die Partheyen
einander vor- oder nach Beveſtigung des Kriegs
deferiren, ſondern ſollen auch die Gerichte, wo
ſie

sie beduncken wollte, daß die Partheyen gefährliche Aufzüg suchen, oder sonsten einander unbillig umzutreiben sich unterstehen, einer oder beeden Partheyen Boßheit zu vermeiden, zu schwören aus Richterlichem Amt auflegen. Hofg. Ordn. p. 75. und 118. Landr. p. 118.

Und solle solcher Eyd nicht allein durch die Partheyen, sondern auch deren Anwäld in ihre selbst und ihrer Principalen Seelen geschehen. *Ib.*

Juramentum paupertatis.

Ihr N. sollet schwören einen Eyd zu GOtt, daß ihr also arm seyd, auch nicht an liegender oder fahrender Haab, noch Schulden vermöget, daß ihr die Canzley und Hofgericht um nothdürftige Brief und anders, noch euren Advocaten und Procuratorn bezahlen noch belohnen möget, daß ihr auch darum eure Haab und Güter gefährlicher Weise nicht vereusert oder übergeben habt, und so ihr eure Sache mit Recht erhalten, oder sonst zu besserem Vermögen kommen werdet, daß ihr alsdann jeden nach seiner Gebühr bezahlen und Ausrichtung thun wollet. Alles getreulich und ungefährlich. Hofg. Ordn. p. 42.

Juramentum purgatorium.

Demnach *Serenissimo* von Dero Juristen-Facultät in Tübingen unterthänigst vorgetragen worden, wie daß zwar in dem längst ausgegangenen Fürstlichen Landrecht und dessen P. I. t. 70. §. Deßgleichen rc. versehen wäre, daß, wann jemand

manb von einem Vor-Urtheil, darinnen seinem
Gegentheil ein Eyd auferlegt, nicht gleich, sondern erst nach geleistetem Eyd appelliren würde,
dessen solchergestalten interponirte Appellation vor
umkräftig und ungültig anzusehen seye 2c. So hätte sich jedoch nach der Zeit ergeben, daß über dessen wahrem Verstand bey dem Fürstlichen Hofgericht einiger Scrupel entstanden, indem ein-
und andermal in selbigem davor gehalten worden,
daß obbesagter Stelle ohngehindert in Juramento suppletorio, purgationis & in litem so
vor- als nach würcklich abgeschwornen Eyd die
Appellation valide interponirt werden möge, und
das in Conformität der allgemeinen Kayserlichen
Rechten und Reichs üblichen praxeos, damit
sich auch obgedachte Juristen-Facultät bißher beständig conformirt habe, zu andern Zeiten aber
auch dem sensui literali stricte inhärirt, und
keine Appellationes, als die vor würcklich ab-
gelegtem Eyd incaminirt, angenommen worden
seyen, und *Serenissimum* dahero belangt, in
commodum litigantium nicht minder, quam
judicantium diesen widrigen Meinungen per interpretationem authenticam dereinst abzuhelfen, und allen weiter hieraus vermutheten Inconvenientien vorzubiegen: Als ist dann nach gepflogener reiffen Deliberation und von Fürstlichem
Justiz-Rath hierunter erstatteten unterthänigsten
Gutachten in vim sanctionis pragmaticæ den
Unterthanen und andern, so in dem Herzogthum
Rechtsverfangene Sachen bereits haben, oder
künftig haben, zur Gnad und Bestem verordnet
wor-

worden, daß in allen so bereits anhangenden, oder künftiger Zeit sich ergebenden Processen, dar-innen nach Gestalt und Gelegenheit der Sachen dem einen Theil das *Juramentum suppletorium, purgationis*, oder auch *in litem* interloquen-do deferirt werden müßte, dem andern Theil so-dann frey und bevor stehen solle, entweder so-gleich *ab ipsa delatione*, oder auch nach sei-nem guten Belieben, *ab ipsa demum præstatione* ad superiorem zu provociren, so daß derley in-terponirte Appellationes, da sonsten in puncto formalium kein Fehler zu finden, so bey den übri-gen samtlichen Instantien, als absonderlich bey dem. Fürstlichen Hofgericht angenommen, und jedesmal darauf gesprochen werden solle. **Gen. Rescr. d. 21. Jul. 1703.**

Juramentum respondendorum.

f. *Articuli positionales*. §. 4. 7.

Juramentum suppletorium.

f. *Juramentum purgatorium.*

Jus retorsionis in Erbschafts = und Successions = Fällen.

f. Erbschafts = und Successions = Fälle.

Käuff, sammenthafte.

f. Losungen. §. 4.

Kayserl. Hofgericht zu Rothweil.

f. Gerichte, ausländische. §. 1.

Kay-

Kayserlich und Reichs-Cammer-Gericht.

Demnach *Serenissimus* wegen Appellation derer fremden und ausgesessenen an das Kayserliche und Reichs-Cammer-Gericht von denen bey Fürstlichem Hofgericht ausfallenden Urtheilen den Paſſum in dem Fürstlichen Landrecht so wol P. I. t. 60. als auch der sich darauf beziehenden Hofgerichts-Ordnung kraft eines unterm 8. Febr. 1730. an das Fürstliche Hofgericht erlaſſenen gnädigsten Reſcripti dahin per modum authenticæ Interpretationis & hinc dimanantis Conſtitutionis novæ Legis perpetuo in poſterum valituræ erklären und abändern zu laſſen gnädigst reſolvirt haben: Daß nemlich fürohin denen Ausländern, wes Standes und Condition sie immer seyn mögen, insonderheit auch allen und jeden Fürstlichen *Officialibus* in denen bey Fürstlichem Hofgericht anhängigen Proceſſen, fürnehmlich aber in Real-Klagen und dahin gehörigen rechtlichen Handlungen, worunter auch die *Reconventiones* billig mit begriffen, die Reſervatio Appellationis vel provocationis *ad summa Imperii Tribunalia* nicht mehr geſtattet, vielweniger deren würckliche Interpoſition jenes Orts angenommen, sondern dieselbige so wol in Ansehung Höchstderoselben illimitirten-sich auf alle und jede Cauſas & Actiones ohne Unterscheid an sich selbst erstreckenden Privilegii de non appellando, als in Betrachtung der ex poſſeſſione bonorum immobilium, in hoc Ducatu

fito-

ſitorum, ohnſtrittig entſpringenden Real‐Sub‐
jection, gleich Höchſtderoſelben eigenen und ange‐
bohrnen Unterthanen hierinnen lediglich geachtet
werden ſollen, ohne daß einigerley‐ entweder von
der hieher nicht gehörigen Perſonal‐Immedietät,
oder von einem aus hiebevoriger Interpretatione
uſuali angeregter Fürſtlichen Hofgerichts‐Ord‐
nung und Landrechtens ſich irgends anmaſſenden
Jure quæſito hergenommener Prätext oder an‐
derer nichtiger Vorwand ſie, extraneos, gleich‐
ſam davon zu exerimiren vermögend wäre: Als iſt
dieſe gnädigſte Special‐Verordnung denen Hof‐
gerichts‐Advocaten zu dem Ende eröfnet worden,
damit ein jeder ſich darnach achten ſolle. *Decr.*
Dic. d. 23. Maji 1730.

Kriegs‐Vögte.

ſ. Gewälte. §. 5.

Landtags‐Abſchiede.

Demnach *Serenissimo* Dero gehorſamſte Land‐
ſchaft zum kleinen Ausſchuß verordnete in Unter‐
thänigkeit zu erkennen gegeben, wie daß bey dem
Fürſtlichen Hofgericht zu Tübingen nun eine Zeit‐
her bey Erörterung der zwiſchen den Unterthanen
und etlichen *Forensibus* vorgefallenen und rechts‐
hängigen Collectations‐ auch andern Strittig‐
keiten, da ex parte der Lands‐Ingeseſſenen zu
ihrem Behuf und Vorſtand Rechtens etwa die
Landtags‐Abſchied, *Compactata* und Ver‐

träg

träg allegirt worden, man öfters in dubium
ziehen und anstehen wollen, ob solche Landtags-
Abschied, Lands-Compactata und Verträg vim
legis haben, oder die Extraneos binden können,
auch ob das Hofgericht nach solchen Land-Verfassungen gleicher Weise, wie nach andern in das
Land publicirten Fürstlichen Ordnungen zu sprechen und zu erkennen habe, weil besonders ange-
dittene Landtags-Abschied in forma authentica
mit Serenissimi gnädigstem Befehl dem Hofgericht noch niemalen insinuirt und zugestellt worden
wären, woraus dann etwa hergeflossen, daß solche Land-Verfassungen, wann man sie in pas-
sibus utilibus für die Landes-Unterthanen contra forenses producirt und angezogen, von nicht
so weiter Extension gehalten, oder auf andern
terminis beruhend gelassen, und wohl gar wider
die Unterthanen und pro extraneis zu höchstem
præjudicio mehrberührter Landtags-Abschied,
Compactaten und Verträg gereichende Bescheid
und End-Urtheilen abgefaßt werden wollen;
dem Hofgericht auch ein und anders obangeführ-
tes Dubium annoch beywalten wolle, und man
dann anjezo bey wieder beschehener Eröfnung des
Hofgerichts zu endlicher Erörterung oballegirter
strittiger Collectations-Sachen, sonderlich in
causa St. Cath. Hospitals zu Eßlingen contra
Zell und Altbach rc. Sodann in Sachen der
Innwohner zu Münster, Canstatter Amts, contra die Besizer der sogenannten Freybergischen
Güter fürschreiten möchte, auch gehorsamste Landschaft daran gelegen seyn wolle, daß in dergleichen
Steuer-

Steuer - Sachen oder ſonſten dasjenige, was
zwiſchen *Sereniſſimo* und gehorſamſten Prälaten
und Landſchaft ex rationabili cauſa jedesmals ge-
ſchloſſen wird, ſo wol, als andere Land-Sazun-
gen beobachtet werde: Deßwegen im Namen ge-
horſamſter Prälaten und Landſchaft zum kleinen
Ausſchuß verordnete unterthänigſt gebetten, anjezo
an das Hofgericht gnädigſten Befehl ergehen zu laſſen, fürohin die Landtags-Abſchied ſo wol, als
das Landrecht und Landsordnung für eine Regel
und Richtſchnur in Erörterung der vor dem Hofgericht hangenden burgerlichen und andern ſtrittigen Sachen zu halten, und nach deren Innhalt
nicht weniger, als nach andern Ordnungen zu
ſprechen und zu ſententioniren: *Sereniſſimus* Sich
auch vorgemeldt diß vom kleinen Ausſchuß beſche-
henes unterthänigſtes Anſuchen nicht entgegen ſeyn
laſſen: Als haben Dieſelbe Sich dahin reſolvirt,
und zu dem Ende ein verfertigtes *Corpus* und
Exemplar aller Landtags-Abſchiede biß dato
dem Hofgericht zuſtellen zu laſſen, mit angehäng-
tem gnädigſten Befehl, hinfüro die Dijudication
dergleichen zwiſchen den Unterthanen und Foren-
ſibus haftenden Strittigkeiten nach ſolchen nicht
weniger, als nach dem Fürſtlichen Landrechten
und Ordnungen zu richten und zu beobachten. *Re-
ſcr.Spec.* d.23.Mart. 1660. f. Verglichs-Receß.

Legitimationes.

§. 1.

Die Unterrichter ſollen einige Klag oder Handlung ehender nicht, es habe dann vorderiſt die Le-

N 3

giti-

gitimation ihre Richtigkeit erlangt, oder seye deß=
wegen gebührende Caution geschehen, annehmen.
Hofg. Ordn. p. 53. §. 3.

§. 2.

Auf Verlesung des Tagbuchs sollen die Ad=
vocaten und Redner Achtung haben, ob die Prin=
cipal=Partheyen zu allen Theilen und wen die
Sache berühren möchte, selber zugegen, im Rech=
ten stehen und dasselbe vertretten mögen oder nicht,
und so jemands ermangelt, als dann sie, Advo=
caten, ein solches alsogleich bey Straf fünfze=
hen Kreuzer anzeigen. *Ib.* p. 64. §. 3.

§. 3.

Da die Principal=Partheyen nicht vorhanden,
oder die Sache Minderjährige, die ihre 25. Jahr
noch nicht erreicht, antráfe, oder sonsten aus in
Rechten gesezten Ursachen eine Person vor Ge=
richt zu handlen, nicht taugentlich, oder auch aus
ehehaften Verhinderungen nicht selbsten erscheinen
könnte, und also durch Procuratores und An=
wáld ihre Sache vertretten lassen wollen, oder
müssen, sollen die Advocaten vor allen Dingen
gute Achtung haben, daß die Partheyen, wie sich
gebührt, legitimirt, und die Procuratores mit
genugsam clausulirten Gewälten, so nicht nur
ad unum actum, sondern zu der ganzen Sache
gestellt seyn, versehen. *Ib.* §. 4.

§. 4.

In denen Fällen, da es etwa nicht so wol an
Richtigkeit der Clausuln in den Gewälten, als an
deme

deme anstehet, daß nicht alle mitintereßirte Partheyen ordentlich citirt, oder nicht alle erscheinen,
oder sonsten ein Fehler an der Legitimation vorkommt, welcher noch ante publicationem sententiæ definitivæ corrigirt werden kan, solle
um solcher und dergleichen ohngenugsamer Legitimation willen der Proceß nicht eingestellt, sondern zu Beförderung der Sachen und der Partheyen, vornemlich, ubi omnium interessen-
tium eadem & simillima causa, ut puta co-
hæredum &c. agitur, nach Gelegenheit der
Zeit oder Beschaffenheit der Sache Cautiones
de rato, oder zum wenigsten ad proximam genugsamen Gewalt einzubringen, wie sonsten am
Cammer-oder andern Gerichten herkommen, auf-
und angenommen werden. Hofg. Ordn. p. 28.
§. 11.

§. 5.

Zu Beschleunigung der Processe, und damit
die Partheyen nicht so vielfältig abgewiesen oder
contumacirt, also neben gnädigster Herrschaft in
so mercklichen vergeblichen Kosten nicht geführt,
noch die lites gleichsam immortales gemacht werden, sollen Hofrichter und Assessores alles Ernsts
erinnert seyn, daß sie in vorkommenden Legitimationibus den rigorem juris nicht so genau
urgiren und beharren, sondern vielmehr die Æqui-
tatem der Hauptsache ihnen angelegen seyn lassen,
und dahin sehen, daß den Legitimationibus
auch mit Annehmung der Particular-Gewälte,
oder mit Cautionibus de rato, oder zum wenigsten ad proximam, worzu auch diejenige Par-

N 4 they-

theyen, so propter commodum possessionis
oder andern Vortheils halber der Sachen Verlängerung lieber, als die Beförderung sehen möchten, von Amtswegen anzuhalten, oder auf jeden
andern heilsamen Weg, er seye hierinn beschrieben oder nicht, so viel immer möglich, geholfen
werde. Hofg. Ordn. p. 65. §. 9.

L. Hac Edictali &c.

Bey Vertheilung in anderer Ehe verstorbener
Eheleute Verlassenschaft hat sich dieser merckliche
Stritt hervor gethan, daß, wann einem Kind
lezter Ehe, oder auch dem überlebenden Ehegemächt etwas mehr, als einem Kind erster Ehe
eigenthum, oder auch nur Nußnießlich verschaft
worden, selbiges alsgleich von den Kindern erster
Ehe ohne allen Unterscheid und mit diesem Vorwand eingezogen werden wollen, als ob nach
Verordnung der Kayserlichen Rechten *in L. Hac
Edictali* &c *C. de sec nupt.* und dessen Rechts-
gegründeter Interpretatione Doctorum ein
Ehegatt, so aus erster Ehe Kinder habe, weder
dem Ehegatten anderer Ehe, noch auch denen aus
solcher andern Ehe vorhandenen Kindern einigen
Voraus verschaffen könne, und wann solches de
facto geschehe, alsdann alles von dem andern
Ehegatten oder denen mit ihm erzeugten Kindern
mit einander hinweg und auf die Kinder erster Ehe
falle, ja wann auch dem andern Ehegatten nur
jure ususfructus ein mehrers verschaft, als eines
Kinds aus erster Ehe Erbtheil betrage, alsdann
nicht allein der ihme vermachte Ususfructus,
son-

fondern auch die den Kindern prælegirte Proprie-
tæt von beeden hinweg = und auf die Kinder erster Ehe alleinig falle.

Nun wiffen Sich zwar *Serenissimus* des an-
geführten Paffus aus den Kayferlichen Rechten,
auch Dero in GOtt ruhenden Herrn Vatters
Gnaden, Hochfeel. Angedenckens, darüber ertheilten gnädigsten Refolution, daß felbiger Lex hinfüro in diefen Landen obfervirt werden folle, annoch wohl zu entfinnen, können aber keineswegs
zugeben, daß derfelbe entweder gar auf die Kinder anderer Ehe (deren doch der Lex felbften mit
keinem einigen Wort gedencket, zumalen com-
munis Doctorum fententia felbige hierunter
nicht begriffen haben will) odiofe extendirt, oder
bey denen Ehegatten felbst in allen und in fpecie
auch in diefen Fällen, da fie eben fo viel, oder
noch mehr mit Nuz und Eigenthum ab inteftato
bekommen hätten, appliciret werde: Dann obwolen dergleichen Difpofitio nach denen Kayferlichen Rechten, vermög deren kein Ehegatt mit
den Kindern ab inteftato fuccediret, gar wohl
ftatt greiffen können, auch denen Eheleuten noch
ein Beneficium dadurch widerfahren, indem nach
diefem Lege ihnen foviel, als einem Kind erfter
Ehe verfchaft werden mögen, da fie fonft ab inteftato nichts bekommen hätten, fo mag fie jedoch nunmehro in diefem Herzogthum und Landen bey fo mercklich geänderten Succeßions = Rechten alfo indiftincte ohne geftattende befchwerliche
Contrarietæt der Beerbung ab inteftato und
ex teftamento (deren lezteren alfo der Eltern

und Eheleut aufrichtender Vermächtnissen Cyno-
sura jedoch die erstere auch nach der Intention der
Kayserlichen Rechten seyn solle) keineswegs Plaz
finden, alldieweilen

1.) ein jeder Ehegatt erster oder anderer Ehe
nach des Fürstenthums wohlbedächtlich verfaßten
Landrechten gleich beyderley Kindern einen Kinds-
Theil zu erben hat, P. IV. t. 6. §. Ferner 2c.
p. 447. und t. 7. §. Ferner 2c. p. 452. So
gar

2.) demselben die Legitima ohne rechtmäsige
Ursach nicht entwehret werden kan, P. III. t. 16.
princ. p. 388. Auch

3.) beyderley Geschlechts Eheleute die Nuz-
niessung ihrer Kinder Erbs-Portionen Lebenslang
behalten, P. IV. t. 7. §. Und was 2c. p. 452.
Und

4.) wider gemeine Rechten ihren bestimmten
Voraus haben, P. IV. t. 4. §. Wann nun 2c.
und §. Also auch 2c. f. 438. & 439. Daß
also

5.) so oft ein Ehegatt aus anderer Ehe Kinder
verlassend mit Tod abgehet, das Ueberlebende mit
Nuzen und Eigenthum ordinarie ab intestato
mehr, als ein Kind erster Ehe zu empfangen hat,
P. IV. t. 8. §. Ferner 2c. & sqq. p. 454. und
555.

Welchemnach dann, wo man mehrbesagten
Legem Hac Edictali, der ausser Zweiffel auf
das damalige Succeßions-Recht reflectirt, bey
nunmehr ganz geänderter successione ab inte-

sta-

ſtato dannoch alſo indiſtinnte appliciren wollte,
dieſes nothwendig erfolgen müßte, daß einem Ehe=
gatten um des Legis Hac Edictali willen nicht
einmal ſo viel, als es ſonſten ab inteſtato ohn=
fehlbar erlangen würde, verſchaffet werden könne.

Dannenhero *Sereniſſimus* Sich gemüßiget be=
funden, zu Abwendung dergleichen offenbarer
Contrarietäten und Colliſionum Juris der Sa=
chen durch authentiſche Interpretation oftgedach=
ten Legis, Hac Edictali, wie weit nemlich ſel=
biger mit und neben dieſes Herzogthums Provincial-Rechten ſtatt finden möge, aus dem Grund
abzuhelfen, und demenach Sich dahin in Gnaden
reſolvirt, daß denen Eheleuten anderer Ehe un=
verwehrt ſeyn ſolle, ſowol ihren Kindern aus letz=
ter= als denen aus erſter Ehe nach ihrem Belieben
einen Voraus, doch ohne Abbruch des denen Kin=
dern von Rechtswegen ſchuldigen Pflichttheils zu
verſchaffen, geſtalten ſolches auch ſchon hiebevor
durch das Landrecht denen Eltern ohne Unterſchied
frey geſtellet worden, P. III. t. 5. §. Sonſten
ſtehet ꝛc. p. 343. und am allermeiſten bey denen
noch ohnerzogenen Kindern ſeine billige Urſachen
hat; arg. P. IV. t. 16. §. Nachdem ſich ꝛc.
p. 472. Es könnte dann erweißlich dargethan
werden, daß das verſtorbene Ehegemächt hierin=
nen betrüglich gehandelt, und ſolches Legat nicht
ſowol ſeinen Kindern, als dem überlebenden Ehe=
gemächt zum beſten in fraudem legis ausgemacht,
oder daß es gleich Anfangs bey dem Eheverſpruch
denen noch ungebohrnen Kindern einen Voraus
promittirt hätte, in welchen beyden Fällen dann
der

der beſtimmte Voraus denen Kindern erſter Ehe
nach der Intention öfters ernannten L. Hac Edictali &c. in allweg zufallen wolle.

Betreffend aber das überlebende Ehegemächt,
ſo ſolle demſelben weder für ſich, noch auch ſeinen
mit einem andern Ehegemächt in vorhergehender
Ehe erzeugten= und in dieſe lezte zugebrachten Kindern weder zugleich, noch abſonderlich ein mehrers verſchaft werden können, als es ſonſten, wann
kein lezter Wille vorhanden wäre, dem Landrecht
nach mit Nuz und Eigenthum bekommen hätte,
auch, was darüber, nach Innhalt Legis Hac
Edictali &c. denen Kindern erſter Ehe zukommen,
da es aber allein Nuznieſſungsweiß um des denen
Kindern lezter Ehe verſchafften Voraus willen zuviel bekäme, ſolle ihm ſolche Nuznieſſung zwar ſo
weit, als zur Auferziehung der noch unerzogenen
Kinder für billig erachtet werden möchte, gelaſſen,
das übrige aber, oder wann keiner Auferziehung
mehr vonnöthen, denen Kindern lezter Ehe mit
Nuz und Eigenthum verbleiben, und alsdann erſt,
wann ſolches Vermächtniß, wie vorerwähnt, in
fraudem Legis geſchehen, die geſamte Nuznieſſung und Eigenthum von denen Kindern erſter
Ehe repetirt und an ſich gezogen werden. Gen.
Reſcr. d. 20. Jul. 1683.

Litis Conteſtatio.

So der Appellat keine Exceptiones hat, welche die Verfahrung des Rechtens hindern möchten, ſoll er ſeine Antwort auf die Appellations-
Klag und *Litis Conteſtation* klar, verſtändlich
und

und mit guter Beſcheidenheit fürbringen, die Billigkeit der Urthel mit wahren, ſatten und recht-
mäſigen Urſachen beſchirmen, und darauf begehren, erkennt zu werden, daß vom erſten Richter
wohl geſprochen und übel davon appellirt, und
daß es bey geſprochener Urthel ſoll bleiben, oder
wo er etwas anders zu begehren, ſolches fürbringen. Landr. p. 188. §. Hergegen mag ꝛc.
Hofg. Ordn. p. 73. §. 10. ſ. Appellations-
Acta. §. 22. Beweiß. §. 1. *Dilationes.* §. 6.
Exceptiones peremtoriæ.

Loſungen.

§. 1.

Weil in Vertheilung der Erbſchaft gemeiniglich die Erben unter ihnen ſelbſt die Loſung ererbter
und vertheilter Güter, wofern inskünftige derſelbigen eines verkauft würde, zu bedingen pflegen,
und dannenhero, wo ſolche Güter auſſer der Mar-
ckung, darinnen der Verkäuffer geſeſſen, verkauft
werden, allerley Mißverſtand zwiſchen andern des
Verkäuffers ausgeſeſſenen Miterben, und des
Orts, da das verkaufte Gut gelegen, Einwoh-
nern ſich ereignen: So iſt in ſolchem Fall die gnädigſte Reſolution dahin ausgefallen, daß die
Marcklöſung der anbedingten Erblöſung in
allweg vorgezogen werden ſolle. Gen. Reſcr.
d. 24. April 1588.

§. 2.

Demnach *Sereniſſimo* von Dero Fürſtlichen
Hofgericht angezeigt worden, welchergeſtalten die
Un-

Unterthanen bey vornehmenden Loſungen mehrfältig in weitläuffe und koſtbare Proceſſe gerathen,
und dabey öfters ihrer Loſungs-Gerechtigkeit,
wann auch ſolche noch ſowol ſonſten gegründet,
ſich verluſtiget ſehen müſſen, alleinig aus der Urſach, daß ſie die in dem Fürſtl. Landrechten p. 295.
Rubr. von Oblation, Anerbietung, wie auch
Hinterlegung des Kauffſchillings ꝛc. vorgeſchriebene Solennien nicht genugſam einſehen und
verſtehen, zumalen auch die Erfahrung gelehrt, daß
dieſerhalb bey den meiſten Stadt-Gerichten ganz
irrige und widerrechtliche Meinungen obwalten,
und man inſonderheit davorhalten wollen, als ob
die Hinterlegung des Kauffſchillings und übrige
Zugehörde entweder bey dem Vogtamt, oder bey
denen Burgermeiſtern und auf den Dörfern bey
den Schultheiſen, Dorfs-Vögten oder einem
Richter genug, und dadurch die Vorſchrift des
Fürſtlichen Landrechtens erfüllet wäre; Und nun
aber *Sereniſſimus* Dero Unterthanen nicht nur
ein durchgängig gleiches Recht adminiſtriren, ſondern auch dieſelbe vor allen koſtbaren Weitläufigkeiten bewahren zu laſſen, die gnädigſte Willens-
Meinung hegen: Als haben Dieſelbe zu dem
Ende erwehnte Rubric des Fürſtlichen Landrechtens dahin erläutert, daß derjenige, ſo löſen will,
in der in dem Fürſtlichen Landrecht geſezten Zeit,
Jahrs und Tags, dem Käuffer den Kauffſchil-
ling, wie ſolcher baar oder Zielsweiſe pure auc
conditionate verglichen, ſamt dem Weinkauf,
und was ſonſten gebührlich aufgangen, würcklich zu bezahlen anbieten, und, da er der Loſung
statt

ftatt thun, und das Geld annehmen will, ihme-
gleich auch darzählen folle; Wo aber der Käuffer
der Lofung nicht ftatt geben, noch die anerbottene
Bezahlung annehmen wollte, foll der Löfer das
Geld famt dem Weinkauf, fo er zu hinterlegen
begehrt, den Amtleuten, Burgermeiftern und Gericht, das ift, vor einem ganzen gefeffenen Gericht, nicht aber vor deffen einzelen Perfonen,
oder, wo er diefen Weg einer gerichtlichen Depo-
fition nicht erwählen wollte, vor fonften zwey erbarn Männern, die er als Depofitarios befon-
ders dazu zu erwählen und zu erbitten hat, (mithin nicht genug ift, wann er auch in Gegenwart
mehrerer Perfonen bey ein oder dem andern das
Geld deponiren wollte, fintemal die andere alle
nur als Zeugen, nicht aber als Depofitarii an-
zufehen find) 1.) darzehlen, und, wann es alfo
dargezehlt, 2.) in einen Sack oder Beutel, oder
auch in einem Papier gleich obfigniren, und 3.)
verpitfchirt hinterlegen, auch daffelb 4.) biß zu
Austrag des Handels unangegriffen liegen laffen:
Welcher nun eines oder das andere hievon verfäu-
men, und nicht alles zumal pünctlich obferviren
würde, oder in Zukunft verneinen wollte, daß
die Hinterlegung bey dem Vogt- oder Burger-
meifter-Amt zu dem erfteren Depofitions-Modo
zulänglich wäre, der folle feiner Lofungs-Gerech-
tigkeit verluftiget feyn. Wie man dann bey denen
Gerichten des Herzogthums in vorkommenden
Lofungs-Differentien auf diefe vorgefchriebene
Solennien genau zu fehen, und allezeit darauf zu
reflectiren haben folle, was der Löfer bey der ge-
than-

thanen Depoſition vor eine Intention gehabt haben möge, ob er nemlich nach dem erſten vorgeſchriebenen Modo den Kaufſchilling und Zugehörde vor den Amtleuten, Burgermeiſtern und Gerichten conjunctim, oder nach dem andern Modo vor zwey erbarn Männern, die in allweg
auch von denen vorigen ſeyn können, nur daß ſich
der Löſer dabey deutlich erkläre, wie er dieſelbe nur
als privat Depoſitarios erkießt, hinterlegen wollen, nach welchem ſofort dann auch der Sachen
ihre rechtliche Entſcheidung gegeben werden ſolle.

§. 2.

Sodann hat die Erfahrung gelehret, daß von
denen Beamten und Stadtgerichten des Herzogthums darinnen bißher irrige Meinung geheget
worden, daß ſie des davorhaltens ſeyn wollen, als
ob der Zinß-Loſung, als dem alleinigen fa-
vorablen juri retractus, weilen dadurch die Güter
wieder in eine Hand zuſammen gebracht werden,
allzeit ſtatt zu geben wäre, wann auch gleich bey
einem Kauff oder demſelben gleichen Veränderung
eines zinßbaren Guts pacta ſingularia und prä-
ſtationes perſonales angehänget und ausgedin-
get wären, als da zum Exempel jemand ſein zin-
ſendes Hauß an ſeine Geſchwiſtrige oder Bluts-
freundte, oder auch andere beſonders vertraute
Perſonen verkaufte, und darneben dem Käuffer
andingete, ihme Lebenslang den Siz darinnen
geſtatten, und ihne zugleich mit Koſt, Pflag und
Wart zu verſehen, und dergleichen mehr, ſo mag
die Loſung einem dritten, wann dieſer auch glei-
ſo

ſolcherley Præſtationes auf ſich nehmen wollte,
nicht zu ſtatten kommen, wo der Verkäuffer eine
gewieſe Perſon zu Präſtirung beſonderer Treue
und Fleißes erwählen wollen.

§. 3.

Und da auch Drittens das Fürſtliche Land-
Recht ſub finem t. 16. P. II. diſponirt, daß,
wann jemand ein Gut an ſich zu löſen befugt und
gemeint iſt, derſelbe ſolches ihme ſelbſten, und
nicht einem andern zu gutem löſen ſolle, ſo haben *Sereniſſimus* auch dieſes dahin erläutert,
daß, wann Eltern ihren Kindern zu gutem
löſen wollten, ſolches denenſelben in allweg geſtattet werden ſolle, wie ohnehin die Vätter
und Kinder in denen Rechten vor einerley Perſonen gehalten werden, und dahero auch eines
dem andern zu Erlangung ſeines Rechtens wohl
behülflich ſeyn mag. Uebrigens ſollen die Beamte nicht nur dieſe Interpretationem authenticam von Zeit zu Zeiten, ſonderheitlich bey den
haltenden Vogt-Gerichten, in Stadt und Amt
öfters publiciren, ſondern ſich auch ſelbſten in judicando darnach achten. **Gen. Reſcr. d. 29.
Maji 1739.**

§. 4.

Sereniſſimo iſt auch von Dero Fürſtlichen
Hof-Gericht unterthänigſt vorgetragen worden,
was maſſen in Loſungs-Sachen bey einem ſam-
menthaften Kauff die bißherige Praxis dahin
gegangen, und vermög einiger ſo wol bey dem
Fürſtlichen Hofgericht, als der Juriſten-Facultät

O iu

zu Tübingen vorhandenen Präjudicien von der
Land=Rechtlichen Verordnung P. II. t. 16. §.
Wir verordnen auch ꝛc. ein Abfall statuirt wor=
den, wann ein Käufer, der einen solchen sam=
menthaften Kauf getroffen, es beschwören und
endlich erhärten können, daß er, ohne die samt=
liche Stücke beysammen, und besonders das der
Losung unterworffene Gut mit zu haben, den
Kauff nicht eingegangen haben würde, daß in
solchem Fall der Löser entweder von der Losung
abzustehen, oder alle Stück zusammen zu lösen
schuldig und verbunden seyn solle; Gleichwie
aber die erwohnte Disposition des Fürstlichen
Land=Rechtens dißfalls ganz klar und deutlich,
daß nemlich aus einem gesamten Kauff diejenige
Güter und Stücke, worzu jemand eine Losung
hat, herausgezogen und gelöset werden mögen,
auch Kraft der in medio liegenden Verordnun=
gen wider das Fürstliche Landrecht überhaupt keine
widrige Praxis und Observanz per Interpreta=
tionem Doctrinalem oder Usualem so schlech=
terdingen eingeführet werden mag: Als solle es
hinfüro bey dem Buchstaben obiger Landrechtlichen
Verordnung ohne einige Exception verbleiben,
und sowol bey den Obern= als Unter=Gerichten
in dem Herzogthum darnach gesprochen, und die
Landrechtliche Verordnung dißfalls ohne einige Li=
mitation und Ausnahm gebührend beobachtet wer=
den. Gen. Rescr. d. 28. Sept. 1740. s. Hof=
gerichts=Jurisdiction. §. 11,

M2

Malefiz - Sachen.

f. Hofgerichts = Jurisdiction. §. 6.

Manual - Acta.

Da unterthänigst angezeigt worden, wie, daß die Hofgerichts = Advocaten sich beschwert, daß sie von denen Partheyen die zu denen vertagten und von ihnen zu vertretten seyenden Causis benöthigte Acta allzuspat und meistens erst den Tag vor dem angehenden Proceß bekommen, mithin dadurch verhindert werden, sich genugsam zu präpariren, und die Causam behörig zu instruiren: So ist, diesem Defect abzuhelfen, den Stabs = Beamten aufgegeben worden, denen vor das Hofgericht vertagten Partheyen bey insinuirender Citation zugleich zu bedeuten, daß sie ihre Patronos causæ bey Zeiten bestellen, und ihre *Manual - Acta* denenselben wenigstens acht Tag vor angehendem Proceß zu nöthiger Einsicht und Vorbereitung communiciren und zuschicken sollen. Gen. Rescr. d. 6. Jun. 1741.

Marck = Losung.

f. Losungen.

Medici.

f. *Inspectiones*. §. 1. 3. 4.

Minderjährige.

Gleichwie die ausgefündte Landes = und deren einverleibte Pupillen = Ordnung ausser Zweiffel sein heilsamliches Absehen dahin gehabt, daß der

D 2

min=

minderjährigen Güter durch etwa Gewissenlose
Vormünder nicht leichtlich möchten verthan und
umgebracht werden, hingegen mehrfältig wahrgenommen worden, daß solche Disposition wider
angeregte der Legislatorum erste Intention denen Pfleglingen darinnen zu mercklichem Schaden
und Nachtheil gereicht, daß öfters, obschon kein
Nothfall, dannoch solche Güter bey denen Pfleegen
vorhanden, welche theils der obhabenden Steuer
und Zinsens, theils kostbaren bauens und anderer
Beschwerden halber mehr Schaden als Nuzen
bringen, und derowegen zu Vermeidung ohnaus-
bleiblichen Verlusts und Einbuß in allweg von der
Hand zu schaffen wären; deßen nicht zu geschwei-
gen, daß zuweilen mit Verhandlung eines liegenden Guts des Pfleglings augenscheinlich grosser
Nuzen anderwärts befördert werden könnte, beedes aber um obiger Disposition willen, (welche
vermuthlich aus denen Kayserlichen Rechten ihren
Ursprung genommen, kraft deren keiner Minderjährigen liegende Güter um blosses Nuzens willen, wann nicht dringende Schulden vorhanden,
auch mit Obrigkeitlichem Consens ohne befahrende Nullitæt zu veräussern) keineswegs geschehen
mögen; Und nun aber der Pupillen bestes zu beobachten, allen Obrigkeiten obgelegen seyn will,
auch sonsten insgemein keinem dasjenige, was zu
seinem Vorstand angesehen, zu Nachtheil und
Schaden auf einige Weise gereichen oder ausge-
ditten werden solle, da besonders viel vortrefliche
Rechtslehrer ohngeachtet solch Kayserl. Rechtens
die Veränderung solcher Güter, da selbige mehr
schäd-

schädlich, als nuzlich, oder auch um sonderbaren
Nuzens willen aus triftigen Ursachen approbiren,
dergleichen zu thun, auch zerschiedener Orten durch
ausdruckliche Sazungen gestattet und zugegeben
worden: Als haben *Serenissimus* Dero Pupillen-
Ordnung dahin wissentlich erläutert, daß die Gerichte des Herzogthums über die Verkauffung der
minderjährigen Güter nicht nur um dringender
Schuld willen und aus Nothfall erkennen mögen,
sondern auch, da schädliche Güter vorhanden,
welche über allen der Pfleeger angewendeten Fleiß
mehr Kosten, als Nuzen bringen, bevoráb wo
die Pfleeg-Kinder noch klein und unerzogen, also
daß indessen das etwan geringe Vermögen meistens
verzehrt werden dörfte, auch keine andere sonder-
bare Ursach vorhanden, warum solche Güter bey
der Familia zu behalten; Wie nicht weniger auch
in dem Fäll, da mit Verkauffung ein oder andern
Guts augenscheinlich grösser Nuzen, welchen kein
verständiger Hausvatter ausser Acht lassen würde,
geschaft werden könnte. Jedoch sollen zu Vermeidung alles nur erdencklichen Schleichs und
Betrugs alle übrige bey Verkauffung der Pupil-
len-Güter rechtmäsig erforderte Solennitäten und
Requisita mit Einnehmung sicherer und untrügli-
cher Kundschaft, Ertheilung wohlbedächtlicher
Decretorum und vornehmenden jedesmaligen
Auffstreich um so geflissener beobachtet werden.
Gen. Rescr. d. 12. Jun. 1688. f. Appella-
tions-*Acta.* §. 3. *Dilationes.* §. 10. Gewält. §. 3. 4. 6. 7. *Legitimationes.* §. 3.

Neue

Neuerungen.

ſ. *Attentata.*

Notarii.

ſ. *Appellationes.* §. 1. Gerichts-*Acta.* §. 2.
Stadt-Amt- und Gerichtſchreiber. §. 7.

Nullitates.

§. 1.

Wann nicht allein Iniquitas, die Unbilligkeit,
ſondern auch darneben etwa Nullitas, die Nichtigkeit der Urthel oder Sache, angefochten wird,
ſoll gleichwol Nullitas, da einige alsbald ex Actis
anzuzeigen und nicht zu vertheidigen, erſtlich fürgebracht, aber darneben auch in eventum auf
Iniquitatem, die Unbilligkeit der Urthel, geklagt
werden. Hofg. Ordn. p. 71. §. 4.

§. 2.

Da aber Nullitas ex Actis nicht offenbar,
oder aber leichtlich zu vertheidigen, ſollen die Advocaten derſelben geſchweigen, und die Appella-
tions-Klag allein ſuper iniquitate fürbringen,
damit das Hofgericht nicht vergeblich bemühet und
die Sachen aufgehalten werden. *Ib.* §. 5.

§. 3.

Und nachdem bißweilen von den Partheyen
gleichwol in gebührender Zeit von denen wider ſie
ergangenen Urtheln an das Fürſtliche Hofgericht
appellirt, die Formalia aber nicht allerdings vermög

mög Fürſtlichen Landrechtens Diſpoſition und der
Hofgerichts-Ordnung obſervirt und gehalten werden, und alſo die Appellation kraft derſelben beſert
und gefallen, und der Urſachen ſolche weder in
principali anzunehmen, noch auch der Appellant
ſuper nullitate incidenter weiters zu hören, daneben aber aus Zulaſſung der gemeinen geſchriebenen Rechte in des Appellanten Election und Wahl
ſtehet, wofern ergangene Sententiam er für null
und nichtig zu halten vermeint, ſolche Nullitæt
vor dem Richter a quo, oder aber coram judice ad quem auszuführen, ſo ſolle auf den Fall,
daß ins künftig wegen alſo fürgenommener Appellation die Partheyen an dem Fürſtlichen Hofgericht vertagt fürkommen, und der Appellant entweder nach deſertionis ergangener Erkanntniß,
oder aber propter notoriam deſertionem vor
derſelbigen nullitatem principaliter auszuüben
begehren würde, zu Abſchneidung beſchwerlichen
Umgangs und ſonſt dannenhero folgenden Koſtens
derſelbe hierinn gleichbald angehört, und, was
recht, erkennt werden. *Ib.* §. 6.

§. 4.

Gleichergeſtalten ſoll es auch gehalten werden,
da gleich nicht in gebührender Zeit oder ſonſten
debito modo appellirt worden, die verluſtigte
Parthey aber die ergangene ſententiam prioris
Inſtantiæ für null zu halten vermeinen, und die
Nullitæt an dem Fürſtlichen Hofgericht auszuführen begehrten ſollte, wofern allein die cauſa
principalis ſonſten appellabilis geweſen ſeyn
möchte. *Ib.* §. 7.

§. 5.

Es werden aber in gemeinen geschriebenen Rechten viele Fälle, in deren eine Urthel für nichtig zu halten, erzehlet, deren in Fürstlichem Landrecht etliche allein gesezt werden.

Und erstlich entstehet eine Nullität oder Nichtigkeit der Urthel, wann selbige von einem Richter, für welchen die Sach nicht gehört, gefällt und ausgesprochen.

Oder, so die Urthel auf ein anderes gestellt, dann in der Klag begehrt worden.

Oder da man die substantial-wesentliche Ordnung und Proceß des Rechtens nicht gehalten, als da einer zum Rechten nicht citirt oder fürgehaischen; der Krieg Rechtens nicht contestirt und verfangen, oder ein End-Urthel nicht in Schriften ausgesprochen würde; Welches doch alles auf diejenige Gericht, die ihre bestellte Gerichtschreiber biß anhero gehabt, oder noch hätten, zu verstehen.

Item, da die Urthel an einem Sonn- oder Feyertag ausgesprochen, davon in dem Fürstlichen Landrecht t. 22. Meldung geschiehet.

Also auch, da der Richter über eine höhere Summ, dann seine Jurisdiction und Gewalt sich erstreckt, geurthelt.

Gleichfalls, da die Urthel weder Ledigzehlung, noch Verlustigung in sich hielte, und also ungewiß, zweiffelich und unverständlich wäre.

Ebenermaßen, da eine Urthel in gleicher Sache und zwischen einerley Partheyen oder deren

Nach=

Nachkommen wider eine vorgehende Urthel, so in ihre Kraft und Würckung gekommen, ausgesprochen.

Oder da in der Urthel ein offenbarer Irrthum Rechtens begriffen, und also wider lautere Disposition der Rechten kundlich ergangen wäre.

Nichtweniger, wo die Urthel aus falscher Kundschaft oder Instrumenten, darauf der Richter seine Meynung gegründet, ergangen und ausgesprochen.

Oder, wo die Urthel von einem Richter, der mit Geld, Schencken, Gaben oder andern dergleichen corrumpirt oder bestochen, gegeben;

Wie dann diese und andere dergleichen mehr Fälle in Rechten begriffen und eigentlich ausgeführt, dahin sich bezogen wird. **Landr.** p. 167. §. *Es werden aber* ꝛc.

§. 6.

Da bey dem Fürstlichen Hofgericht wahrgenommen worden, daß, wann eine Parthey die von einem Unter-Gericht ergangene Urthel vor null und nichtig zu halten vermeinet, und dahero solche Nullitäten principaliter Rechtlich auszuführen begehret, sothane Nullitäten-Klagen ohne Unterscheid bey denen Ober-Gerichten zu Stuttgart und Tübingen (*) angenommen, und solche sofort Gerichtlich auszuüben gestattet werde; Hingegen Kraft Fürstlicher Landrechten P. I. t. 56. §. *Da aber solche Exception* ꝛc. in fine junčto t. 59. §. *Aber von Sachen* ꝛc. in fine p. 173.

O 5   und

(*) Ingleichem Ludwigsburg. s. Ober-Gerichte.

und dann der Fürstlichen Hofgerichts-Ordnung
P. III. t. 5. §. 6. & 7. Diejenige Nullitäten-
Klagen, so summam appellabilem, nemlich
fünfzig Gulden in sich halten und ausmachen,
wo sie nicht vor dem judice a quo eingeführet
werden, gleich an das Fürstliche Hofgericht mit
Vorbeygehung der beeden Ober-Gerichte gebracht
und allda erörtert, diejenige Nullitäten-Klagen,
so nicht fünfzig Gulden, mithin summam appellabilem nicht anlauffen, entweder vor dem
judice a quo oder einem der Ober-Gerichte tractirt und erlediget werden sollen: Als ist solches
den Gerichten zu ihrer künftigen Direction und
Verhalt in Gnaden angefügt und ihnen befohlen
worden, daß sie solche Erläuterung behörig publiciren, und die Ober-Gerichte die bey ihnen einführ-
ren wollende Nullitäten-Klagen, so fünfzig Gulden aulauffen, oder da die Causæ sonsten an das
Fürstliche Hofgericht appellable wären, sie mögen gleich per modum Appellationis innerhalb
zehen Tagen, oder per modum simplicis Nullitatis querelæ ohne Appellation innerhalb zehen
Jahren an sie gebracht werden, nicht annehmen,
sondern gleichbalden an das Fürstliche Hofgericht
verweisen, und also die Appellabilitatem causæ, wie in Appellationibus, also auch in Nullitäten-Klagen wohl beobachten und distinguiren,
die Unter-Gerichte aber sich ebenmäßig darnach
achten, und solches auch ihren Actuariis bedeuten sollen. Gen. Rescr. d. 9. Aug. 1718.
§. Appellations-Klage. §. 1.

Nu

Nuzungen und Intereſſe.

ſ. *Fructus.*

Ober = Gerichte.

Gleichwie die zwepte Reſidenz-Stadt Ludwigsburg, wie bißhero, alſo auch fürohin, beſtändig als die dritte Hauptſtadt des Herzogthums
zu betrachten iſt: So ſolle auch dem Stadt-Gericht daſelbſt das Privilegium eines Ober-Stadt-
Gerichts, wie Stuttgart und Tübingen, dergeſtalt verbleiben, daß allen andern Stätten und
Aemtern des Herzogthums unter- und ob der
Steig nach Beſchaffenheit der Sachen dahin zu
appelliren frey ſtehe. Neuvermehrte Fürſtliche *Privilegia*, Freyheiten und Beneficien
vor die neue Reſidenz Ludwigsburg d. 19.
April 1724. und 9. Dec. 1752. ſ. *Appellationes.* p. 7. ſq. *Dilationes.* §. 11. *Nullitates.* §. 6.

Ober = Richter.

ſ. *Fatalia.* p. 76. ſqq.

Obligationes.

ſ. Gant-Proceſſe. §. 6.

Original = Acta.

ſ. Appellations-*Acta.* §. 12.

Par-

Partheyen, arme.

f. Appellations=*Acta.* §. 20. Einleggeld.
§. 3. Hofgerichts=Advocaten. §. 25.

Partheyen, Ausländische.

f. *Citationes.* §. 3. Gewälte. §. 5. 11.
Hofgerichts=Bott. §. 4.

Pedell.

f. Hofgerichts=Knecht.

Pfleeger.

f. Gewälte. §. 6.

Præjudicia.

Da einige Advocaten in ihren führenden Recessen sich zuweilen *Præjudicia*, so an dem Fürstlichen Hofgericht vorgegangen seyn sollen, zu allegiren, und wiewol selbige in weit andern Considerationibus beruhet, und dem Facto proposito gar nicht zu appliciren gewesen, dennoch dadurch gleichsam dem Hofgericht vorzugreifen unterfangen, welches doch um absonderlich erheblicher Ursachen willen an keinem hohen Gericht gestattet werden solle: Als sind dieselbe erinnert worden, sich hinführo dergleichen Præjudiciorum Allegationen gänzlich zu bemüßigen. Hofg. Decr. d. 24. Sept. 1664.

Privat=Versicherungen.

f. Gant=Processe. §. 6.

Pro=

Probations-Schriften.
ſ. Dilationen. §. 6.

Proceſſe.

Weilen von dem Fürſtlichen Hofgericht unterthänigſt angezeigt worden, daß theils Beamte in
Sachen, die in ordentlichem Proceß abgehandelt
werden ſollten, ſo gar tumultarie und informi-
ter procediren, daß ſie auch alle Subſtantial-
Stücke, die ſogar auch in communi omnium
gentium foro und ſummario proceſſu obſervirt werden müſſen, totaliter unterlaſſen, und
absque figura ullius judicii gleich zur Urthel
fürſchreiten, theils auch in ihren Amtungen ſo träg
und nachläſig ſeyen, daß ſie ihre Amts-Angehö-
rige ohne Ertheilung eines amtlichen Beſcheids
oder gerichtlichen Spruchs alsgleich zu rechtlichen
Proceſſen anweiſen: So ſind dieſelbe bey zu befahren habender ernſtlichen Andung und Strafe zu
Beobachtung der Fürſtlichen Ordnungen angewieſen worden. Gen. Reſcr. d. 1. Nov. 1699.

Procuratoria.

ſ. Gewälte.

Producta.

Zu deſto mehrerer Beſchleunigung der Proceſſe ſollen alle *Producta* von denen Partheyen
in Zukunft in duplo übergeben werden, damit
der Actuarius, ohne die Partheyen mit deren
Decopirung lang aufzuhalten, ſogleich bey deren
Ueber-

Uebergab das Communications=Decret darauf
sezen kan. Gen. Rescr. d. 14. Aug. 1770. f.
Appellations=*Acta.* §. 2.

Productions=Tag.

f. Zeugen=Verhören. §. 5. Zeugen=Ver=
hör=*Commissarii.* §. 5.

Protocolla.

f. Hofgerichts=*Secretarius.* §. 2.

Pupillen.

f. Minderjährige.

Quadruplicæ.

f. *Triplica.*

Rationes decidendi.

Damit der Hofrichter und Beysizer wissen mö=
gen, worauf der Unterrichter in Ausfällung der
Urtheln sich eigentlich gegründet, solle derselbe in
denen Sachen, da appellirt, allwegen die beständ=
dige Ursachen solcher von ihm ausgefällten Urtheln,
wann nicht absonderlich consulirt worden, gleich
mit Ausfertigung der Actorum dem Secretario
verschlossen überschicken. Hofg. Ordn. p. 105.
§. 10.

Rechts=Täge.

Die Stadtgerichte, sonderlich die considerable,
sollen zu gewissen Zeiten nach Proportion der an=
hangen=

hangenden Proceſſe Rechtstäge anſtellen, und
zu rechter Zeit zu Gericht apertis januis nͤderſi=
ʒen, den Vertags = Zettel verleſen laſſen, und ſo=
gleich zur Sache ſelbſten entweder in reſpectu
tentandæ amicabilis compoſitionis, oder in
deren Entſtehung zu der rechtlichen Handlung,
ohne zuvor mit andern zum Aufenthalt der Par=
theyen gereichenden Geſchäften, oder ganʒ ſumma=
riſchen Händeln, die ſich allein zu mündlicher kur=
ʒen Verhandlung qualificiren, und an allen or=
dinairen Gerichts = Tägen fürgenommen werden
können, ſich zu occupiren, ſchreiten. Gen. Reſcr.
d. 14. Aug. 1770.

Receſſe.

ſ. Hofgerichts=Advocaten. §. 5. 14.

Reconventiones.

ſ. Gegen=Klagen.

Relationes.

Sereniſſimo iſt gehorſamſt vorgetragen wor=
den, was maſſen bey Dero Fürſtlichen Hofge=
richt bißhero, wann ſchriftliche Relationes in
verabſchiedeten Sachen zu erſtatten geweſen, ſel=
bige nicht zu denen Acten gelegt, ſondern von de=
nen Referenten wiederum zu Handen genommen
und privatim aſſervirt worden. Wann nun
aber ſich hieraus nebſt andern Inconvenientien
vornemlich auch dieſe geäuſert, daß, wann man
über kurʒ oder lang auf die angebrachte Rationes
decidendi ʒu recurriren nöthig gehabt, wegen

erman=

ermangelnd sothanen Relationen; und wo besonders inzwischen die Referenten mit Tod abgegangen, darauf fast nicht mehr zu kommen, oder die Relation zur Hand zu bringen gewesen: Als haben *Serenissimus* gnädigst verordnet, daß künftighin diejenige Assessores, welche schriftliche *Relationes* zu fertigen haben, selbige jedesmalen ad Acta zu legen gehalten seyn, und diese sofort von dem Secretario bey der Fürstlichen Hofgerichts-Registratur in fleißige Verwahr genommen werden sollen. *Rescr. Duc.* d. 20. Aug. 1746.

Remißions-Klage.

f. *Dilationes.* §. f.

Remißions-Sachen.

Nachdeme *Serenissimus* Sich in P. II. t. 1. der Hofgerichts-Ordnung vorbehalten, daß Sie etwa aus sonderem Bedencken auch Sachen in prima Instantia für das Hofgericht weisen mögen, und dieselbe daran angenommen werden sollen: So wird befohlen, daß, wann solches geschehe, die Partheyen in das nechstfolgende Hofgericht citirt und vertagt, daselbst nach Ordnung Fürstlichen Land-Rechtens P. I. vom gerichtlichen Proceß, doch schriftlich, wie zum Theil t. 23. der Hofgerichts-Ordnung gemeldt, zu vollnfahren, in Schriften verabschiedet werden, und dem ergangenen Abschied in allweg geleben sollen. Hofg.Ordn. p. 115. §. 1. & 2. f. *Dilationes.* §. f. 6. Hofgerichts-Jurisdiction. §. 3.

Repli-

Replicæ.

Wann die Partheyen, der Appellant oder Appellat, nicht weiters, dann in voriger Inſtanz eingekommen, und an dem Hofgericht fürgebracht, zu beweiſen begehren, oder auch von Amtswegen keine fernere Beweiſung zu erkennen, alsdann ſollen der Appellant replicando - und der Appellat duplicando alle ihre Nothdurft, und was den Sachen dienlich, auf das kürzeſte, doch verſtändlich fürbringen, was zuvor gehört, gänzlich unterlaſſen, ſodann in der Sache endlich ſchlieſſen, und weiter darüber leichtlich und ohne ſondere Urſach, ſo fürzubringen, nicht gehört werden. Hofg. Ordn. p. 75. t. 8. ſ. Beweiß. §. 1. Dilationen. §. 6. *Exceptiones peremtoria.*

Reſidua.

ſ. Gant-Proceß. §. 6.

Reſtitutio in integrum.

ſ. *Dilationes.* §. 10.

Reviſion.

§. 1.

Nachdeme *Sereniſſimus* als regierender Landesfürſt Dero Unterthanen das in Rechten verordnete Remedium ſupplicationis vel Reviſionis abzuſtricken nicht gemeint, ſo wird denjenigen Partheyen, die von dem Fürſtlichen Hofgericht weiter nicht appelliren können, und in Sachen, da die Haupt-Forderung auf zwey hundert

P   Gul-

Gulden belauft, zugelaſſen, ſich der Reviſion
folgender Geſtalt zu gebrauchen, daß nemlich ei=
ner innerhalb drey Monathen (gleich von der
wider ihn ergangenen Urtheil an zu rechnen) bey
dem Fürſtlichen Ober = Rath eine Supplication,
darinnen ſeine vermeinte Gravamina wider die
Urthel aus den Actis, darauf der Richter in Ver=
faſſung ſolcher Urthel gegangen, erheiſchender ſei=
ner Nothdurft nach genugſam ausgeführt, über=
geben möge. **Landr.** p. 224. t. 78. **Hofg.
Ordn.** p. 44. §. 4.

§. 2.

Darauf ſoll alsdann er , Supplicant, und
ſein Gegentheil innerhalb vierzehen Tagen zu
Fürſtlicher Canzley fur die Fürſtliche Ober = Räth
vertagt, und von ihme, daß er ſolche Reviſion
nicht aus Muthwillen, oder ſeinen Gegentheil da=
durch umzutreiben, ſondern in der Meinung, durch
die ergangene Urthel wider Recht beſchwert zu
ſeyn, erſtattet werden. Da auch aus den nar=
ratis der Supplication nicht eigentlich mit Grund
zu erlernen , ob die Haupt = Forderung ſich auf
zwey hundert Gulden belauffen möchte, ſoll
er, Supplicant, zumal auch bey ſolchem Eyd
betheuren und erhalten, daß er lieber zwey hun=
dert Gulden mangeln, oder von dem ſeinen ge=
ben, als in der Haupt = Sache verluſtiget werden
wollte. **Landr.** p. 224. §. **Darauf ſoll als=
dann** 2c.

§. 3.

So dann nun ſolch Jurament erſtattet , ſolle
die gebettene Reviſion dem Supplicanten auf ſeine
Gefahr

Gefahr bewilligt, doch dagegen durch ihne, Impetranten, alsbald, oder aufs längst innerhalb acht Tagen nach bewilligter Revision eine benamte Summa Gelds, zum wenigsten fünfzig Gulden oder nach Gelegenheit der Personen und Sachen ein mehrers (als da die Haupt-Summ auf tausend oder mehr Gulden anlauffen würde, anderthalb hundert- oder nach Vermöglichkeit der ansuchenden Parthey zwey hundert Gulden oder eine höhere Summe) hinterlegt werden. *Ib.* p. 225. §. So dann nun 2c.

Doch soll auf des andern Theils zuvor beschehene genugsame Caution der Restitution halber nichts destoweniger mit würcklicher Vollziehung der Urthel fürgegangen werden; Es wären dann die Sachen dermassen beschaffen, daß es dem verlustigten Theil in der Haupt-Sache sehr beschwerlich und nachtheilig seyn möchte, da es dann zu der Ober-Räthe Erkanntniß stehet, ob die Execution zu suspendiren, oder die Urthel auf des obsiegenden Theils geleistete genugsame Caution zu exequiren seye. *Ib.* §. Doch soll 2c.

§. 4.

Wann nun von denen Fürstl. Ober-Räthen die gebettene Revision also bewilliget, soll des Impetranten Deduction und Beschwehrungs-Schrift seiner Widerparthey, ihre Gegen-Nothdurft in gleichem Termin der drey Monate von Zeit empfangener Copien angeregter Beschwehrungs-Schrift an zu rechnen, ebenmäßig in einer Schrift fürzubringen, zugestellt, solche Schrift auch gleichfalls

falls allein aus den vorigen Acten, alſo daß in
facto und in der Geſchicht darinn nichts neues
eingeführt, gezogen, und darüber keinem Theil
weitere oder mehr Schriften zugelaſſen werden.
Ib. §. **Wenn nun** 2c.

§. 5.

Folgends ſollen ſolche beede Schriften dem Hof-
Richter und Räthen um ihren nothwendigen Bericht und Juſtificirung ausgeſprochener Urthel alsbald zugeſchickt, ſelbiger Bericht auch von ihnen
an die Ober-Räthe ausführlich überſendet werden; darauf dann ſie, die Ober-Räthe, bey ihren Pflichten und Eyden alle Gerichts-Acten
ſolcher Sache mit allem Fleiß erwegen, und darüber nach ihrer beſten Verſtändniß erkennen und urtheilen, ſich auch davon durchaus nichts abhalten
laſſen ſollen. *Ib.* p. 226. §. **Folgends ſollen** 2c.

§. 6.

Und wann die vor dem Hofgericht ergangene
Urthel gerecht erfunden, ſollen ſie ſelbige confir-
miren und bekräftigen; In welchem Fall das von
dem Supplicanten hinterlegte Geld *Sereniſſimo*
allerdings verfallen und eingezogen, darneben auch
gegen ihme wegen geübter *Temeritæt* und Muthwillen (davor die Advocaten ihre Partheyen jederzeit alles Ernſts verwarnen ſollen) weitere gebührende Straf nach Erkanntniß fürgenommen- da
aber ſolche vor dem Hofgericht ergangene Urthel
den Rechten nicht gemäß, ſollen ſie, die Ober-
Räthe, ſelbige Urthel reformiren oder aufheben;
Auf welchen Fall, da die Urthel aus Ueberſehen
der

der Richter als nichtig oder unrecht reformirt würde, der anſuchenden Parthey ihr hinterlegt Geld
wiederum zugeſtellt, und mit der Execution ſolcher
reformirter Urthel gebührlich vollnfahren werden
ſolle. *Ib.* §. Und wann ꝛc.

Rothweil.

ſ. Gant-Proceſſe. §. 6. Gerichte, ausländiſche.

Rotuli examinis teſtium.

§. 1.

Wann die Atteſtationes gefertiget, und dem
Hofgerichts-Secretario zukommen, ſollen die
Partheyen in das nechſtfolgend Hofgericht wieder
vertagt, die Atteſtationes publicirt und eröfnet,
und darauf folgendermaſſen fürgegangen werden.

§. 2.

So die Sache ringfügig, und die Atteſtationes nicht groß, ſoll auf derſelben Eröfnung alsbald mündlich gehandelt werden. Hofg. Ordn.
p. 94. §. 1. & 2.

§. 3.

Da die Acta voriger Inſtanz abgeleſen, und
die Partheyen darüber zuvor gehört, ſoll pars producens mit kurzer Erholung, was zuvor fürgekommen, ihre Probationes, und da vonnöthen,
oder der Sache dienlich, Exceptiones; deßgleichen die Gegen-Parthey ihre Exceptiones, und
ob ſie will, ihre Replicas reſpective fürbringen.
Ib. §. 3.

P 3 §. 4.

§. 4.

In jetztgemeldten Fürträgen ſollen beede Theil alle ihre Nothdurft fürbringen, und hernacher darauf kürzlich beſchlieſſen, es wäre dann, die vorige Acta gar oder zum Theil wieder abzuleſen, eine Nothdurft oder der Sachen dienlich. *Ib* §. 4.

§. 5.

Den Partheyen ſoll wider der Zeugen Perſonas und Depoſitiones nothwendige erhebliche Exceptiones und Einreden auf das kürzeſte fürzubringen, oder auch teſtes reprobatoriales zu ſtellen, ohne benommen ſeyn. *Ib.* §. 5.

§. 6.

Ob auch von beeden Partheyen Atteſtationes ſuper articulis probatoriis & defenſionalibus einkommen, ſoll darauf von beeden Theilen ſamentlich probando & excipiendo, item excipiendo & probando reſpective fürgegangen und, wie gehört, gehandelt werden. *Ib.* §. 6.

§. 7.

Da aber die vorige Acta noch nicht abgeleſen, ſollen dieſelbe gehört, und darauf, wie ſich gebührt, procedirt und vollnfahren werden. *Ib.* §. 7.

§. 8.

Wann die Sache wichtig, und die Atteſtationes groß, ſo mögen die Partheyen dieſelbe ſalvis exceptionibus pro publicatis anzunehmen und zu halten, auch entweder in gemein communibus ſumtibus, oder aber jede inſonderheit auf

ihren

ihren Koſten Copias ſolcher ihnen mitzutheilen begehren, ſich der Nothdurft nach darinnen haben
zu erſehen; doch ſollen ſie zu künftigen Hofgerichts-
Tagen nichts deſto minder mündlich darauf zu procediren und zu beſchlieſſen ſchuldig ſeyn. *Ib.* §. 8.

§. 9.

Alſo auch in verabſchiedeten Sachen, wann
die Probationes und Exceptiones hinc inde
ſchriftlich einkommen, ſollen beede Partheyen in
das nechſtfolgend Hofgericht wieder vertagt, von
ihnen auf das kürzeſte mündlich beſchloſſen, und
darauf, wo möglich, die Urthel alsbald berath-
ſchlagt, gefaßt und eröfnet, oder, wo vonnöthen,
biß auf fernere Vertagung Bedacht genommen
werden. *Ib.* §. 9.

§. 10.

Wann auch die Partheyen nach eingekom-
nen Atteſtationibus die Eröffnung derſelben noch
vor angehendem Hofgericht von dem Fürſtlichen
Ober-Rath begehren, und beederſeits darein bewilligen würden, ſolle die Publication von gedachtem Fürſtlichen Ober-Rath auf vorgehende Erkanntniß zu mehrerer der Sachen Beförderung
gleichbalden erkannt, und begehrte Copien davon
um die Gebühr den Partheyen gegeben werden.
Ib. §. 10.

§. 11.

Damit aber das Recht, ſo viel möglich, ge-
fördert, ſolle nach Publicirung der Kundſchaften
jedem Theil ferner nicht, dann zwey Schriften

ein-

einzubringen, oder ſo viel Reden zu thun erlaubt
ſeyn, darauf auch von beeden Theilen allein mündlich beſchloſſen, und da hierwider gehandelt, ſolche Fürträg vom Richter nicht in Acht genommen,
auch diejenige Schriften, ſo über angeſezte Anzahl
weiter eingegeben, von den Acten verworfen, und
die Sachen von Amtswegen für beſchloſſen angenommen werden. *Ib.* Landr. p. 151. §. Und
damit ꝛc.

§. 12.

Demnach die jeweilen verordnet geweſene Commiſſarii in Verfaſſung des Rotuli bißhero mit
verdrüßlicher und denen armen Partheyen nicht
wenig ſchädlicher Weitläufigkeit übel procedirt und
verfahren, indeme ſie den rotulum examinis
gar nicht nach dem neuen Reichs-Abſchied d. a.
1654. eingerichtet, ſondern jedesmal nur allein
einen Zeugen abſonderlich über alle und jede Pro-
batorial-Articul, dann fürters über die Defen-
ſional-Articul, und nach dieſem drittens über
ein und andere darüber verfaßte Interrogatoria
verhöret, und dann erſt mit dem andern, dritten,
vierten und übrigen Gezeugen auf ein neues in eben
ſolcher Ordnung, oder vielmehr Unordnung und
Confuſion wieder angefangen und fortgefahren:
Als ſollen ins künftige alle und jede Commiſſarii
in diſem Herzogthum, ſo künftig einigerley Sachen halber Zeugen zu verhören befehlichet werden,
den in beſagtem Reichs-Abſchied d. a. 1654.
§. Im übrigen, wohl vorgeſchriebenen leichtern
modum examinandi & interrogandi mit Fleiß

obſer-

obſerviren, und den Rotulum oder Relation über
der Zeugen Ausſagen mit zuthun des Adjuncti
oder Notarii , wo dergleichen geſezt worden , jedesmalen dergeſtalt abfaſſen , daß nach jedem Beweiß-Articul aller und jeder Zeugen Ausſagen in
ihrer Ordnung mit denen Worten , wie jeder Zeug
geredet , alſogleich ordentlich ſubnectiret , und wenn
alſo dem erſten Articul aller und jeder Zeugen Sagen unterſezet worden , folgends der andere Articul wiederum voran , und abermal demſelben aller
und jeder Zeugen Depoſitionen wörtlich und ordentlich untergeſtellet , auch in ſolcher Ordnung
durch alle Articul , wie auch bey denen Interrogatoriis verfahren werden ſolle , damit der Richter alle Zeugen-Ausſagen auf einen jeden Articul
und deſſen Interrogatoria unter Augen haben
könne , und des ſonſten nothwendigen vielfältigen
Auffuchens oder mühſamen extrahirens überhoben
bleiben möge. Wie denn ferner , was alſo alle
und jede Gezeugen nach einander auf die ihnen vor-
gehaltene probatoriales, defenſionales und interrogatoria ſpecialia jedesmal in ſolcher Ordnung nach Anleitung vorgemeldten Reichs-Ab-
ſchieds d. a. 1654. bey geleiſteten Pflichten an-
gezeiget und beſtätiget haben werden, ſie, die Commiſſarii, ordentlich beſchreiben, in einen ſondern
Rotulum mit Vorbeygehung unnöthiger Weitläufigkeit verfaſſen, und alsdenn dem Herkommen
gemäß dem Richter , welcher die Commißion er-
kennet , verſchloſſen überſchicken ſollen. Gen.
Reſcr. d. 21. Jan. 1664.

P 5   §. 13.

§. 13.

Nachdeme man wahrgenommen, daß so wol die Stadt-Amt-und Gerichtschreiber, als auch andere Commissarii die Rotulos examinis testium dergestalt zu grosser der Partheyen Beschwerung ausgefertiget, daß sie die Probatorial und Defensional Articul nebst denen darauf gestellten zum öftern nichts taugenden Interrogatoriis zweymal eintragen, und, wann gleich die Zeugen ad articulum ipsum nichts zu deponiren wissen, dennoch die über denselben gestellte Special-Interrogatoria ganz vergebens wiederholen: Als ist denenselben ernstlich befohlen worden, sich dessen in Zukunft zu enthalten, und die articulos & interrogatoria in principio Rotuli auszulassen, hingegen dieselbe allein bey dem examine testium zu adhibiren und beyzuschreiben, auch jeden articulum probatorialem oder defensionalem auf allen Seiten, so weit die über solchen Articul gestellte Interrogatoria reichen, um mehrerer Deutlichkeit willen oben an zu setzen. Gen Rescr. d. 1. Nov. 1699. und 6. Jun. 1741.

Rubriquen.

Demnach man bey dem Hofgericht wahrgenommen, daß bey denen vorkommenden Appellations-Sachen zum öftern von denen Advocatis die dem Facto prämittirende Rubriquen ohne Noth sehr weitläufig angegeben werden: Als ist denselben anbefohlen worden, sich dessen in Zukunft

kunft zu enthalten, und der möglichsten Kürze
zu befleissen. Hofg. *Decr.* d. 3. Maji 1741.

Saat-Früchten.
f. Gant-Procceße. §. 2.

Schäden.
f. Unkosten.

Schiedsrichter.
f. Hofgerichts-Jurisdiction. §. 6.

Schlag- und Schmähhändel.
f. *Injuriæ.* Vergliche. §. 7.

Schmäh-Schriften.
f. Hofgerichts-Advocaten. §. 12.

Siz-Geld.
f. Hofrichter. §. 6.

Sportulæ.
f. Einleg-Geld.

Stadt-Amt- und Gerichtschreiber.

§. 1.

Es solle fürnemlich dahin gesehen werden, daß
die Stadt-Amt- und Gerichtschreiber die Fürstliche Lands-Hofgerichts-Kasten-Forst- und
dergleichen Ordnungen, auch Landrecht und
Rech-

Rechnungs=Jnstruction gelesen, und selbiger der=
massen berichtet seyen, damit, was fürlieffe, sie
wissen, an was Orten solcher Fürstlichen Ordnung
und Sazungen davon Fürsehung beschehe, auch
sie ihren Verrichtungen sich in allweg denen gemäß
erzeigen und verhalten mögen, und nichts, so sel=
bigen entgegen, aus Unwissenheit schreiben oder
fertigen. Landr. p. 9. §. 8. & p. 11. §. 1.

§. 2.

Sollen die Partheyen nicht zu schriftlichem Pro=
ceß oder appelliren um mehrern Eintrags willen
reizen. Landr. p. 23. §. 20.

§. 3.

Die *Protocolla* sollen dieselbe unentgeltlich zu
führen schuldig, und keiner Parthey ungebührliche
Abschriften ohne des Gerichts Erlaubniß zu ge=
ben, oder *Acta* zum lesen zu communiciren be=
fugt seyn, jene auch keiner Parthey, die es nicht
verlangt, aufdringen, sondern vielmehr Acta und
Protocolla wohl verwahren und aufheben. Gen.
Rescr. d. 14. Aug. 1770.

§. 4.

So eine Partey der Urthel einen Bedacht näh=
me, und hernach, oder aber alsbald in seinem
Beywesen appellirte, soll der Stadt=Amt= und
Gerichtschreiber in das Gerichts=Buch, so er zu
halten, unterschiedlich signiren, auf welchen
Tag und Stund appellirt worden. Landr.
p. 20. §. Und dann ꝛc.

§. 5.

§. 5.

Wo ihme, Statt-Amt- oder Gerichtschreiber,
von denen, vor welchen nach Innhalt Fürstlichen
Landrechtens darinn geseztermassen appellirt wäre,
solches alsbald angezeigt würde, soll er es der An-
zeig gemäß mit seinen Umständen auch in angereg-
tes Buch eigentlich verzeichnen. Landr. p. 20. §. 9.

§. 6.

Wann derjenige, so appellirt, darneben und
mit auch alsbald ihme *Apostolos* und Gerichts-
Acta zu geben oder mitzutheilen, gebetten und
begehrt, solle solches alsbald, wie und wann
es geschehen, durch den Stadt-Amt- oder Gerichtschreiber ad Acta verzeichnet werden. Hofg.
Ordn. p. 50. §. 1.

§. 7.

Da aber mit und neben gethaner Appellation
nicht auch zugleich und alsbald Apostoli oder Gerichts-Acta begehrt, oder da vor zwey Männern,
so nicht des Gerichts, oder einem Notario und
Zeugen appellirt worden, so solle der Appellant
innerhalb dreyßig Tagen von ausgesprochener
Urthel an zu rechnen, bey dem Richter voriger Instanz, oder dem Amtmann und einem des Gerichts, der bey der Urthel gesessen, ihme Apostolos und Gerichts-Acta mitzutheilen ansuchen,
und die Amtleute und Gericht voriger Instanz,
solches ad Acta zu verzeichnen, dem Stadt-Amt-
oder Gerichtschreiber befehlen. Hofg. Ordn.
p. 51. §. 2. s. Appellations-Acta. Appel-
lations-

lations= *Scheda. Contumacia. Denunciatio-
nes. Dilationes.* Einleg = Geld. *Fatalia.*
Gant= Proceſſe. Gerichts= *Acta.* Gewälte.
Rotuli examinis teſtium.

Statuta.

ſ. Urtheln. §. 5. 9. 10.

Succeßions = Fälle.

ſ. Erbſchafts= Fälle.

Straffen.

ſ. Appellations= *Acta.* §. 2. 6. *Contumacia.* §. 3. 7. 8. 10. 12. Hofgerichts= Juris=
diction. §. 6. *Injuriæ.* §. 1.

Supplicationes.

Dieweil von Partheyen, die am Hofgericht zu
ſchaffen haben, auch etwa *Supplicationes* aller=
ley Sachen halber nicht allein am Hofgericht,
ſondern auch bey Fürſtlicher Canzley fürgebracht
werden; Damit dann die Partheyen und Sa=
chen, ſo viel nach Geſtalt derſelben möglich, ge=
fördert, ſo ſoll über die Supplicationes, ſo der
Hofgerichts Sachen halber bey Fürſtlicher Canz=
ley fürkommen, daſelbſt, wo möglich, alsbald,
ſonderlich in Beyſein der Fürſtlichen Räthe, die
ſonſt zum Hofgericht verordnet, gebührlicher Be=
ſcheid gegeben, oder, da ſolches aus fürfallenden
Urſachen nicht geſchehen mag, die Supplicationes dem Hofgerichts=Secretario, am Hofgericht
für=

fürzubringen, zugestellt werden. **Hofg. Ordn.**
p. 117. §. 1.

Da dann solche Supplicationes, wie auch
die, so am Hofgericht einkommen, zu ehister Gelegenheit, wann solches unverhindert der vertagten
Gerichtlichen Sachen geschehen mag, in sizendem
Hofgericht abgelesen, darüber, wo vonnöthen,
die Acta besichtiget, oder sonst Bericht eingenommen, des Bescheids halber, so darauf zu geben,
umgefragt, was durch den mehrern Theil Räthe
und Beysizer geschlossen, dasselbe auf die Supplicationes verzeichnet, der Parthey, oder wem
das zu wissen gebührt, angezeigt, oder nach Gestalt der Sachen und des Hofgerichts rathsam
Ansehen auch schriftlich zugestellt, und dann die
Supplicationes samt denen darauf erfolgten Bescheiden bey den Actis behalten und aufgehaben
werden sollen. **Hofg. Ordn.** p. 118. §. 2.

Sustentations=Früchten.

s. **Gant=Processe.** §. 2.

Syndicatus.

s. **Gewälte.** §. 15.

Tagbuch.

§. 1.

Wann zu Hofgerichts Tagen Partheyen fürbe-
scheiden, soll der Secretarius Morgens auf angesezte Stund das Tagbuch offentlich verlesen,
damit

damit zu vernehmen, ob die vertagte Partheyen= und welche erschienen und vorhanden oder nicht. **Hofg. Ordn.** p. 63. §. 1.

§. 2.

Ob eine Parthey gleichwol an dem Ort, da das Hofgericht gehalten, ankommen, aber bey Ablesung des Tagbuchs ohne erhebliche Ursachen nicht erscheint, sondern erst hernacher kommt, soll dieselbe, ehe dann sie gehört wird, dem Hofgericht zu Straf fünfzehen Kreuzer bezahlen; da aber eine Parthey solang, biß Hofrichter und Beysitzer aufgestanden, ausgeblieben, alsdann soll dieselbe nach Erkanntniß des Hofgerichts ernstlich gestraft werden. **Hofg. Ordn.** p. 64. §. 2. f. **Hofge= richts =** *Secretarius.* §. 4. 5. *Legitimatio- nes.* §. 2.

Tax.

Auf die von dem Fürstlichen Ober = Tax = Amt gemachte unterthänigste Anfrage : Wie man sich in casibus, ubi expenlæ compensantur, nicht nur bey Hofgerichtlichen Sententiis confirmato- riis, sondern auch Reformatoriis & non devo- lutoriis puncto des Tax=Ansazes und Einzugs zu verhalten habe? Haben Se. Herzogliche Durchlaucht gnädigst verordnet, daß in solchen Fällen der gewöhnliche Tax in Zukunft nicht dem parti victrici ganz angesezet, sondern jedem Theil die Helfte davon zuerkannt werden solle. *Res. spec.* d. 31. Mart. 1757.

Tara=

Taxation der Unkosten und Schäden,
f. Unkosten. §. 4. f. 6. 7.

Temerarii litigatores.

f. *App Acta.* §. 9. 17. Hofgerichts-Jurisdiction. §. 6. *Injuriæ.* §. 10. Urtheln. §. 19.

Temeritates.

Nachdeme man bey dem Herzoglichen Hofgericht mehrfältig wahrgenommen, daß die Advocaten in puncto temeritatis Appellationis allzu
weitläufig und bey so gestalten Sachen, da sie
voraus sehen können, daß sie nichts damit richten
werden, excipiren, solches aber nur zu Verzögerung der heilsamen Justiz gereicht, und das Hofgericht damit unerlaubter Dingen aufgehalten
wird: Als sind dieselbe alles Ernsts erinnert worden, der Deductionis Temeritatum, welche
zuweilen mehr Æquitates sententiæ a qua, als
Temeritates sind, sich, wann sie nicht mit sattem
Grund voraus sehen können, daß sie damit hin-
auslangen werden, gänzlich und bey unausbleib-
lich zu gewarten habender Strafe von drey Reichs-
thalern zu enthalten, oder wann sie je solche anzuzeigen, vor nöthig finden sollten, blos bey denen
Formalien stehen zu bleiben, und sich in die Materialia causæ nicht weiter einzulassen, vielweniger ihre zu deduciren vorgehabte Æquitates in
Temeritates zu verwandeln. *Decr. Dic.* d.
2. Maji 1716. 4. Maji 1718. 2. Sept. 1743.
und 25. Sept. 1758.

Q   Ter-

Termine.

Auf das von einigen Advocaten um Proroga-
tion oder Suspension der Hofgerichtlich angesezten
Termine beschehene Ansuchen ist Hofgerichtlich
resolvirt und samtlichen Advocaten intimiret worden, daß denjenigen Advocaten, welche Processe
bey dem Fürstlichen Hofgericht zu führen haben,
die Hofgerichtliche Termine bey fürwährendem
Hofgericht nicht lauffen, sondern, solang dieses
fürdaurt, suspendirt seyn sollen. *Decr. Dic.*
d. 10. Maji 1740. f. **Dilationen. Verab-**
schiedung. §. 7. 8.

Terminus peremtorius.

Da bißhero Zweiffel fürgefallen, wie viel Zeit
für eine peremtorische Citation anzusezen? Ist
verordnet worden, daß den Partheyen hinfüro
dreyßig Tag für einen terminum peremtorium
gegeben, und, wofern sie solchen verstreichen lassen, alsdann wider dieselbe den Rechten gemäß
in contumaciam procedirt werden solle. Hofg.
Ordn. p. 8. §. 8.

Triplicæ.

Nachdeme man bey dem Hofgericht mehrmalen wahrgenommen, daß einige der Hofgerichts-
Advocaten in ihren abhaltenden Recessen allzuweit
gehen, und noch nach denen Duplicis, wann
auch gleich darinnen nichts neues vorgebracht worden, triplicirn, somithin dem Gegentheil ad
qua-

quadruplicandum Anlaß geben : Als ſind ſamtliche Advocaten erinnert worden, ſich deſſen (es
wäre dann, daß in denen Duplicis etwas neues
qua facti vorgekommen wäre) pro futuro gänzlich und um ſo gewiſer zu enthalten, als man in
dem widrigen Fall ſich gemüßiget ſehen würde,
die Contravenienten mit einer reellen Andung an-
zuſehen. *Decr. Dic.* d. 11. Sept. 1761.

Tutoria.

f. Gewälte. §. 4. 5. 6.

Verabſchiedung.

§. 1.

In Sachen, darinnen ſchriftlich zu handeln,
ſollen die Ausländiſche Partheyen, die Acta für
verleſen anzunehmen und ſchriftlich zu procediren
zu verabſchieden begehren, darauf von Hofrichter
und Räthen beede Partheyen, welchermaſſen und
in was Zeit nach Geſtalt der Sachen von ihnen in
Schriften zu procediren und zu handeln, ſchriftlich
verabſchiedet werden. Hofg. Ordn. p. 100. §. 1.

§. 2.

In dieſen Sachen ſoll nicht allein der Materialium, ſondern auch der Formalium halber,
wo vonnöthen, allerdings in Schriften biß zu
Beſchluß der Sachen procedirt und fürgegangen
werden. Hofg. Ordn. p. 100. §. 2.

Q 2 §. 3.

§. 3.

Es wird aber auch zugegeben, daß solches in der Unterthanen Sachen, wann dieselbe tapfer und wichtig, und die Hofrichter für räthlich und nuzlich erachten werden, auf der Partheyen Begehren, oder von Amtswegen der Materialium und Hauptsachen halber geschehen möge: Dann der Formalium halber soll von den Unterthanen, ausserhalb, wann Beweisung fürzubringen, mündlich vollnfahren werden. Hofg. Ord. p. 100. §. 3.

§. 4.

Da auch der Fall sich begibt, daß von einer *Interlocutoria* appellirt, und selbige an dem Fürstlichen Hofgericht reformirt würde, soll alsdann die Sache nicht mehr zuruckgewiesen, sondern allda behalten, und, wann dieselbe wichtig und zweifelhaftig, biß zu völliger Erörterung in Schriften gleichfalls zu procediren verabschiedet werden. Hofg. Ordn. p. 101. §. 4.

§. 5.

Die zugelassene Schriften sollen von den Partheyen oder derselben Advocaten dem Hofgerichts-Secretario oder seinem Substituten, und in Abwesenheit derselben einem andern Oberraths-Secretario oder Regiſtratori, sonsten aber niemand, gewißlich und unfehlbar in verabschiedeter Zeit doppelt übergeben oder zugeschickt, die eine Schrift bey den Gerichtlichen Acten behalten, und die andere der Gegen-Parthey oder ihrem Advocaten fürderlich auf der Partheyen Kosten, so die Schrift ein eingegeben , überſandt, doch zuvor das Præſentatum darauf verzeichnet werden. Hofg. Ordn. p. 101. §. 5.

§. 6.

So auſſer den Unterhanen die eine Parthey ſchriftlich, aber die andere allein mündlich zu procediren begehren würde , ſoll ſolches , ob und wie es zuzulaſſen, bey Hofrichter und Räth Erkanntniß ſtehen und bleiben. Hofg. Ord. p. 101. §. 6.

§. 7.

Da eine Parthey ohne ſondere erhebliche Urſachen die verabſchiedete Termin nicht halten würde, die ſoll dem Hofgericht zur Straf, ſo oft das geſchiehet, ein Gulden zu ſechzig Kreuzer bezahlen, und darneben dem Gegentheil, contumaciam zu beklagen , auch expenſas moræ vel dilatæ litis zu bitten , bevorſtehen. Hofger. Ordn. p. 102. §. 7.

§. 8.

Demnach man bey dem Hofgericht beobachten müſſen, daß theils der Advocatorum der heilſamen Veranſtaltung in der ihnen pro norma & Cynoſura vorgeſchriebenen Fürſtlichen Hofgerichts-Ordnung P. III. von verabſchiedeten Sachen, darinnen ſchriftlich zu handeln, t. 23. §. Da eine Parthey ꝛc. p. 102. ſchnurſtracks entgegen die Hofgerichtlich anberaumte Termine gar ſchlecht reſpiciren, und die Stellung einer einigen Schrift öfters ein ganzes Jahr und noch länger, ohne einmal um Dilation einzukommen, protrahiren:

Q 3 ren:

ren : Als sind alle und jede des Fürstlichen Hof=
gerichts=Advocaten und patroni cauſarum an=
gewieſen worden, hinfüro die ausgekündete Fürſt=
liche Ordnung beſſer und richtiger, als von einigen
ge;chehen, zu befolgen, und damit ſich vor Strafe
und ihren Clienten vor Schaden zu ſeyn. *Decr.*
Dic. d. 23. April 1716. 4. Maji 1718. 28.
Maji 1722. und 1. Sept. 1736.

§. 9.

Wann die Schriften der Ordnung gemäß hinc
inde eingekommen, ſo ſollen die Partheyen zu
kurzem mündlichen Beſchluß, und, wo mög=
lich, zu Anhörung der Urthel vertagt, oder der Ur=
thel biß auf fernere Vertagung Bedacht genom=
men werden. Hofg. Ord. p. 102. §. 8.

§. 10.

Der Hofgerichts=Secretarius ſolle der verab=
ſchiedeten Sachen jederzeit ein ſonder Protocoll
und Verzeichniß haben, daraus zu ſehen, wie
viel derſelben, und worauf jede beruhe. Hofg.
Ordn. p. 102. §. 9.

§. 11.

Nachdeme man bey dem Hofgericht beobachten
müſſen, daß theils der Advocatorum wider die
Diſpoſition der Hofgerichts=Ordnung zuweilen
ihre Schriften nur *in ſimplo* übergeben: Als ſind
die Advocaten erinnert worden, hinfüro die aus=
gekündete Fürſtliche Ordnung beſſer und richtiger
zu befolgen. *Decr. Dic.* d. 23. April 1716.
ſ. *Dilationes. Relationes. Rotuli examinis
teſtium.* §. 9. Termine. Urtheln. §. 2.

Ver=

Vergliche.

§. 1.

Ob etwan die Partheyen für sich selber durch die Amt= oder andere Leute zwischen fürgenommener Appellation und angesezter Vertagung der Sachen in der Güte verglichen, soll daſſelbe jederzeit, ſonderlich aber, wann die Vertagungen verkündet, dem Hofgerichts=Secretario von den Amtleuten zu wiſſen gethan werden. Hofg. Ordn. p. 11. §. 4. Gen. Reſcr. d. 1. Nov. 1699.

§. 2.

Nachdem in Berathſchlagung der Urthel etwa befunden wird, daß die Sache in der Herkommenheit und Geſchicht dunckel und unlauter, oder im Rechten nicht klärlich verſehen, ſo laſſen *Sereniſſimus* Sich nicht zuwider ſeyn, daß die Güte zwiſchen den Partheyen geſucht werde. Hofg. Ordn. p. 112. §. 1.

§. 3.

Der Hofrichter ſoll zwey oder drey nach Geſtalt der Sachen aus den Beyſizern zu der gütlichen Unterhandlung verordnen, dieſelbe ſollen Fleiß fürwenden, ob die Partheyen der Billigkeit gemäß mit wiſſenden Dingen verglichen und vertragen werden möchten. Hofg. Ordn. p. 112. §. 2.

§. 4.

Die getroffene gütliche Unterhandlung und Vergleichung ſoll durch den Secretarium fleißig beſchrieben,

Q 4

schrieben, und den Partheyen neben ihren Advocaten in Beyfein eines von den deputirten Bey-
fizern eröfnet und vorgelesen, auch darauf in fi-
zendem Hofgericht von ihnen, Partheyen, dem
Hofrichter, selbige zu halten, Verspruch gethan
werden. Hofg. Ordn. p. 112. §. 4.

§. 5.

**Verspruch, so die Sache mit der Par-
theyen wissenden Dingen verglichen.**

Nachdem ihr eurer gehabten Spenn und Ir-
rungen zu beeden oder allen Theilen durch gepflo-
gene Unterhandlung mit wissenden Dingen in der
Güte, wie dasselbe aufs Papier gebracht, und
euch vorgelesen worden, verglichen und vertragen,
so sollet ihr an Gerichts-Stab angeloben, daß
ihr bey solcher Vergleichung und derselben allen
Puncten ungewegert bleiben, und darwider nichts
handlen oder fürnehmen wollet. Hofg. Ordn.
p. 41.

§. 6.

Da aber die Güte nicht zu finden, alsdann sollen Hofrichter und Räthe nach ihrem besten Verstand ein Urthel dem Rechten und der Billigkeit
gemäß fassen und ergehen lassen. Hofg. Ordn.
p. 113. §. 5.

§. 7.

Damit auch die Unterthanen, so viel möglich,
nicht infamirt, sondern bey Ehren erhalten werden, so wollen *Serenissimus* zulassen, daß sonderlich

lich in Schmach-Sachen zwischen Dero Unterthanen, wo der Beklagte auf den Schmach-
Worten nicht verharret, sondern dieselbe aus be-
wegtem, hizigen Gemüth geredt, gütliche Unterhandlung fürgenommen, und dieselbe nach Herkommenheit und Gestalt der Sachen und Partheyen, wo möglich, mit wissenden Dingen, oder
auf geschehenen Hintersaz dermassen verglichen und
hingelegt werden, daß dieselbe von Amts - und
Obrigkeitswegen aufgehaben, und keinem Theil
an seinen Ehren verlezlich oder nachtheilig seyn sollen. Hofg. Ordn. p. 113. §. 6. ſ. *Citationes.* §. 6. Rechtstäge.

Verglichs-Receß, Herr - und Land-schaftlicher.

Nachdeme in dem neuesten Herr - und Land-
schaftlichen Verglichs-Receß und dessen Epilogo
resp. gnädigst und unterthänigst verabredet worden, daß solcher gedruckter denen samtlichen Herzoglichen Collegiis, der Universität zu Tübingen,
allen Geist - und Weltlichen Ober-Aemtern und
Stadt-Magistraten communicirt und zugestellt
werden solle : Als haben Se. Herzogliche
Durchlaucht dem Herzoglichen Hofgericht nur
ersagten Verglichs-Receß zur unabweichlichen
Beobachtung in allen Verfügungen, Befehlen,
Urtheilen und Bescheiden, rechtlichen Bedencken, Berichten und Gewalt-Ertheilungen gnädigst zugehen lassen ; Und dasselbe zugleich zu Beobachtung desjenigen, was ad Claſſem I main.

Q ſ   §. 4.

§. 4. (*) in gedachtem Verglich vestgesezt worden, gnädigst angewiesen. Herzoglich Spec.
Rescr. d. 12. Jun. 1771.

Verkündigung.

s. *Denunciationes.*

Verwundungen.

s. *Injuriæ. Inspectiones.*

Ver-

(*) Der allegirte §. 4. enthält folgendes:

„§. 4. Zu dem Ende sollen und werden auch alle
Herzogliche Ministres, Räthe, Beamten, ingleichem die Magistrats-Personen in Gemäß-
heit der Herzoglichen Eberhardinischen Canzley-
Ordnung und des Landtags-Abschieds de Anno
1739. bey der Sr. Herzoglichen Durchlaucht
ohnehin alleinig zu leisten habenden Verpflich-
tung, auf samtliche Landes-Compactata, in
Ecclesiasticis & Politicis, leiblich mit beydiget,
und ein solches ihren Amts-Bestallungen und
Städten ausdrucklich einverleibet, und gegen
alle diejenige, so darwider (nehmlich der Land-
schaft-Privilegien und Freyheiten, wie auch
aufgerichtete Landtags-Abschiede) vorsezlich
thun, und auf diese oder andere Weise gemein-
schädliches Mißtrauen zwischen Herr- und
Landschaft anstiften, und von dieser dergleichen dem Staat gefährliche Leute nahmhaft
gemacht würden, in Conformität der ältern
Landtags-Abschiede, des neuesten Landtags-
Receß de Anno 1739. und des unterm 28. Dec.
1733. ergangenen Fürstlichen Edicts verfahren
werden. „ s. Landtags-Abschiede.

Verzüchte.

§. 1.

Da von Alters herkommen, daß die Jungfrauen, auch Frauen vom Adel etwa ihre Verzüg von mehrern Ansehens wegen vor dem Fürstlichen Hofgericht gethan, wollen *Serenissimus*
nochmalen zulassen, daß solche Verzüg vor dem
Fürstlichen Hofgericht, wie von Alter, geschehen
mögen, doch daß die Form und der Proceß, wie
von Alter hero, gehalten werde. **Hofg. Ordn.**
p. 44. §. 5. und p. 116. §. 3.

§. 2.

Anfänglich, so eine Frau oder Jungfrau vor
Hofrichter und Räthen erscheint, in Meynung
und Willen, sich Vätterlich- oder Mütterlichen
Erbs oder anderer Erbfälle zu verzeihen, und je-
mand anders zu übergeben, soll sie anfänglich mit
einem oder zweyen vom Adel oder andern erbarn
Personen bevögtet werden, der wird alsdann mit
Recht erkannt. **Hofg. Ordn.** p. 118. §. 1.

§. 3.

So dasselbe geschiehet, und die Frau oder Jungfrau samt ihrem Vogt eines Redners begehren,
soll ihnen derselbe gegeben, und auf ihren Bedacht
der Handel nach seiner Gestalt und Gelegenheit
erzehlt und fürgetragen werden, mit Begehr, sie
zu unterweisen, wie sie solches thun soll, daß es
kräftig und beständig seye. **Hofg. Ordn.** p. 119.
§. 2.

§. 4.

§. 4.

Darnach auf solchen Fürtrag soll der Richter
dem geordneten Vogt befehlen, sie, die Frau oder
Jungfrau, wiederum allein vom Gericht hindan
zu führen, und in Abwesen ihrer Freundschaft sie
ihres Willens und Gemüths eigentlich zu erfah=
ren, ob sie solche Verzeyhung und Uebergab frey=
willig, ungezwungen und ungetrungen thue, wie
ihr Fürtrag geschehen seye ꝛc. Derselbe Vogt
soll dann, was er bey der Frauen oder Jungfrauen
findet, so er die wiederum zum Gericht führet, er=
öffnen, und die Frau oder Jungfrau darauf vom
Hofrichter gefragt werden, ob es also seye, und
solches also zum drittenmal geschehen. **Hofg.**
Ordn. p. 119. §. 3.

§. 5.

Auf solches sprechen dann Hofrichter und Rä=
the mit Urthel zu recht: Wann die Frau oder Jung=
frau N. die angezeigte Verzeyhung und Ueber=
gab ihres Vätterlichen und Mütterlichen Erbs ꝛc.
an den Gerichts=Stab thue mit ihrer selbst und
ihrer Vögt Mund und Hand in des Hofrichters,
auch N. Hand, und darauf mit ihrem geschwor=
nen Eyd beveste, solche Verzeyhung und Ueber=
gab für sich selbst und männiglichs von ihretwegen
steth, vest und unverbrochen zu halten, und dar=
wider nicht zu seyn, zu thun, noch zu schaffen ge=
than zu werden, weder durch sich selbst, oder je=
mand andern von ihretwegen mit Verzeyhung al=
ler Hülfs = und Schirms=Freyheiten und Aus=
züge, Weiblichem Geschlecht oder sonsten gegeben,

sich

sich derselben, hiewider nicht zu gebrauchen, daß
es dann Kraft und Beständigkeit haben, und dabey bleiben solle. Hofg. Ordn. p. 119. §. 4.

§. 6.

Eyd der Personen, so Verzug thun wollen.

Diesen bewilligten Verzug und darauf gefolgte
Urthel will ich N. wahr, vest, steth und unver-
brochenlich halten, und darwider nimmer seyn,
thun, oder schaffen gethan werden, in kein Weiß
noch Weg, sondern solchem getreulich nachkommen und geleben. Das schwör ich, als mir
GOtt helf, der Allmächtig. Hofg. Ordn. p. 120.
f. Hofgerichts-Jurisdiction. §. 4.

Vieh-Mängel.

Nachdeme Se. Herzogliche Durchlaucht
schon mehrfältig wahrzunehmen gehabt, daß sich
zwischen Dero Unterthanen in Ansehung des zwischen ihnen häufig vorfallenden Vieh-Handels dadurch vielfältige Strittigkeiten erhoben, daß man
in Bestimmung der Haupt-Mängel bey Pfer-
den, auch Horn- und übrigem Vieh, ingleichem
wegen der Zeit der hierunter zu leisten habenden
Gewährschaft ganz unterschiedenen Grund-Säzen
gefolgt; Und nun Se. Herzogliche Durchlaucht
zu Abschneidung der hieraus erfolgten Inconvenientien wegen Aufstellung eines gemeinschaftlichen
Regulativs sowol in disseitigen- als den Vorder-
Oesterreichischen- und Fürstlich Baaden-Baadi-
schen

schen Landen mit beeder Länder Herrschaften Sich einverstanden haben : Als ist in Gefolg dessen verordnet worden, daß

I. bey Pferden.

1.) Diejenige, welche rozig oder rizig sind, es seye hernach solches Hirn = oder Lungen Roz;

2.) Alle Arten von Kolderern;

3.) Was krätzig, fistlicht, wurmicht, Hauptmörtig ist, als worunter überhaupt alle unheilbare Unsauberkeiten, z. E. Krebs = Löcher in denen Ohren, Kienbacken, Schlauch und Eutern verstanden werden;

4.) Herzschlächtig;

5.) Wehetägig und

6.) Mondblind ist, als mit würcklichen Haupt-Mängeln behaftet angesehen, und derowegen für die fünf erste Gebrechen vier Wochen und drey Tag, für die Mond=Blindsucht aber acht Wochen Gewährschaft geleistet werden solle. Eben so sollen

II. bey dem Hornvieh.

1.) Hirschig cränigt, zepsicht oder pferlich;

2.) Wehetägig;

3.) Typplich oder umläufig, und

4.) Lungenfaul, Lungenhardt, Herzweichig oder übergallig, als Haupt = Mängel angesehen werden, wobey der Verkäufer für die sub num. 1. benamte Mängel zwey Monat, für die übrige aber vier Wochen und drey Tag Gewährschaft zu leisten haben solle.

III.

III. Bey denen Schaafen.

Sollen die naſſe und trockene Raud, oder der ſogenannte Anbruch als ein Haupt-Mangel angeſehen, und deßfalls von dem Verkäufer zwey Wochen und ein Tag Gewährſchaft geleiſtet werden.

IV. Bey denen Schweinen.

Sollen

1.) die Lungen-Fäule und

2.) die Pfinnen als Haupt-Mängel angeſehen, und deßfalls von dem Verkäufer vier Wochen und drey Tag lang Gewährſchaft geleiſtet werden. Endlich und

V. bey denen Gaiſſen.

Solle der Verkäufer dem Käufer überhaupt friſche und geſunde Waar zu liefern, widrigen Falls aber allen Schaden auf ſich zu leiden haben. Wornach man ſich bey vorkommenden Fällen in judicando richten ſolle. Gen. Reſcr. d. 17. Febr. 1767.

Unkoſten.

§. 1.

Wann die zuvor ergangene Urthel am Hofgericht ſowol aus den alten = als neuen Actis beſtätiget, und der Gerichts = Koſt voriger Inſtanz durch denſelben Richter nicht entſcheiden, ſo ſoll der Appellant dem Appellaten beeder Inſtantien Gerichtskoſten und Schäden zu widerlegen ſchuldig ſeyn. Hofg. Ordn. p. 113. §. 1.

§. 2.

§. 2.

Und ist, die Partheyen des in voriger Instanz
aufgegangenen Kostens halber zum vorigen Richter wieder zu remittiren und zu weisen, unvonnö-
then, ausserhalb, wo dessen sondere Ursachen vorhanden, und die Ober- und Hofrichter für besser
ansehen würden, die Taxation der Kosten und
Schäden, vom ersten Richter erkennt, wieder für
denselben zu remittiren. **Hofg. Ordn.** p. 114.
§. 2. **Landr.** p. 198. §. Und wiewol ꝛc.

§. 3.

Da aber am Hofgericht in voriger Instanz übel
geurthelt und wohl appellirt erkennt, sollen Hofrichter und Räthe regulariter die aufgeloffene
Gerichtskosten zwischen denen Partheyen compen-
siren und vergleichen. **Hofg. Ordn.** p. 114. §. 3.

§. 4.

Sonsten mag der Appellation, oder auch in
voriger Instanz aufgegangene Gerichtskosten und
desselben Mäßigung durch das Hofgericht, wann
solches nach Gestalt der Sachen für rathsam angesehen, alsbald mit und neben der End-Urthel
erkennt, oder soll auf der obsiegenden Parthey unterschiedlich darthun und schriftliche Verzeichniß
und des Gegentheils gebührliche mündliche Einrede, darüber die Partheyen weiter nicht zu hören,
tarirt und gemäßiget, darzu auch, wie solche Kosten zu bezahlen, wo vonnöthen, nach Gelegenheit der Person Zihl gemacht und benennt werden. *Ib.* §. 4.

§. 5.

§. 5.

Und ſollen die Advocaten, wann die Gerichtskoſten auf unterſchiedlich darthun zu tariren, ihrer
Partheyen Expens-Zettel lauter, unterſchiedlich, ſpecificirt und, ſo viel möglich, mit Urkunden belegt eingeben, damit die Sachen ſchleunig
befördert, und niemand verkürzt werde. *Ib.* §. 5.

§. 6.

Wann die tarirte Gerichtskoſten über hundert
Gulden anlauffen, ſo ſoll die obſiegende Parthey, wofern es Hofrichter und Räthe für nöthig
erachten, oder wann an vorgebrachten Gerichtskoſten einiger Zweifel fürfällt, welche auf andere
Weiß und Weg nicht zu erſezen ſeyn möchten,
dieſelbe mit ihrer Treu an Eydesſtatt oder dem
Eyd erhalten. *Ib.* p. 115. §. 6.

§. 7.

Verſpruch oder Eyd, Gerichtskoſten
damit zu erhalten.

Der Principal-Partheyen.

Ihr ſollet an Gerichts-Stab an Eydesſtatt
angeloben, oder einen Eyd ſchwören, daß ihr in
dieſer Appellation (oder nach Geſtalt der Sachen)
in dieſer ganzen Rechtfertigung und von derſelben
wegen über N. Gulden Koſten und nicht darunter ausgegeben, erlitten oder noch zu bezahlen
ſchuldig.

R   Der

Der Anwälde.

Ihr ſollet für euch ſelber und von wegen eures Principals angeloben, oder einen Eyd ſchwören, ſo ihr deſſen genugſamen Bericht, und ſolches zu thun Befehl habt, daß euer Principal in dieſer Appellation ꝛc. Wie nechſt oben. Hofg. Ordn. p. 41.

Untergang.

Nachdem der Untergäng halber biß anhero bey den Unterthanen Zweifel und Mißverſtänd fürgefallen: Ob und wie davon zu appelliren? So wird geordnet und geſezt, daß erſtlich insgemein von keinem Untergang ohne Mittel an das Fürſtliche Hofgericht appellirt werden möge, ſondern ſo ſich einer durch der Untergänger Spruch beſchwert zu ſeyn vermeinte, ſoll derſelbe ſich für ſein ordentlich Ober- oder Stadt-Gericht gebührlich beruffen, und mag von ſelbigem allererſt weiter für das Fürſtliche Hofgericht appellirt werden. Hofg. Ordn. p. 46. §. 8. Landr. p. 173. §. Nachdem aber ꝛc. ſ. *Appellationes.* §. 8.

Unter-Gerichte.

Sollen die ſträckliche und unklagbare Juſtiz ohne alle Neben-Abſichten ihren obhabenden ſo theuren Richters-Pflichten gemäß, gleich ſie ſolches zu ſeiner Zeit vor GOttes Richterſtul und gnädigſter Herrſchaft zu verantworten gedencken, mit mehrerer Sorgfalt, Wachſam- und Unpartheylichkeit, als bißdahero von etlichen Untergerichten nicht

nicht beschehen, sich angelegen seyn lassen. Gen.
Rescr. d. 28. Maji 1727. s. *App*. §. 1. Ap-
pellations-*Acta*. §. 1. 2. 3. 4. 7. *Contumacia*.
§. 7. 9. 10. Dilationen. §. 11. Gant-Processe. Gerichte, ausländische. *Legitimatio-*
nes. §. 1. Minderjährige. *Nullitates*. §. 6.
Rechts-Täge. Zeugen-Verhören. §. 1. 3.

Unteröwißheim.

s. Appellationen. §. 8.

Voraus.

s. *L. Hac Edictali &c.*

Vor-Urtheln.

s. Hofgerichts-Jurisdiction. §. 5. 6. Urtheln. §. 1. 3. Verabschiedung. §. 4.

Vota.

s. Hofgerichts-*Assessores*. §. 4. Hofrichter. §. 7. Urtheln. §. 5. 6. 7. 8. 9. 10. 12.
13. 14.

Urkunden.

s. Beweiß. §. 5.

Urtheln.

§. 1.

Wann in Sachen auf eine Vor- oder End-
Urthel beschlossen, so dann allein mündlich gehandelt, und nicht allein die Acta voriger Instanz
und die Partheyen darüber, sondern auch etwan

　neue

neue Beweisung offentlich verlesen und gehört
worden, so soll alsbald die Urthel zu berathschla=
gen fürgenommen werden. Hofg. Ordn. p. 102.
§. 1.

§. 2.

Da aber die Sache verabschiedet, und in
Schriften gehandelt, und derowegen auf hinc
inde geschehenen Beschluß nicht gleich zu verrich=
ten, in Bedenckung die Acta voriger Jnstanz und
eingekommene Schriften erst noch abzulesen, so
sollen dazu sondere und geraume Tag zu Eingang
des nechstfolgenden Hofgerichts, oder wann sol=
ches füglich seyn mag, fürgenommen und geord=
net werden. Hofg. Ordn. p. 103. §. 2.

§. 3.

So eine Bey= oder Vor= Urthel zu fassen,
sollen zum wenigsten sechs, da aber eine End=
Urthel zu berathschlagen, acht Beysizer neben
dem Hofrichter dabey seyn, diejenige aber, so in
erster Jnstanz consulendo oder in andere Weg
bedient gewesen, in Verfassung sowol der Bey= als
End=Urthein abtretten. Hofg. Ordn. p. 103. §. 3.

§. 4.

Dieses aber solle nach dem bißherigen ohnunter=
brochenen Herkommen auf die Fürstliche Regie=
rungs=Räthe, so ante processum primæ In=
stantiæ die Sache nur extrajudicialiter in dem
Fürstlichen Regierungs = Rath tractirt, nicht zu
extendiren seyn, sondern dieselbe dessen ungeachtet
bey Ventilirung dieses Rechtshandels vor dem
Fürst=

Fürstlichen Hofgericht dabey sizen und mit votiren können. *Rescr. spec.* d. 20. Febr. 1716.

§. 5.

Der Hofrichter und Beysizer sollen nach demjenigen, so in Actis voriger Instanz und am Hofgericht fürgekommen und bewiesen ist, urtheilen, und in solchem sonderlich das Fürstliche Lands-Recht und Lands-Ordnung, auch Sazungen, die *Serenissimus* bißher gegeben, oder fürter geben möchten, desgleichen die *Statuta*, Gewohnheiten und alt Herkommen jeden Orts des Fürstenthums, wofern dieselbe nicht abgethan, oder, wo deren keines vorhanden, des Heil. Reichs Recht und Sazungen vor Augen haben. Hofg. Ordn. p. 103. §. 4.

§. 6.

Der gemeinen Recht, Sazungen und derselben endliche und schließliche Ursachen sollen mit Fleiß erwogen, und daraus geschlossen werden, ob gemeldte Sazungen in fürgefallenen Sachen zu halten oder nicht, und was zu urtheilen. Hofg. Ordn. p. 104. §. 5.

§. 7.

Dann wiewol alle Sazungen für erbar, redlich, nuzlich, der Vernunft, Zeit, den Sachen und Personen gemäß zu halten, so werden doch dieselbe oftermals aus erheblichen Ursachen von wegen allerley Umständen abgethan oder nicht, sondern das Widerspiel gebraucht. Hofg. Ordn. p. 104. §. 6.

R 3 §. 8.

§. 8.

Die Urtheln, von andern Landes-Gerichten gesprochen, sollen nicht leichtlich, dann aus redlichen Ursachen geändert werden. **Hofg. Ordn.**
p. 104. §. 7.

§. 9.

Dann dieweil dem vorigen Richter und Beysizern jeden Orts die Partheyen bekannt, die
Statuta, Gewohnheiten und alt Herkommen bewußt, sollen die Unterthanen dabey gelassen werden. **Hofg. Ordn.** p. 104. §. 8.

§. 10.

Doch daß solche *Statuta*, Gewohnheiten
und alt Herkommen nicht wider göttliche oder
natürliche Recht, gute Sitten, gemeinen Nuzen zu Abfall und Ungehorsam der Unterthanen gegen der Obrigkeit nicht Ursach geben, oder dadurch
Boßheit und Leichtfertigkeit nicht bestätiget, erhalten oder eingeführt, oder auch dadurch das Fürstliche Land-Recht und Ordnung, oder auch Sazungen nicht aufgehaben und abgethan, noch denselben zuwider gehalten werden. **Hofg. Ordn.**
p. 104. §. 9.

§. 11.

Wann in Berathschlagung der Urthel ex Actis
befunden, daß die Sache oder der Zeugen Aussagen etwas unlauter und zweifelhaftig, und
aber verhoffentlich erläutert werden mögen, da soll
der Hofrichter von Amtswegen, wann solches für
rathsam angesehen, auch nach gethanem Rechtsaz

den

den Beschluß wieder rescindiren, und was weiter vonnöthen, oder der Sache dienlich, den Partheyen auferlegen, oder die Partheyen in Abwesenheit ihres Advocaten, was der Sache dienlich,
bey dem Eyd für Gefährd und dessen Capituls rc.
So ihr vom Hofrichter gefragt werdet rc.
weiter fragen, und alles, was zu Erlernung der
Wahrheit dienlich, fürnehmen, damit niemand
in der Haupt-Sache, so viel möglich, unrecht
geschehe, obgleich die Zierlichkeit der geschriebenen
Rechte nicht allerdings gehalten, wie man dann
mehr die Billigkeit, dann die Strengigkeit der
Rechten für Augen haben solle; Es wäre dann
in Händeln, die Gotteslästerung, abwerfen der
Obrigkeit und Erbarkeit, übermäsige Trunckenheit, oder was dergleichen, antreffen, in denen
soll das strenge Recht gebraucht werden. Hofg.
Ordn. p. 105. §. 11.

§. 12.

Die Urthel solle durch den Hofrichter von allen
Beysizern, so zugegen, ordentlich umgefragt,
und darüber ein jeder sein Votum und Meynung
klärlich, verständlich und auf ein beschließliches
anzeigen, keiner dem andern einreden, sich auch
sonst unnöthigen Gesprächs sowol in der Umfrag,
als im Receßiren der Advocaten allerdings und
gänzlich enthalten, damit alles ohne Confusion
desto besser gehört, vermerckt und gefaßt werden
möge. Hofg. Ordn. p. 105. §. 12.

§. 13.

Nachdem sich aber begeben mag, daß nach

R 4

der

der erſten Umfrag, wann alle Beyſizer gehört, ei=
ner oder mehr aus beweglichen Urſachen ihre vori=
ge Meynung ändern oder verbeſſern würden, ſo
ſoll der Hofrichter nicht nur Ein= ſondern zum
andern= oder auch drittenmal, ſo die Sache
weitläufig, und die Beyſizer nicht Einer Meynung,
die Urthel umfragen, und was endlich der meh=
rere Theil Beyſizer beſchlieſſen, daſſelbe zu recht
erkennen und ausſprechen laſſen. Hofg. Ordn.
p. 106. §. 13.

§. 14.

Da aber von den Beyſizern der Urthel halber
paria Vota ausfielen, alſo daß auf der einen
Seite ſo viel Stimmen, als auf der andern wä=
ren, ſoll der Hofrichter das mehrere machen.
Hofg. Ordn. p. 106. §. 14.

§. 15.

Was nun durch das mehrere zu recht geſchloſ=
ſen und erkennt, das ſoll von dem Secretario mit
geſchickten Worten begriffen, in ſizendem Gericht
abgeleſen, wo vonnöthen, durch die Beyſizer und
Hofrichter geändert und verbeſſert, und dann auf
denſelben oder einen andern dazu angeſezten Tag
ausgeſprochen, und durch den Secretarium öf=
fentlich verleſen werden. Hofg. Ordn. p. 106.
§. 15.

§. 16.

Wann am Hofgericht wohl appellirt erkennt,
ſo ſoll damit und darauf auch in der Haupt=Sa=
che Urtheil ergehen, damit die Partheyen, was
ſie

sie gewonnen oder verlohren, wiſſen mögen. Hofg.
Ordn. p. 107. §. 16.

§. 17.

Da aber das übel appellirt ſeyn erkennt, ſoll
allwegen dazu, daß es bey vorgeſprochener
Urthel verbleibe, geſezt werden. Hofg. Ordn.
p. 107. §. 17.

§. 18.

Nachdem aber etwa Sachen fürkommen, darinnen aus mehr, dann einerley fürfallenden Urſachen nicht lediglich wohl oder übel appellirt erkennt
werden mag, ſo ſollen Hofrichter und Beyſizer
aus alten und neuen Fürträgen, oder von
Amtswegen die vorige Urthel zu reformiren,
oder in der Sachen, was recht, und nach allerhand Umſtänden der Billigkeit gemäß zu erkennen
Macht haben, damit den Unterthanen von einander geholfen werden möge. Hofg. Ordn.
p. 107. §. 18.

§. 19.

Da in Berathſchlagung der Urthel befunden,
daß der Appellant muthwilliger Weiſe appellirt, ſo wird dem Hofrichter und Aſſeſſoren bey
ihren Pflichten hoch und ernſtlich eingebunden,
daß ſie denſelben nicht allein gnädigſter Herrſchaft,
wie auch der lädirten Parthey in alle deßhalben
aufgeloffene Gerichtskoſten condemniren, ſondern
auch nach Geſtalt der Sachen und Perſonen mit
dem Thurn oder wohl empfindlicher exemplari-
ſcher Geld-Strafe, daran ſich andere dergleichen

R 5 muth-

muthwillige Appellanten zu befpiegeln haben mögen, unnachläfig belegen follen. **Hofg. Ordn.**
p. 107. §. 19.

§. 20.

Wann in Sachen, da einer dem andern aus
was Urfachen, fonderlich aber für empfangene Lei-
bes=Befchädigung eine benannte Summa Gelds
zu bezahlen fchuldig, von dem vorigen Richter
Zihl gemacht, und am Hofgericht wohl geurthelt
und übel appellirt gefprochen, fo follen die Zihl,
wie diefelbe vom vorigen Richter gemacht worden,
allbereit verfallen feyn und alfo bezahlt werden.
Hofg. Ordn. p. 107. §. 20.

§. 21.

Die Urtheil, fo am Hofgericht ergehen, wann
gleich wohl geurthelt und übel appellirt erkennt, follen dannoch von weniger der Unterthanen Mühe
und Koftens wegen vom Hofgericht aus vollftreckt,
oder den Amtleuten zu vollftrecken befohlen werden. **Hofg. Ordn. p.** 108. §. 21.

§. 22.

Da einige Beamten auch nach publicirten Hofgerichtlichen Sententiis die Sache von neuem an
den Fürftlichen Oberrath zu berichten, und da-
felbft, ob fie folchen rebus judicatis pariren follen, anzufragen fich unterftanden, mithin ohne
Vorweifung eines Executions=Befehls die Partheyen auf die alleinige Vorzeigung der Hofgerichtlichen Urthel zu exequiren, oder den Partheyen
zu dem, fo ihnen zugefprochen worden, zu ver-
helfen

helfen difficultiret : Als ist befohlen worden, daß die am Hofgericht publicirt und errichtete Urtheln und Verglich, wann sie unter des Präsidenten oder Vice-Präsidenten und eines Assessoris Hand Unterschrift samt fürgedrucktem Hofgerichtlichen Innsiegel vorgewiesen werden, nach der Hofgerichts-Ordnung p. 108. schleunigst exequirt, und dißfalls auf keinen absonderlichen Befehl weder von dem Fürstlichen Geheimen = noch Justiz-Rath zugewartet, sondern deme, was an die Beamte von mehrermeldtem Fürstlichen Hofgericht in denen Appellations = und Remißions-Sachen in *Serenissimi* Namen formlich gebracht wird, gleich denen aus andern Fürstlichen Balleyen erlassenen Befehlen schuldigste Parition geleistet werden solle. Gen. Rescr. d. 1. Nov. 1699. f. Hofgerichts=Jurisdiction. §. 5. 6. Hofgerichts=*Secretarius.* §. 9. 10. Hofrichter. §. 7. 10. *Nullitates.* §. 5. *Rationes decidendi.*

Waysen.

f. Gewälte. §. 3.

Wechsel = und Wechselgerichts = Ordnung.

Nachdeme Se. Herzogliche Durchlaucht nach Selbst eigener reiffer Ueberlegung zum Besten sowol der in Dero Landen allbereits gesessenen Kaufmannschaft, als auch der übrig samtlichen Immwohnere, nicht weniger zu desto mehrerer Empor=

porbringung der bereits vorhandenen- oder künftig noch weiter hinzukommenden Handlungs-Ge-
sellschaften, Fabriquen, Manufacturen und übrigen Handels und Wandels, sodann endlich zu
desto mehrerer Grund- und Bevestigung des offentlichen Credits, als einer Grundsäule eines
glücklich und weislich regierten Staats, in Dero
Herzoglichen Landen ein Wechsel-Recht einzuführen gnädigst beschlossen, und zu diesem Ende ein
eigenes Wechselgericht anzuordnen geruhet, auch
eine besondere Wechsel- und Wechselgerichts-
Ordnung in gesamtem Herzogthum zu jedermän-
niglichs Nachricht bekannt machen lassen, und
über dieser Ordnung in allen darinn ausgedruckten
Fällen und in allen Wechseln und Wechselmäsi-
gen Verschreibungen, so von Zeit der Publication
an ausgestellt werden, mit allem Ernst und Nach-
druck gehalten wissen, auch wo diese nichts ausdrucklich disponirt, die neueste Leipziger Wechsel-
Ordnung in Subsidium zur Beobachtung substi-
tuirt haben wollen: Also befehlen Se. Herzogliche Durchlaucht so gnädigst, als ernstlichst nicht
nur dem errichteten Wechselgericht, sondern auch
allen Herzoglichen Collegiis, Hofgericht zu Tübingen, allen Ober- und Nider-Gerichten, Beamten und allen Dero Unterthanen und Landes-
Innwohnern, auch denen in dem Herzogthum
und Landen handlend- wandlend- sich aufhaltend-
und durchrapsenden Fremden, daß sie sich samt
und sonders darnach sträcklich achten, und bey zu
befahren habend ernsten Andung alle Contraven-
tionen vermeiden sollen. Wechsel- und Wech-

selge-

selgerichts = Ordnung d. 24. Mart. 1759.
Decr. Duc. d. 7. Jun. 1759.

Weibs = Personen.

s. Gewälte. §. 2.

Wund = Aerzte.

s. *Inspectiones.*

Zeugen.

s. Zeugen=Verhören.

Zeugen, ausländische.

s. Zeugen=Verhören. §. 4.

Zeugen = Eyd.

§. 1.

Ihr sollet geloben und schwören, daß ihr dem
allmächtigen GOtt zu Ehren, der Wahrheit und
dem Rechten zu Fürderung und Lieb ein pur lau=
tere Wahrheit, so viel ihr dieser Sachen halb, da=
rum ihr zu Zeugen fürgestellt, wissen habt und
gefragt werdet, für beede Partheyen sagen wollet,
niemand zu lieb noch leyd, und das nicht unter=
lassen weder um Gab, Schenck, Gunst, Nuz,
Haß, Freundschaft, Feindschaft, Forcht oder
anders, wie das Menschen Herz erdencken möch=
te; Daß ihr auch, was ihr gefragt und ausge=
sagt, biß nach gebührender Eröffnung der Zeugen=
Sag verschweigen und niemand offenbaren wol=
let,

let, alles getreulich und ungefährlich). Hofg.
Ordn. p. 39.

<h2 style="text-align:center">§. 2.</h2>

Demnach theils Orten einiger Zweiffel vorgefallen in deme, ob die zu Besichtigung der ver-
wundeten oder entleibten erforderte Personen in denen Fällen, wo die Sache nachgehends
zum rechtlichen Proceß erwachsen, allererst auch,
nachdeme sie allbereits ihr Bedencken und Meynung gleich nach verrichteter Inspection ertheilt,
einen-als den andern Weg mit und neben andern
Gezeugen auf Articul und Fragstücke, und zwar
mittelst Ablegung leiblichen Eydes nochmalen de
novo verhört werden sollen oder nicht? Als wollen und befehlen *Serenissimus*, daß solche Personen, zum Fall sie von dem einen oder dem andern
Theil in dergleichen Fällen zu Zeugen beruffen
würden, ohngeachtet ihrer diß Orts bereits von
sich gegebenen Attestation nichts destoweniger auf
die vorgestellte Articul und Fragstücke einen als
den andern Weg zwar verhört, auch ihre Aussagen umständ- und gründlich anzugeben schuldig
seyn, jedoch dabey mit würcklicher Ablegung des
gewohnlichen Zeugen-Eyds nicht weiters beschwert,
sondern damit verschont, gleichwolen aber bey ihren vorhin geleisteten Amts-Gerichts-Pflichten,
um gerad zuzugehen, und die Wahrheit ohnpartheyisch anzuzeigen, beweglich anerinnert werden;
Wie dann zum Fall bey einer oder andern solcher
Personen einige Partheylichkeit verspürt würde,
der Commissarius ein solches dem Richter eröffnen,

nen, dieser aber das Werck zu Fürstlicher Canzley berichtlich gelangen lassen solle. **Gen. Rescr.
d. 10. Jan. 1656.**

§. 3.

Nachdeme auch *Serenissimus* mehrfältig vernehmen müssen, daß bey angestellten Criminal-
Processen die zu der Zeugen-Verhör Gerichtlich
verordnete Commissarii zu Fürstlichem Regierungs-
Rath unterthänigst berichten, wasmassen bey
theils Dero geist- und weltlichen Beamten die
irrige Meynung eingerissen, daß, wann in Peinlichen Sachen dieselbe von Zeugen erfordert werden, sie wegen ihrer schon vorhin obhabenden
schweren Amts-Pflichten den gewohnlichen Zeugen-Eyd abzuschwören sich nicht schuldig zu seyn
erachten, und dahero dessen erlassen zu werden,
gemeiniglich verlangen, *Serenissimus* aber diesen
ungegründeten Vorwand der Amts-Pflichten im
geringsten nicht billigen können, noch die hieraus
entspringende Verzögerung der vor allen andern zu
beschleunigen habenden Criminal-Processe länger
zu dulten, vielweniger die durch solche unnöthige
Ausflüchte anwachsende Unkosten der Fürstlichen
Rent-Cammer aufzubürden gemeinet, sondern
diese irrige Opinion bey jedermänniglich fürohin
durchaus abgestellt wissen wollen: Als ist an alle
so geist- als weltliche Beamte, da *Serenissimus*
unter den erstern die Special-Superintendenten,
Diaconos und in genere alle diejenige, so ein
geistliches Amt tragen, verstanden haben wollen,
wie nicht weniger an die Militar- und Forstbe-
diente

diente und in summa alle Unterthanen, wes
Standes sie immer sind, der ernstliche Befehl er=
gangen, daß, wofern künftighin einer derselben in
Criminal=Sachen auf solche Articul und Frag=
stücke, welche sein obligendes Amt directo nicht,
sondern andere Facta und Umstände betreffen, zu
einem Zeugen angeruffen würde, keiner den Zeu=
gen=Eyd abzulegen sich verweigern, widrigenfalls
er die durch solche unnöthige Hinderung vergrö=
ferte Unkosten (von deren Belauf a tempore
moræ, da sich nemlich solch producirter Zeugen
einer den Eyd abzuschwören widersezen würde, je=
der Stadt= oder Gerichtschreiber oder anderer
Commissarius eine fleißige Specification aufzuse=
zen, und solche zu Fürstlichem Regierungs=Rath
einzusenden hat, als dessen er alles Ernstes erinnert
wird) aus seinem eigenen Beutel nicht nur zu er=
sezen angehalten werden, sondern auch noch wei=
terer Andung gewärtig seyn solle.

§. 4.

Und dieweilen *Serenissimus* Sich hiebey erin=
nert, daß die *Medici* und *Chirurgi* in Crimi=
nal=Processen ratione vorgenommener Inspection
des Zeugen=Eyds Kraft eines An. 1656. den 10.
Jan. abgefaßten General=Rescripts gnädigst er=
lassen worden: So wollen *Serenissimus* nicht
allein nechstbemeldtes General=Rescript wegen der
darinn begriffenen nuzlichen Verordnungen durch
dessen wiederholte Publication und Erfrischung
bey seinen Kräften auf das neu erhalten, sondern
auch desselben paſſum quoad Medicos & Chirur=
gos

gos nach obberührtem Unterschied erkläret und erläutert wissen, daß nemlich, welcher Medicus oder Chirurgus in Peinlichen Sachen von dergleichen Umständen, so dessen tragendes Amt und die vorgenommene Inspection directò nicht angehen, zu deponiren, als Zeug benennet würde, derselbe unter zu befahren habender Condemnation in expensas retardati processus und ebenfalls weiterer gebührender Andung den Zeugen-Eyd abzuschwören schuldig seyn solle. **Gen. Rescr. d. 27. April 1714.**

Zeugen-Verhören.

§. 1.

Obwohlen bißhero an den Untergerichten gebräuchlich gewesen, daß die ein- oder beede Partheyen Zeugen allein *de plano* nur auf ein- oder zween Articul und mündlichen Anzug an dem Ort, da die Zeugen gesessen, verhören, und ihre Aussagen durch den Stadt-Amt- oder Gerichtschreiber daselbsten verzeichnen und beschreiben lassen; So wollen *Serenissimus* doch an Dero Hofgericht, solches zu geschehen, aus sondern Ursachen verbotten, sondern selbiges allein an Untergerichten nach Verordnung Fürstlichen Landrechtens P. I. t. 40. f. 143. vorgehen zu lassen, erlaubt haben. **Hofg. Ordn. p. 84. t. 12.**

§. 2.

Wo jemand Zeugen zu führen hätte, die dem Gerichts-Zwang, daran die Sache hangt, nicht unterworfen wären, mag er dem Gericht solches anzei-

S

anzeigen und begehren, ihme Bitt- oder Compaß-Brief zu erkennen an die Richter, unter denen die Zeugen gesessen, dieselbe auf eingebrachte
Articul zu verhören. Landr. p. 144. §. Wo jemand ꝛc. Hofg. Ordn. p. 84. §. 1.

§. 3.

Und sollen alsdann die Gericht solche Bitt-
Brief erkennen, und dieselbe samt den Articuln
und Fragstücken, so einige übergeben, oder sonst
mit Vermeldung derjenigen Sachen, darinn Zeugen zu verhören, den Richter oder Obrigkeiten der
angezeigten Zeugen verschlossen zuschicken, mit Begehr, zu Beförderung des Rechtens und der
Wahrheit solche Zeugen, so ihrem Gerichts-
Zwang unterworfen, für sich Rechtlich zu erfordern, dieselbe zu beeydigen, und den Tag der
Aufnahm und Beeydigung der Partheyen zeitlich
zuvor notificiren, ob sie dabey erscheinen, und
die Zeugen geloben und schwören sehen wollen?
Und folgends einen jeden Zeugen in Abwesen der
Partheyen und anderer Mitzeugen auf eingeschlos-
sene Articul und Fragstücke, wie recht ist, zu verhören, ihre Kundschaften aufzuschreiben, und mit
aller Handlung, so vor ihnen ergangen, dem Gericht, vor welchem die Sachen unentscheiden
schwebt, verschlossen zu überschicken, wie das alles die gemeine Form und Stylus der Bitt-
Briefe oder Ersuch-Schreiben ferner mit sich
bringen. Landr. p. 144. §. Und sollen alsdann ꝛc.

§. 4.

§. 4.

Nachdem aber die ausländische Zeugen etwa
alle unter einer - etwa mehr dann einer Obrigkeit
oder Gerichtszwang gesessen oder zu suchen, sollen
die Compaß- oder Ersuch-Brief folgender maß-
sen gestellt und gefertiget werden: Nemlich da die
Zeugen alle unter einer Obrigkeit oder Gerichts-
zwang gesessen, sollen die Compaß- und Ersuch-
Brief samt beygethanen Beweiß-Articuln und
Interrogatoriis, da einige übergeben, allein an
dieselbe Obrigkeit oder Gericht unter des Hofge-
richts-Secret verschlossen ausgehen, und der Parthey, sich derselben zu gebrauchen, zugestellt werden. Hofg. Ordn. p. 85. §. 2. & 3.

§. 5.

Da aber die Zeugen unter mehr, dann einer
Obrigkeit oder Gerichtszwang zu suchen, soll der
Parthey ein gemeiner offener Compaß-Brief
an alle Obrigkeiten und Gericht, so damit ersucht
werden, mitgetheilt, aber darneben die Articul
und die Interrogatoria samtlich verschlossen gegeben, und jede Obrigkeit oder Gericht in dem Compaß-Brief gebetten werden, die Articul und Interrogatoria wiederum verschlossen, wie auch der
Zeugen Aussag der Parthey auf gebührliche Bezahlung zuzustellen. Hofg. Ordn. p. 85. §. 4.

§. 6.

Da die Zeugen-Verhören von den Stadtschreibern öfters sehr spat und nicht eher vorgenommen

S 2

wer-

worden, als biß ihnen die Interrogatoria über
die eingereichte Articulos probatoriales zukommen, ſo ſind die Gerichte angewieſen worden, dem
Actuario jedesmalen einen Termin zu Vornahm
der Zeugen-Verhören und zwar dergeſtalt anzu-
ſezen, daß, ſobald die Articuli übergeben, derſelbe, ohne auf die Interrogatoria länger, als
vierzehen Tag, höchſtens drey Wochen, bey weit-
läufigen Articulis, zuzuwarten, den Productions-
Tag anſtellen ſolle. Gen. Reſcr. d. 14. Aug.
1770. ſ. *Art. probatoriales.*

Zeugen-Verhör-Commiſſarii.

§. 1.

Nachdem eine Parthey, ſo weiterer Beweiſung bedarf, ſelbige zu führen und einzubringen,
durch ergangenen Spruch zugelaſſen, ſoll ſolche
Parthey gleichbalden am Hofgericht einen *Commiſſarium* mündlich benennen, da dann zumalen
der Gegen-Parthey, einen Adjunctum zu begehren und nahmhaft zu machen, bevor ſtehen ſolle.
Hofg. Ordn. p. 81. §. 1.

§. 2.

Es mögen aber zu Commiſſariis oder Adjunctis in Sachen unter der Steig die Canzley-
Advocati, in Sachen aber ob der Steig des
Hofgerichts-Advocati und Procuratores, oder
auch wohl erfahrene und geübte Stadtſchreiber
beeder Orten im Land, ſo der Sachen am nechſten geſeſſen, jedoch mit derſelben zuvor nichts zu
thun

thun gehabt , benennt und fürgeſchlagen werden.
Hofg. Ordn. p. 81. §. 2.

§. 3.

Und da ein Commiſſarius von der einen Parthey nahmhaft gemacht, und die andere erhebliche
Exceptiones wider ſolchen fürzubringen, mag ſie
es thun und einen andern fürſchlagen ; Da dann
beede Partheyen ſich hierüber können vergleichen,
ſollen es Hofrichter und Räthe dabey laſſen verbleiben; Im Fall aber ſie Erkieſung und Erwäh-
lung eines Commiſſarii nicht eins könnten werden , alsdann ſollen Hofrichter und Räthe *ex*
officio ihnen einen unpartheyiſchen erkennen und
geben. Hofg. Ordn. p. 81. §. 3.

§. 4.

Damit die Partheyen, denen ein Terminus
probatorius, inner welchem die Zeugen zu verhören, inſonderheit angeſezt wird, keiner Verhin-
derung, daß ihre Zeugen in beſtimmter Zeit nicht
verhört worden, ſich zu beklagen haben, ſo ſollen
die Commiſſiones vom Hofgerichts=Secretario
ohnfehlbar innerhalb drey Wochen nach vollendetem Hofgericht, in welchem die Commißion erkennt worden, gefertiget, von zwey Fürſtlichen
Ober=Räthen oder von dem Hofrichter und
einem gelehrten Beyſizer unterſchrieben , und
ſamt denen dabey verſchloſſenen Articuln und Frag-
ſtücken, ſo übergeben, dem bewilligten oder er-
kennten Commiſſario zugeſtellt, Innhalt derſelben gehandelt , und die Zeugen verhört werden;

Und

Und soll er, Secretarius, solche Commissiones, obgleich ihme von den Partheyen noch keine Articul und Fragstück eingelieffert, nichts destoweniger innerhalb obbestimmter Zeit der drey Wochen ausschreiben, auch darinn, wie viel Zeit pro prima, secunda aut omni dilatione probandi den Partheyen erkennt, vermelden, und dem Commissario zu wissen machen. Hofg. Ordn. p. 86. §. 1.

§. 5.

Darauf sollen die Commissarii gleich nach Empfang der Beweiß-Articul selbige der Gegen-Parthey um ihre erhebliche Exceptiones, wann sie einige wider dieselbe zu haben vermeint, oder ihre gehörige Interrogatoria, generalia & specialia, darüber haben zu verfertigen, welche dem Commissario innerhalb vierzehen Tagen gewiß neben den Defensionalibus, ob sie dergleichen zu gebrauchen bedacht, einzuliefern sind, überschicken, und alsdann die ernennte Zeugen gleich in acht Tagen hernach, oder eheist möglich, für sich an ein ohnpartheyisch, sicher und, wo möglich, beeden Partheyen gelegenen Ort vertagen, wie auch der Gegen-Parthey darzu, die Zeugen geloben und schwören zu sehen und zu hören, peremtorie und endlich mit dem Anhang verkünden, sie erscheinen oder nicht, solle nichts destoweniger in der Sache fürgegangen werden. Hofg. Ordn. p. 86. §. 2. & p. 82. §. 6.

§. 6.

Die Zeugen sollen auf den angesetzten Tag mit gebühr-

gebührlichem Eyd von den Commissariis bela=
den, kein Zeug, er seye geist= oder weltlichen
Stands, Pfarrer, Kirchen=Diener, Amtleute
und Gerichts=Personen, ohne beeder Partheyen
Bewilligung, des gewohnlichen Zeugen=Eyds er=
lassen, und dann jeder Zeug insonderheit in Abwe=
sen der andern über die Articul und Fragstücke,
da einige eingekommen, verhört werden. Hofg.
Ordn. p. 87. §. 3.

§. 7.

Es sollen aber die Partheyen und ihre Advoca=
ten erinnert seyn, in Stellung der Fragstücke
keinen Ueberfluß zu gebrauchen, sondern allein
dasjenige, so zum Handel dienlich, darein zu
bringen. Landr. p. 141. §. Es sollen auch 2c.

§. 8.

Sofern nun die übergebene Fragstücke (davon
doch die Commissarii keine Abschrift vor Recht=
licher Publication der Zeugen=Verhör jemanden
geben sollen) zum Handel dienlich und unver=
werflich, sollen die Zeugen, so einen Articul wahr
sagen, über alle auf solchen Articul gestellte Frag=
stücke nicht weniger, als auf den Articul verhört
und befragt werden, und erstlich auf die generalia interrogatoria, folgends nach Ausweisung
des Directorii, so eines übergeben, auf jeden
Articul und dabey sonderlich übergebene Fragstü=
cke. Landr. p. 141. §. Sofern nun 2c.

§. 9.

Und obgleich keine Fragstücke übergeben wür=
S 4   den,

den, so sollen doch nichts destoweniger die Zeugen, fürnehmlich in Fällen oder Handlungen, daran den Partheyen sonders gelegen, nach fleißiger Erinnerung ihres gethanen Eydes und Warnung vor dem Meineyd auf folgende gemeine Interrogatoria befragt werden. Landr. p. 141. §. Und ob gleich 2c. Hofg. Ordn. p. 87. §. 4.

§. 10.

Gemeine Fragstücke.

1. Wie alt Zeug seye?

2. Ob er in des Heil. Reichs Acht?

3. Ob er dem, so ihne zu Zeugen gestellt, mit Sippschaft, Schwägerschaft oder sonst verwandt? Und wie?

4. Ob ihme nichts verheissen oder gegeben worden, Kundschaft zu sagen?

5. Ob er etwas Nuz- oder Schaden ausser dem Sieg des führenden Theils zu hoffen oder zu förchten habe?

6. Item, ob er einem Theil mehr günstig seye, dann dem andern? Und welchem?

7. Und ob er von jemanden unterrichtet seye, oder sich mit seinen Mitzeugen besprochen habe, wie er Kundschaft geben solle? Landr. p. 142.

§. 11.

Darnach, so zu den Articuln geschritten wird, soll Zeug bey jedem, den er wahr sagt, um Ursach

ſach ſeines Wiſſens, auch der Zeit, Mahlſtatt und anderer Umſtänd halber eigentlich befragt werden. *Ib.*

§. 12.

Der Zeugen Ausſagen ſollen fürderlich und fleißig von den Commiſſariis ingroßirt und ad mundum geſchrieben, mit den Adjunctis, ſo einige verordnet, collationirt, unter des Commiſſarii Sigill oder gewohnlichen Pittſchaft verſchloſſen der Parthey, gegen gebührlicher Belohnung zu erheben, und dem Hofgerichts-Secretario zu überantworten, verkündt werden. Hofg. Ordn. p. 87. §. 5.

§. 13.

Damit aber die Unterthanen, oder wer am Hofgericht zu thun hat, von den Commiſſariis und Adjunctis nicht übernommen, ſoll ihrer Beſoldung halber nachfolgende Ordnung gehalten werden.

§. 14.

Einem Commiſſario ſolle neben dem Bottenlohn für jede Citation, Denunciation und dergleichen Schreiben, es ſeyen der Zeugen wenig oder viel, fünfzehen Kreuzer, und wann er reyßt, oder Zeugen verhört, über ſeine ziemliche Zöhrung und Roßlohn (ſo jederzeit dem Producenten urkundlich zu berechnen) jeden Tags für ſeinen Verdienſt ein Reichsthaler oder ein Gulden dreyßig Kreuzer, ſo-

dann

dann für Ingroßirung jeden Blatts vier Kreuzer bezahlt, und was dißorts wegen des Commiſſarii, auſſerhalb der Ingroßirung, geordnet, ſolches ſolle auch auf die gebrauchte Ad-
junɛtos verſtanden werden. Hofger. Ordn.
p. 89. §. 2.

§. 15.

Und ſolle den Commiſſariis auferlegt ſeyn,
daß ſie die Partheyen mit allzuvielen übermäſi-
gen Koſten nicht beſchweren, ſondern ihrer
verſchonen, auch jedesmals bey den Gaſtgeben,
da ſie, Commiſſarii, zur Herberg liegen, daran ſeyn, daß ſie die Zöhrungs-Zettel ordentlich ſpecificiren und abgeſondert auffezen,
damit man hernacher die Taxirung derſelben,
was auf den Commiſſarium oder andere bey-
weſende Perſonen gerechnet worden, gründlich
wiſſe, und dadurch aller Argwohn, Unordnung und befahrende Unbilligkeit, ſo viel möglich, dißorts verhütet werden möge. Hofger.
Ordn. p. 89. §. 3. ſ. Zeugen-Verhören.

Zeugen-Verhör-Commiſſariorum
Adjunɛti.

§. 1.

So eine Sache wichtig und viel daran gelegen, wofern dann der einen oder beeden Partheyen dem erkießten oder beeden geordneten
Commiſſario einen *Adjunɛtum* zuzuordnen gemeint,

meint, ſoll ihnen daſſelbe zu thun unbenommen
ſeyn. Hofg. Ordn. p. 88. §. 1.

§. 2.

Die Adjuncti ſollen dem Commiſſario den
Eyd oder die Treue, wofern ſie von den Par-
theyen deſſen nicht inſonderheit erlaſſen, erſtatten.
Hofg. Ordn. p. 88. §. 2.

§. 3.

Der Abjuncten Glübd oder Eyd.

Die Abjuncten ſollen dem Commiſſario geloben und ſchwören, daß ſie ihme, Commiſſario, die von N. in dieſer Sache ernannte Zeugen mit Fleiß verhören; da ſie der Zeugen Aus-
ſag auch beſchreiben und eigene Protocolla halten werden, dieſelbe den Commiſſarium nach
vollendeter Zeugen-Verhör verpitſchieren laſſen;
Ihme nach Verfertigung des Examinis daſſelbe aus ihrem Protocollo collationiren helfen,
der Zeugen Ausſagen, biß dieſelbe Gerichtlich
eröffnet, in geheim halten, und niemand zu
wiſſen thun, oder Abſchrift mittheilen wollen.
Hofg. Ordn. p. 40.

§. 4.

Darauf ſollen die Adjuncti der Zeugen-Verhör beywohnen, dieſelbe verrichten, ſelber beſchreiben, und folgends, wann das Examen von
dem Commiſſario ingroſſirt, ihme daſſelbe collationiren helfen. Hofg. Ordn. p. 88. §. 2.

§. 5.

§. 5.

Wann nun die Adjuncten eigene Protocolla gehalten, sollen ihnen dieselbe nach vollendeter Zeugen-Verhör biß zu der Collation, und nach der Collation wiederum biß nach gerichtlicher Eröffnung der Attestationum von denen Commissariis verpitschiert werden. Hofg. Ordn. p. 88. §. 3. s. Zeugen-Verhör-*Commissarii.*

Zieler.

s. Urtheln. §. 20.

Zinß-Losung.

s. Losungen. §. 2.

Zinß, ohnablösige.

s. Hofgerichts-Jurisdiction. §. 11.

Zucht- und Arbeit-Hauß.

s. Gant-Processe. §. 5.

Zwang-Briefe.

s. *Compulsoriales.*

Anhang.

Anhang.

Innhalt.

I.

Chronologiſche Anzeige: In welchen
Jahrgängen, auf welchen Termin= und
wie lang= auch wo das Hofgericht
gehalten worden.

Jahrgang.	Termin.	Währung.	Ort.
1477. (a)	Reminiſc. = = =		} Urach.
1479. (b)	Oculi. = = =		
1481. (c)	= = = = =		} Stuttgart.
1487. (d)	= = = = =		
1488. (e)	= = = = =		
1506. (f)	Martini. = = =		
1509.	Invocavit. = = e		
	Viti. = = = =		1
	Martini. = = =		
1521.			
1524.			

(a-e) Vid. Præf. B. D. Schœpffii ad proc. Dic.
Ed. nov.

(f) Was in dieſem und folgenden Anhängen von
Anno 1506. biß 1577. vorkommt, iſt aus einem vorgefundenen alten Manuſcript genommen worden.

Jahrgang.	Termin.	Währung.	Ort.
1524.	Cantate.	' ' '	
	Assumt.Mar.	' ' '	
	Andreæ.	biß Samst. nach Luc.	
1526.	Invocavit.	' ' '	
	Assumt.Mar.	' ' '	
1527.	Invocavit.	' ' '	
	Assumt.Mar.	' ' '	
1528.	Hilarii. '	biß Pauli Bekehr.	
	Assumt.Mar.	10.Sept.	
1529.	TriumReg. '	30.Jan.	Tübingen.
1530.	Invocavit.	' ' '	
	Assumt.Mar.	biß Nativ. Mariæ.	
1531.	Corp.Chr.	' ' '	
	Martini.	' ' '	
1532.	Invocavit.	' Samst. nach Rem.	
	Othmari. '	13. Dec.	
1533.	Invocavit. '	22.Mart.	
	Viti. ' '	15. Jul.	
	Martini. '	5. Dec.	
1534.	Sebastiani. '	6. Febr.	

1534.

Jahrgang.	Termin.	Währung.	Ort.
1534.	Martini.	biß Freytag nach Luc.	
1535.	Trinitatis.	⸗ ⸗ ⸗	
	Martini.	⸗ ⸗ ⸗	
1536.	Reminisc.	einen Tag. (g)	
	Trinitatis.	⸗ ⸗ ⸗	
	Sim. & Jud.	biß 4. Dec.	
1537.	Reminisc.	⸗ 19. Mart.	
	Trinitatis.	⸗ 12. Jun.	
	Sim. & Jud.	⸗ 18. Dec.	Tübingen.
1538.	Invocavit.	⸗ 12. Apr.	
	Martini.	⸗ 29. Nov.	
1539.	Miser. Dom.	23. Maji.	
	Sim. & Jud.	⸗ ⸗ ⸗	
1540.	Invocavit.	⸗ ⸗ ⸗	
	Trinitatis.	⸗ ⸗ ⸗	
	Sim. & Jud.	⸗ ⸗ ⸗	
1541.	Invocavit.	⸗ ⸗ ⸗	
	Trinitatis.	⸗ ⸗ ⸗	

1542.

(g) Wegen der damaligen Kriegs-Rüstung in Bayern.

T

Jahrgang.	Termin.	Währung.		Ort.
1542.	Mifer.Dom.	⸗	⸗	Herrenb. (h)
1543.	Pfingsten.	⸗	⸗	⎫
	Barthol.	⸗	⸗	⎪
	Martini.	⸗	⸗	⎪
1544.	Invocavit.	⸗	⸗	⎪
	Trinitatis.	⸗	⸗	⎪
	Martini.	⸗	⸗	⎪
1545.	Mifer.Dom.	⸗	⸗	⎪
	Martini.	⸗	⸗	⎬ Tübingen.
1546.	Invocavit.	⸗	⸗	⎪
1547.	Invocavit.	⸗	⸗	⎪
	Trinitatis.	⸗	⸗	⎪
	Martini.	⸗	⸗	⎪
1548.	Martini.	⸗	⸗	⎪
1549.	Invocavit.	⸗	⸗	⎪
	Trinitatis.	⸗	⸗	⎪
	Martini.	⸗	⸗	⎪
1550.	Invocavit.	⸗	⸗	⎪
	Trinitatis.	⸗	⸗	⎭

1550.

(h) Um der Pest willen.

Jahrgang.	Termin.	Währung.	Ort.
1550.	Martini.	⸗ ⸗	Tübingen.
1551.	Invocavit.	⸗ ⸗	
	Trinitatis.	⸗ ⸗	
	Barthol.	⸗ ⸗	
	Martini.	⸗ ⸗	
1552.	Invocavit.	⸗ ⸗	
	Trinitatis.	⸗ ⸗	
	Martini.	⸗ ⸗	
1553.	Invocavit.	⸗ ⸗	
	Barthol.	⸗ ⸗	
	Martini.	⸗ ⸗	
1554.	Invocavit.	⸗ ⸗	
	Trinitatis.	⸗ ⸗	
	Martini.	⸗ ⸗	Tübingen u. Herrenb. (i)
1555.	Invocavit.	⸗ ⸗	Herrenberg.
	Trinitatis.	⸗ ⸗	
	Martini.	⸗ ⸗	Sindelfing.
1556.	Invocavit.	⸗ ⸗	
	Trinitatis.	⸗ ⸗	

(i) Wegen der Pest zu Tübingen.

Jahrgang.	Termin.	Währung.		Ort.
1556.	Martini.	⸗	⸗	Herrenberg.
1557.	Invocavit.	⸗	⸗	
	Trinitatis.	⸗	⸗	
	Martini.	⸗	⸗	
1558.	Invocavit.	⸗	⸗	
	Trinitatis.	⸗	⸗	
	Martini.	⸗	⸗	
1559.	Invocavit.	⸗	⸗	
	Trinitatis.	⸗	⸗	
	Martini.	⸗	⸗	
1560.	Invocavit.	⸗	⸗	Tübingen.
	Trinitatis.	⸗	⸗	
	Martini.	⸗	⸗	
1561.	Invocavit.	⸗	⸗	
	Trinitatis.	⸗	⸗	
	Martini.	⸗	⸗	
1562.	Invocavit.	⸗	⸗	
	Trinitatis.	⸗	⸗	
	Martini.	⸗	⸗	
1563.	Invocavit.	⸗	⸗	

1563.

Jahrgang.	Termin.	Währung.	Ort.
1563.	Trinitatis.	⸗ ⸗	
	Barthol.	⸗ ⸗	
	Martini.	⸗ ⸗	} Tübingen.
1564.	Invocavit.	⸗ ⸗	
	Trinitatis.	⸗ ⸗	
	Martini.	⸗ ⸗	Sindelfin. (k)
1565.	Invocavit.	⸗ ⸗	Böblingē. (l)
	Trinitatis.	⸗ ⸗	
	Martini.	⸗ ⸗	} Tübingen.
1566.	Invocavit.	⸗ ⸗	
	Trinitatis.	⸗ ⸗	
	Martini.	⸗ ⸗	
1567.	Invocavit.	⸗ ⸗	} Herrēb.(m)
	Trinitatis.	⸗ ⸗	
	Barthol.	⸗ ⸗	
	Martini.	⸗ ⸗	
1568.	Invocavit.	⸗ ⸗	} Tübingen.
	Trinitatis.	⸗ ⸗	

T 3   1568.

(k. l.) Um der Pest willen.
(m) Wegen der zu Tübingen sich ereigneten Sterb-
fälle.

Jahrgang.	Termin.	Währung.	Ort.
1568.	Martini.	𝄖 𝄖	⎫
1569.	Invocavit.	𝄖 𝄖	⎪
	Trinitatis.	𝄖 𝄖	⎪
	Barthol.	𝄖 𝄖	⎪
	Martini.	𝄖 𝄖	⎪
1570.	Invocavit.	𝄖 𝄖	⎬ Tübingen.
	Trinitatis.	𝄖 𝄖	⎪
	Barthol.	𝄖 𝄖	⎪
	Martini.	𝄖 𝄖	⎪
1571.	Invocavit.	𝄖 𝄖	⎪
	Trinitatis.	𝄖 𝄖	⎭
	Barthol.	𝄖 𝄖	Herrenb. (n)
	Martini.	𝄖 𝄖	⎫ Waibl. (o)
1572.	Invocavit.	𝄖 𝄖	⎭
	Trinitatis.	𝄖 𝄖	⎫
	Barthol.	𝄖 𝄖	⎪
	Martini.	𝄖 𝄖	⎬ Tübingen.
1573.	Invocavit.	𝄖 𝄖	⎭

1573.

(n) Sterbens-Läuf halber.
(o) Wegen der Pest zu Tübingen.

Jahrgang.	Termin.	Währung.	Ort.
1573.	Trinitatis.	⸗ ⸗	
	Barthol.	⸗ ⸗	
	Martini.	⸗ ⸗	
1574.	Invocavit.	⸗ ⸗	
	Trinitatis.	⸗ ⸗	
	Barthol.	⸗ ⸗	
	Martini.	⸗ ⸗	
1575.	Invocavit.	⸗ ⸗	
	Trinitatis.	⸗ ⸗	Tübingen.
	Barthol.	⸗ ⸗	
	Martini.	⸗ ⸗	
1576.	Invocavit.	⸗ ⸗	
	Trinitatis.	⸗ ⸗	
	Barthol.	⸗ ⸗	
	Martini.	⸗ ⸗	
1577.	Invocavit.	⸗ ⸗	
	Trinitatis.	⸗ ⸗	
	Barthol.	⸗ ⸗	
1594. (p)	⸗	⸗ ⸗	Marbach.(q)
			1602.

T 4

(p) Vid. B. D. Schœpffii Præf. ad proc. Dic. Ed. nov.
(q) Wegen der Pest zu Tübingen. Ib.

Jahrgang.	Termin.	Währung.	Ort.
1602.			
1603.	Galli.	⸗ ⸗	
1604.	Invocavit.	⸗ ⸗	
1605.	Invocavit.	5. Wochen.	
	Trinitatis.	4. Wochen.	
	Barthol.	3. Wochen.	
	Martini.	7. Wochen.	
1607.	Invocavit.	⸗ ⸗	
	Trinitatis.	⸗ ⸗	
1608.	Barthol.	⸗ ⸗	Tübingen.
	Trinitatis.	⸗ ⸗	
1627.	Invocavit.	4. Wochen.	
	Trinitatis.	5. Wochen.	
	Barthol.	5. Wochen.	
	Martini.	6. Wochen.	
1628.	Invocavit.	5. Wochen.	
1644.			
1664.	Barthol.	⸗ ⸗	
1672.	Invocavit.	4. Wochen.	
	Barthol.	4. Wochen.	

1673.

Jahrgang.	Termin.	Währung.	Ort.
1673.	Invocavit.	3. Wochen.	
	Martini.	3. Wochen.	
1675.	Barthol.	4. Wochen.	
1677.	Invocavit.	5. Wochen.	
1678.	Trinitatis.	4. Wochen.	
1680.	Invocavit.	4. Wochen.	
	Barthol.	3. Wochen.	
1681.	Barthol.	4. Wochen.	Tübingen.
1682.	Barthol.	4. Wochen.	
1683. (r)	Barthol.	4. Wochen.	
1684.	Barthol.	4. Wochen.	
1685.	Barthol.	4. Wochen.	
1686.	Barthol.	4. Wochen.	
1687.	Trinitatis.	4. Wochen.	
1688.	Barthol.	5. Wochen.	
1690.	Barthol.	4. Wochen.	
1692. (st)	Trinitatis.	4. Wochen.	

T 5   1694.

(r) Den 8. Jun. 1683. wurde ein extraord. Hofgericht gehalten.
(st) Vom 26. biß 28. Aug. 1692. wie auch den 27.
und 28. Febr. 1693. ist abermalen ein extraord.
Hofgericht und zwar jenes zu Tübingen, lezteres
aber zu Stuttgart gehalten worden.

Jahrgang.	Termin.	Währung.	Ort.
1694.	Barthol.	4. Wochen.	
1695.	Barthol.	4. Wochen.	
1696.	Barthol.	5. Wochen.	
1697.	Barthol.	4. Wochen.	
1698.	Barthol.	5. Wochen.	
1699.	Barthol.	4. Wochen.	
1700.	Barthol.	3. Wochen.	
1701.	Invocavit.	4. Wochen.	
	Martini.	3. Wochen.	
1704.	TriumReg.	8. Wochen.	Tübingen.
1705.	TriumReg.	4. Wochen.	
1706.	TriumReg.	6. Wochen.	
1708.	Invocavit.	4. Wochen.	
1709.	Esto mihi.	6. Wochen.	
1710.	Invocavit.	5. Wochen.	
1711.	Barthol.	5. Wochen.	
1712.	Barthol.	5. Wochen.	
1714.	Trinitatis.	6. Wochen.	
1716.	Quasimod.	6. Wochen.	
1718.	Quasimod.	6. Wochen.	

1721.

Jahrgang.	Termin.	Währung.	Ort.
1721.	Barthol.	5. Wochen.	
1722.	Jubilate.	6. Wochen.	
1723.	Quasimod.	6. Wochen.	
1724.	Barthol.	6. Wochen.	
1725.	Barthol.	5. Wochen.	
1726.	Jubilate.	6. Wochen.	
1727.	Barthol.	6. Wochen.	
1729.	Quasimod.	6. Wochen.	
1730.	Jubilate.	6. Wochen.	Tübingen.
1731.(u)	Barthol.	6. Wochen.	
1733.	Barthol.	5. Wochen.	
1735.	Barthol.	4. Wochen.	
1736.	Barthol.	5. Wochen.	
1738.	Quasimod.	6. Wochen.	
1739.	Jubilate.	4. Wochen.	
	Barthol.	6. Wochen.	
1740.	Quasimod.	4. Wochen.	
	Barthol.	4. Wochen.	

1741.

(u) Vom 23. biß 30. Jan. 1731. wurde wiederum ein Gast-Hofgericht gehalten.

Jahrgang.	Termin.	Währung.	Ort.
1741.	Quasimod.	5. Wochen.	
	Barthol.	4. Wochen.	
1742.	Barthol.	5. Wochen.	
1743.	Barthol.	5. Wochen.	
1744.	Barthol.	6. Wochen.	
1745.	Barthol.	6. Wochen.	
1746.	Barthol.	6. Wochen.	
1747.	Barthol.	6. Wochen.	
1748. (x)	Trinitatis.	3. Wochen.	Tübingen.
1749.	Barthol.	6. Wochen.	
1750.	Barthol.	6. Wochen.	
1751.	Barthol.	6. Wochen.	
1752.	Barthol.	6. Wochen.	
1753.	Barthol.	6. Wochen.	
1754.	Barthol.	6. Wochen.	
1755.	Barthol.	6. Wochen.	
1756. (y)	Barthol.	6. Wochen.	

1757.

(x) Den 27. Jun. 1748. ist abermalen ein Gast-Hofgericht gehalten worden.

(y) Bey diesem Hofgericht und zwar den 15. Sept. geruheten Se. Herzogliche Durchlaucht gnädigst,

Jahrgang.	Termin.	Währung.	Ort.
1757.	Barthol.	6. Wochen.	
1758.	Barthol.	6. Wochen.	
1759.	Jubilate.	4. Wochen.	
	Barthol.	6. Wochen.	
1760.	Jubilate.	6. Wochen.	
	Barthol.	6. Wochen.	
1761.	Rogate.	4. Wochen.	
	Barthol.	6. Wochen.	Tübingen.
1762.	Barthol.	5. Wochen.	
1766.	Barthol.	6. Wochen.	
1767.	Barthol.	6. Wochen.	
1768.	Barthol.	6. Wochen.	
1769.	Barthol.	6. Wochen.	
1770.	Barthol.	6. Wochen.	
1771.	Barthol.	6. Wochen.	

digst, dem Hofgericht von Anfang biß zu End
des damals vorgekommenen Processes in Höch-
ster Person anzuwohnen.

II. Ver-

II.

Verzeichniß der Hofrichter und Vice-Hofrichter.

A. 1479. ware Hofrich- Georg von **Ehin-**
ter.   gen. (a)

1481. s s s **Sigmund von Frie-**
burg, zum Ysenberg
Ritter. (b)

1488. s s s **Wilhelm von Wer-**
nau, Ritter. (c)

Von A. 1506. biß 1509. **Hannß von Neuhau-**
sen.

— 1524. s 1534. **Jacob von Kalten-**
thal.

— 1534. s 1550. **Hannß von Gertrin-**
gen, genannt Har-
der, Ober-Vogt zu
Tübingen. (d)

— 1550. s 1554. **Hannß Dieterich von**
Plieningen. (e)

Von

(a.b.c.) Vid. B. D. Schœpffii Præf. ad proc. Dic.
Edit. nov.

(d) Bey dem Martini Hofgericht 1550. ware Hannß
Caspar von Anweyl, Ober-Vogt zu Balingen, Hofrichter-Amtsverweser.

(e) Bey denen auf Martini 1551. Trinitatis 1552.
und

Von A. 1555. biß 1572. Wilhelm von Neu-
                              hausen. (f)

—   1576. = 1577. Hannß Burckhard von
                   Anweyl, Ober-
                   Vogt zu Herren-
                   berg. (g)

—   1607. = 1628. Wilhelm von Rein-
                   chingen, Obervogt
                   zu Urach. (h)

—   1673. = 1678. Moriz Freyherr von
                   und zu Cronegg.

—   1680. = 1697. Georg Ehrenreich von
                   Closen zu Heyden-
                   burg auf Bläsiberg
                   und Wancken, Rath
                   und Ober-Vogt zu
                   Balin-

---

und Trinitatis 1554. abgehaltenen Hofgerichten
ware ermeldter von Anweyl abermalen Hofrichter-Amtsverweser.

(f) Bey dem Trinitatis Hofgericht 1558. ware er-
sagter von Anweyl = bey den Bartholomæi und
Martini Hofgerichten 1570. hingegen, wie auch
denen Invocavit und Trinitatis Hofgerichten
1571. Hannß Truchsäß von Höfingen, Ober-
Vogt zu Tübingen und von A. 1572. biß 1576.
dieser und Hannß von Karpfen Hofrichter-
Amtsverweser.

(g) A. 1602. ware Gedeon von Ostheim, Ober-
Vogt zu Tübingen Hofrichter-Amtsverweser.

(h) Bey dem auf Trinitatis 1607. abgehaltenen Hofgericht ware Burckh. von Weyler, Ober-Vogt
zu Schorndorf Vice-Hofrichter.

Balingen, Tuttlin-
gen, Ebingen und
Rosenfeld.

Von A. 1698. biß 1703. Georg Fried. Schertel von Burten-
bach zu Mauren,
des Fürstlichen Col-
legii Ober-Hofmei-
ster und Ober-Vogt
zu Tübingen, auch der
freyen Reichs-Ritter-
schaft in Schwaben
Orts am Neccar,
Schwarzwald und
Ortenau Director.

—   1703. ⸗ 1707. Eccard Ulrich von De-
wiz, Fürstl. Rath,
Ober-Hofmeister des
Collegii Ill. und
Ober-Vogt zu Tü-
bingen. (i)

—   1708. ⸗ 1727. Phil. Heinr. von Göl-
niz, Fürstl. Rath,
Ober-Hofmeister des
Col-

(i) A. 1704. wurde die Vice-Hofrichter-Stelle
dem Oberrath Georg Wilhelm von Reischach,
A. 1705. dem Oberrath und Hofgerichts-Assessori Conrad Christoph von Phul, und A. 1707.
nach der Dimißion des Hofrichters von De-
wiz dem nachmaligen Hofrichter Phil. Heinr.
von Gölniz aufgetragen.

Coll. III. und Ober-
vogt zu Tübingen.(k)

Von A. 1727. biß 1734. Christ. Peter v. Forst-
ner, Geheime Rath,
Ober-Hofmeister des
Coll. III. und Ober-
Vogt zu Tübingen u.
Bebenhausen. (l)

—   1734. - 1738. Ernst Conrad v. Gais-
berg, Vice-Ober-
Hofmeister des Coll.
III. zu Tübingen.

—   1738. - 1744. Andr. Heinr. v. Schüz,
Geheime Rath.

—   1744. - 1772. Joh. Christoph Frey-
herr von Pflug,
Regierungs-Raths-
Präsident und nach-
maliger Geheime
Etats- und Cabi-
nets-Ministre. (m)
III. Al-

(k) A. 1716 wurde Peter von Forstner zum Vice-
Hofrichter ernannt.
(l) A. 1730. erhielte der Vice-Präsident und Cammer-Juncker Ernst Conrad von Gaisberg
die Stelle eines Vice-Hofrichters.
(m) A. 1767. wurde dem Cammerherrn, adelichen
Regierungsrath und Hofgerichts-Assessori
Christian Heinrich von Gölniz, und in
A. 1772. dem jeztmaligen Herrn Cammerherrn,
geheimen Rath und Hofgerichts-Assessori Aug.
Lebrecht von Taubenheim, die Vice-Hofrichter-Stelle conferirt.
U

III.

Alphabetische Verzeichniß der Hof=gerichts=Assessorum.

A.

Ackermann (Laur.) von Stuttgart. 1534.

Anastasius (D.) 1577.

Andler (D. Jacob) 1607.

Andreä (Georg Leonh.) Burgermeister zu Kirch=heim, juravit d. 5. Maji 1730.

von Anweyl (Daniel) 1568. sq.

von Anweyl (Friz Jac.) Obervogt zu Tübin=gen. 1536. sqq.

von Anweyl (Hannß Casp.) Obervogt zu Ba=lingen. 1548. sq.

Avena (Lt. Joh.) 1553.

Aulber (D. Joh. Jac.) 1602.

B.

Bansovius, (D. Sam.) 1604. sqqq.

Bardili (Andr. Burckh.) juravit d. 26. Aug. 1721.

Bardili (D. Burckh.) Prof. juris. 1678. sqq.

Bardili (D. Burckh.) Fürstlicher Rath und Bebenhäusischer Pfleger zu Eßlingen, Extraordinarius, juravit d. 28. Maji 1687.

Bauhoff (Joh.) von Canstatt. 1566.

Baur (Joh. Jac.) Burgermeister zu Tübingen, juravit d. 25. Sept. 1675.

Baur (D. Heinr.) 1607.

Bayer

Bayer (Ferd. Wolfg.) Collegii-Verwalter und Pfleg-Adjunctus zu Tübingen, Extraordinarius, juravit d. 6. Apr. 1723.

Bayer (Wolfg. Ferd.) Hofgerichts-Advocat, Bebenhäusischer Pfleger und Collegii-Verwalter zu Tübingen, Extraordinarius, juravit d 8. Sept. 1733.

Beer (Joh. Georg) des Gerichts zu Tübingen. 1672. sqq.

von Bernerdin (Wilh. Fried.) juravit d. 4. Sept. 1694.

von Bernhausen (Jerg) 1526.

Bertsch (D. Kilian) 1561.

von Bidembach zu Treuenfels und Oßweil, (Fried. Wilh.) juravit d. 31. Aug. 1680.

Bider (Lic.) 1506.

Bilfinger (Fried. Ferd.) Regierungsrath, juravit d. 28. Apr. 1760.

Binder (Joh. Mich.) von Stuttgart.

Blaicher (Joh.) Pfarrer zu Lorch. 1479. (a)

Bocer (D. Heinr.) Fürstl. Rath und Professor. 1607.

von Bödickheim (Gerhard) Oberamtmann zu Weinsperg. 1555.

Böhm (D. Joh. Heinr.) juravit als Extraordinarius d. 12. Mart. 1672. und als Ordinarius d. 18. Nov. 1673.

Böler (Mich.) von Tübingen. 1537. sqq.

Bölz (D. Nic.) 1479. (b)

U 2 Brait-

(a. b.) Vid. B. D. Schœpfii Præf. ad proc. Dic. Ed. nov.

Braitschwerd von Buchenbach) (Joh. Wilh.) juravit d. 11. Mart. 1710.

Braitschwerdt (Leonhard) von Böblingen. 1532. sq.

Brastberger (D. Gebhard) 1544. sq.

Brastberger (D. Joh.)

Brastberger (Ulr.) von Urach. 1540. sqq.

Brenner (Joh. Phil.) Burgermeister zu Nürtingen, juravit d. 15. Febr. 1701.

Breuning (Hannß) Untervogt zu Tübingen. 1530. sqq.

. Breuninger (Marsilius) 1509.

Brodhag (Joh. Bernh.) Keller zu Tübingen, Extraordinarius, juravit d. 8. Jun. 1683.

Broll (Hannß) von Stuttgart. 1547.

Burckhardt (Lt. Heinr. Mart.) juravit d. 26. Aug. 1711.

Burgstaller (Christian)

Buwinghausen von Wallenerodt (Heinr. Achilles) Oberrath. 1644.

C.

Calwer (Georg) von Tübingen. 1602.

von Closen (Sigm. Adam) 1665. sqq.

Cronnagel (D. Joh. Nic.) Land-CommißionsRath, juravit d. 28. Aug. 1736.

Currlin (Joh. Elias) Rath und Vogt zu Lustnau, Extraordinarius, juravit d. ꞏ ꞏ 1745.

D.

Dann (Lt. Jac. Heinr.) juravit d. 23. Aug. 1745.

Dann

Dann (Joh. Jac.) Regierungsraths = Secretarius, juravit d. 19. Aug. 1727. (c)

Decker (Joh.) von Brackenheim. 1544.

von Degenfeld. (Carl)

von Degenfeld (Christoph) Obervogt zu Göppingen. 1560. sqq.

Demeler (Alex.) von Marbach. 1536.

Demeler (D. Anast.) 1556. sqq.

Demmler (D. Mich.) 1602.

Demond (D. Joh. Jac.) juravit d. 31. Aug.
1675.

Dermineur (Pierre) Regierungsraths = Secretarius.

Dettinger (Ferd. Fried.) Burgermeister zu Waiblingen, juravit d. 15. Sept. 1769.

von Dewitz (Eccard Ulr.) Oberhofmeister und
Obervogt zu Tübingen, juravit d. 18. Febr.
1701.

Dreher (Hannß) von Leonberg. 1534. sq.

Duttenhoffer (Jac. Fried.) Burgermeister zu
Nürtingen, juravit d. 25. Aug. 1767.

E.

Ebinger (D. Conr.) 1509. sqq.

Egen (Conr.) von Stuttgart. 1558.

Eheininger (D. Georg) 1479. (d)

von Ebingen (Hannß Wernher) Obervogt zu
Balingen. 1530.

von Ebingen (Haug Wernher) 1526. sqq.

U 3 von

(c) Starb A. 1744. während dem Hofgericht auf
dem Rathhauß.
(d) Vid. d. Praef.

von Ehingen (Phil.) 1506. sqq.
von Ehingen (Rud.) 1506. sqq.
Engel (Fried.) Procurator Stipendii zu Tübingen, Extraordinarius, juravit d. 11. Sept. 1685.
Epplin (M. Elias) zu Nürtingen. 1587. sqq.

F.

Faber (D. Joach.) 1607.
Faber (Wilh. Eberh.) Regierungsrath, juravit d. 28. Aug. 1736.
Fabri (D. Beatus.) 1564.
Facundus (D. Jerg) 1602. sqq.
Feßler (Kilian) von Tübingen. 1530. sq.
Forstner von Dambenoy (Georg Ludw.) Cammer-Juncker, juravit d. 28. Febr. 1708.
von Franckenberg (Balth.) 1607.
von Frauenberg (Hannß Conr.) Obervogt zu Rosenfeld. 1547. sqq.
Frommann (D.) 1680.
Furler (D. Hanß Heinr.) 1552.

G.

von Gaisberg (Joh. Heinr.) Oberrath, juravit d. 6. Mart. 1677.
Gaißlin (Wilh.) von Gröningen. 1552.
de Gallis (Joh. Aquila) 1509.
Georgii (Fried. Heinr.) Vogt zu Tübingen, juravit d. 5. Maji 1722.
Gilg (Wilh.) von Tübingen. 1532. sq.
von Gölniz (Christian Heinr.) adelicher Regierungsrath, juravit d. 19. Aug. 1727.

von

von Gölnitz (Georg Christoph) Oberrath.

von Gollen (Jac. Fried.) adelicher Regierungs-
rath, juravit d. 13. Sept. 1746.

von Gollen (Jac. Fried.) adelicher Regierungs-
rath, juravit d. 25. Aug. 1766.

Graß (D. Mich.) juravit d. 3. Maii 1730.

Grave (D. Joh.) juravit d. 23. Aug. 1698.
und 31. Aug. 1700.

Gremp (D. Ludw.) 1537. sqq.

Gremper (Conr.) 1506. sqq.

Gremper (M. Heinr.) 1524.

Grunbach (D. Albr.) Kircher zu Gmünd.
1479. (e)

Güetler (Joh. Georg) Burgermeister zu Stuttgart, juravit d. 2. Mart. 1680.

H.

Halbritter (D. Joh.)

von Hallweil zu Veihingen, (Ludw.)

Hätlen (Hannß Georg) Burgermeister zu Göppingen. 1672. sqq.

Harpprecht Lt. und Prof. juris patrii (Christoph Fried.) juravit d. 26. April 1729.

Harpprecht (D. Ferd. Christoph) juravit d.
24. Maii 1692.

Harpprecht (D. Ge. Fried.) juravit d. 21.
Jan. 1704.

Harpprecht (Lt. Joh.) Burgermeister zu Tübingen, 1734.

U 4   Harpp-

(e) V. d. Præf.

Harpprecht (Joh. Andr.) Regierungs-Rath, juravit d. 30. Aug. 1762.

Haug (Laur.) von Leonberg, juravit d. 19. Jun. 1565. sqq.

Hechtlin (Mart.) von Kirchheim. 1530. sqq.

Helfferich (D. Joh. Jac.) Prof. Hist. & Pol. in Ill. Coll. juravit d. 27. Apr. 1718.

Hellwer (Lt. Joh. Conr.) Ober-Rath, juravit d. 2. Mart. 1708.

Hemminger (D. Joh.) 1506. sqq.

Herbst (Anstett) von Nagold. 1531. sqq.

Herbst (Joh. Ludw.) von Stuttgart. 1608.

Hermann (Wilh. Christoph) Expeditions-Rath und Keller zu Tübingen, Extraordinarius, juravit d. 2. Sept. 1766.

Hertter von Hertneck (Fried.) Ober-Vogt zu Sulz. 1569.

Hertter von Hertneck (Sigm.) Ober-Vogt zu Tübingen. 1543. sq.

Heß (Lt. Gottl. Fried.) Vogt zu Herrenberg, juravit d. 26. Apr. 1729.

Heß (Hannß) von Bietigheim. 1524.

Heyder (D. David) 169 .

Heyland (Enoch) Ober-Rath, Extraordinarius, juravit d. 18. Sept. 1685.

Hiller (D. Christian Heinr.) Prof. Jur. Extraordinarius, juravit d. 19. Aug. 1727.

Hiller (Joh. Mart.) Pfleeger zu Tübingen, Extraordinarius, juravit d. 26. Aug. 1692.

Hiller (D. Martin) 1555.

Hiller (Marr) von Herrenberg. 1537. sqq.

Hirsch-

Hirschmann (Joh. Fried.) Hof- und Rentcammer-Expeditionsrath, juravit d. 25.
Aug. 1767.

Hochmann (D. Joh.) 1561. sqq.

Hofenberg (Ludw.) 1479. (f)

Hoffmann (D. Gottfr. Dan.) Prof. juravit
d. 22. Aug. 1768.

Hoffmann (Lt. Joh. Dan.) Burgermeister zu
Stuttgart, juravit d. 28. Aug. 1694.
und 26. Aug. 1697.

Hoffmann (Joh. Dan.) Burgermeister zu
Stuttgart, juravit d. 28. Aug. 1731.

Hoffmann (Joh. Friedr.) Burgermeister zu
Stuttgart, juravit d. 19. Aug. 1760.

Hopeler (Hannß) von Waiblingen. 1544.

Hopfer (Lt. Joh. Fried. Erasmus) Hofgerichts-
Advocat, juravit d. 26. Aug. 1750.

Horn (Cyr.) Burgermeister zu Stuttgart.
1566. sqq.

Hunn (M. Alex.) zu Canstatt. 1569.

von Hunoldstein (Otto Wilh. Ernst) Extraordinarius, juravit d. 18. Nov. 1673.

J.

Jäger (Lt. Christian Fried.) Rath und Clo-
sters-Hofmeister zu Kirchheim, Extraordinarius, juravit d. 24. Maji. 1692.

Jäger (Joh. Fried.) Burgermeister zu Brackenheim, juravit d. 28. Aug. 1731.

U 5   Jäger

(f) V. d. Præf.

Jäger (D. Phil. Fried.) Regierungs = Rath.
1744. (g)
Jäger (Wolff) von Göppingen. 1524.
Jäger (M. Wolfg.) von Waiblingen. 1572.
Imlin (Marr) von Stuttgart.
Johann, Abt zu Hirſau. 1536.
Jung, Lt. Cammer = Procurator, juravit d.
26. Aug. 1692.

K.

Kalt (D. Jac.) 1530. ſqq.
von Kaltenthal (Jac.) 1506. ſqq.
Kapf (Sirt Jac.) Prof. juravit d. 25. Aug.
1766.
von Karpffen (Balth.) Ober = Vogt zu Tutt=
lingen. 1562.
von Karpffen zu Thalheim (Eberh.) 1524. ſqq.
von Karpffen (Hannß) 1506. ſqq.
von Karpffen zu Rietheim (Joh. Dieterich)
1602. ſqq.
Kegelin (Joach.) 1537.
Kercher (Hannß) Burgermeiſter von Stutt=
gart. 1539. ſq.
Kieſſer (Joh. Ge.) Burgermeiſter zu Urach,
juravit d. 14. Aug. 1688. (h)
Kienlin (Laur.) von Stuttgart. 1526. ſqq.
Knebel (Wilh. Fried.) Regierungsraths = und
zu

(g) Starb A. 1745. zu Stuttgart, ehe das Hofge=
richt gehalten wurde, und er den Eyd ab=
gelegt.
(h) Starb während dem Hofgericht.

zu Wien gestandener Legations-Secretarius, juravit d. 10. Jun. 1748.

Rölle (Joh. Adam Christoph) Burgermeister zu Tübingen, juravit d. 19. Aug. 1771.

König (D. Hannß) 1530. sqq.

Kolb (Joh. Wilh.) Burgermeister zu Urach, juravit d. 18. Aug. 1755.

Ropp (Alex.) von Kirchheim. 1535.

Kornbeck (Jac. Fried.) Burgermeister zu Ludwigsburg, juravit d. 18. Aug. 1744.

Krauß (D. Joh.) 1564.

Kruog (Joh.) von Tübingen. 1571.

Küehorn (Hannß) von Stuttgart. 1524.

Küngspach (D. Jac.) 1557. sqq.

Küngspach (M. Joh.) 1506. sqq.

Kurrer (D. Joh. Adam) Prof. Extraordinarius, juravit d. 8. Jun. 1683.

Kurrer (Lt. Joh. Adam) Burgermeister zu Tübingen, juravit d. 28. Febr. 1708.

Kurz (Lt. Joh. Jac.) 1672.

L.

von Landenberg (Hannß) Ober-Vogt zu Leonberg. 1540.

Laubmeyer (D. Andr.) 1576.

Lauterbach (D. Wolfg. Adam) Prof. 1672.

von Layningen (Achat.)

Leyrer (Bernh.) von Herrenberg. 1572.

von Liebenstein (Frid. Max.) juravit d. 6. Sept. 1745.

von Liebenstein (Hannß) 1509.

Lindlin (Hannß) von Stuttgart. 1533. sqq.

Löw

Löw (Dietr.) von Balingen. 1526. ſqq.

Löw (Hannß Ge.) von Stuttgart.

von Löwenſtein (Fried. Gottl.) Ober-Rath, juravit d. 26. Aug. 1696. und 12. Febr. 1709.

Lucas, Abt zu Herrenalb. 1536.

Lupfdich (D. Joh.) 1506. ſqq.

Lutz (M. Conr.) Vogt zu Tübingen. 1479. (i)

M.

Matz (Caſp.) von Nürtingen. 1526. ſqq.

Manz (Chriſtoph) Burgermeiſter von Stuttgart. 1571.

Mauritius (D. Erich)

Megenhard (Joh.) von Stuttgart. 1561.

Megenhard (Iſaac) von Stuttgart.

Megenzer (Wolff Dietr.) Ober-Vogt zu Wildberg. 1565.

von Menzingen (Fried. Max.) Ober-Rath und Cammer-Juncker, Extraordinarius, juravit d. 4. Sept. 1699.

Merer (M. Mich.) von Marbach. 1544. ſqq.

Meybuſch (Lt. Gerhard) Ober-Rath, juravit d. 29. Aug. 1682.

Mittel (D. Mart.) 1479. (k)

Möglin (D. Amandus) 1548.

Mögling (D. Jac. Dav.) Prof. Extraordinarius, juravit d. 26. Aug. 1711.

Mögling (Joh. Dav.) juravit d. 2. Mart. 1680.

Mög-

(i) Vid. d. Præf.
(k) Vid. d. Præf.

Mögling (D. Joh. Fried.) Prof. juravit d.
    5. Maji 1760.

Mögling (Joh. Heinr.) Hof-Rath, juravit
    d. 21. Aug. 1753.

von Mörlau (Otto Albr.) Ober-Hofmeister
    in Collegio Ill. zu Tübingen, juravit d.
    12. Mart. 1672.

Muesin (Hannß) von Nürtingen. 1533.

von Münchingen (Fried. Gottl.) juravit d.
    8. Jan. 1704.

von Münchingen (Wernher) 1551. sqq.

Mylius (D. Ernst Heinr.) Regierungs-Rath,
    juravit d. 23. Aug. 1745.

N.

Neipper (M. Hannß) von Brackenheim.
    1536. sqq.

Neser (D. Matth.) 1530. sqq.

Neu (D. Joach. Christian) 1672.

Neuffer (D. Joh. Val.) Feud. Prof. 1587.

Neuffer (Lt. Veit Jac.) Burgermeister zu Tü-
    bingen, juravit d. 26. Aug. 1721.

von Nippenburg (Fried.) 1558. sqq.

O.

Obrecht (Lt. Joh. Jac.) geheimer Secreta-
    rius, juravit d. 8. Jan. 1705.

Ochsenbach (D. Matth.) Kircher zu Nürtin-
    gen. 1479. (1)

Oelsner (Christoph) Burgermeister zu Tübin-
                  gen,

---

(1) Vid. d. Præf.

gen, Extraordinarius, juravit d. 11.
Sept. 1685.

von Oetinger (Eberh. Christoph) Adel. Re=
gierungsrath, juravit d. 25. Sept. 1771.

von Offenburg (Hannß Heinr.) 1607.

Offterdinger (M. Joh.) Probst zu Tübingen.
1509.

von Onzhuß (Wernher) D. der Heil. Schrift
und geistlichen Rechten. 1479. (m)

von Ostheim (Gedeon) 1573.

von Ow (Hannß Erhard) Ober=Vogt zu Tü=
bingen. 1530. sqq.

P.

Pape (Joh. Christoph) Rath und Unter=Vogt
zu Tübingen, juravit d. 27. Aug. 1695.

Peter, Probst zu Denckendorff. 1479. (n)

Pfeil (Quirin Heinr.) Rath und Vogt zu Lust=
nau, juravit d. 29. Maji 1714.

von Pflug (Joh. Christoph) juravit d. 30.
Maji 1729.

von Pflug (Carl Aug.) juravit d. 20. Aug.
1770.

von Phuel (Conr. Christoph) Oberrath, ju=
ravit d. 8. Jan. 1704.

von Plieningen (Hannß Dietr.) Obervogt zu
Leonberg. 1534. sqq.

Pregizer (D. Joh. Ulr.) Oberrath, juravit
d. 30. Aug. 1681.

Ram•

(m. n) Vid. d. Præf.

R.

Rampacher (Joh. Fried.) Rath und Vogt zu Canstatt, juravit d. 3. Maji 1730.

Rauch (Joh.) des Gerichts zu Tübingen. 1604. sqq.

Reich (Walther) Burgermeister zu Tübingen. 1547.

Reinhard, Burgermeister. 1672. sqq.

von **Remchingen** (Carl) 1576.

von **Remchingen** (Dan.) Obervogt zu Blaubeuren.

von **Remchingen** (Ernst Ludw.) Extraordinarius, juravit d. 15. Sept. 1675.

von **Remchingen** (Hannß) Obervogt zu Kirchheim. 1554. sqq.

von **Remchingen** (Mart. Ludw.) Oberrath 1602. sqq.

Rempp (Casp.) von Pfullingen.

Renz (Abel) Burgermeister zu Tübingen, juravit d. 1. Sept. 1733.

Renz (Günther Albr.) Prof. Juris, juravit d. 14. Sept. 1735.

Renz (Lt. Tob. Conr.) Regierungsrath, juravit d. 22. Aug. 1746.

Riecker (Ulr.) von Canstatt.

von **Riedesel** (Carl Georg) Cammer-Juncker und Regierungsrath, juravit d. 21. Aug. 1769.

von **Riepur** (Reinh.) Ober-Vogt zu Leonberg. 1564. sqq.

von

von Rischach (Conr.) 1479. (o)

Rochenbuch (Jerg) von Stuttgart. 1526.

Rösler (Mich.) genannt Kurßamer von Tübingen. 1534. sq.

von Rudolffseck (Seyfrid Gall.) 1602.

Rueff (Wilh. Eberh.) von Marbach. 1547.

von Rühle (Ge. Fried.) juravit d. 28. Febr.
1708.

Rümmelin (D. Joh. Ulr.)

S.

von Sachsenheim (Bernh.) Ober-Vogt zu
Lauffen. 1539. sqq.

Sattler (Joh.) 1509.

von Schauenburg (Melch.) Ober-Vogt zu
Nagold. 1561.

Scheck (M. Seb.) von Waiblingen. 1563.

Scheffer (D. Joh. Theod.) Prof. Jur. Extraordinarius, juravit d. 28. Oct. 1716.

Scheinemann (D. David) 1672.

Scherding (Seb.) von Stuttgart. 1546.

Schertel von Burtenbach zu Mauren (Fried.
Carl) juravit d. 1. Sept. 1733.

Schertel von Burtenbach (Wolff Ludw.)

Schertlin (Aberlin) von Brackenheim. 1524.

Schertlin von Burtenbach (Ge. Fried.) Rath
und Obervogt zu Blaubeuren, juravit d.
6. Mart. 1677.

Schertlin (Mich.) von Herrenberg. 1573.

Schill (Hannß) von Calw. 1575. sqq.

Schil-

___

(o) Vid. d. Præf.

Schilling von Canstatt (Ulr.) Burgvogt zu
Tübingen. 1540. sqq.

Schillung (Hainz) 1479. (p)

Schläz (Hannß) Obervogt zu Blaubeuren.
1558.

Schlagenhauff (Wilh.) von Stuttgart. 1558.

Schmid (Joh. Ge.) Burgermeister zu Stuttgart.

von Schmidberg (Fried. Bernh.) juravit d.
14. Maji 1726.

Schmidlapp (Marx) von Schorndorf. 1547.

Schnell (Jac. Heinr.) Expeditionsrath und
Keller zu Tübingen, Extraordinarius, juravit d. 8. Maji 1759.

Schnerrer (Dan.) von Stuttgart. 1587. sqq.

Schnurrer (Hannß) von Canstatt. 1547.

Schönleber (Ge. Thom.) Burgermeister zu
Ludwigsburg, juravit d. 18. Aug. 1755.

Schöpff (D. Wolfg. Adam) Rath und Hofgerichts-Advocat, juravit d. 29. Maji
1714.

Schweder (D. Gabr.) Prof. juravit d. 6.
Mart. 1677.

Schweickher (Hannß) von Canstatt. 1568.

Sechel (D. Joh.) 1561. sqq.

von Seckendorff (Ernst Ant. Heinr.) Cammer-Juncker und adelicher Regierungsrath,
juravit d. 18. Sept. 1756.

Seng (D. Peter) 1568. sqq.

Sen-

(p) Vid. d. Praef.

X

Senger (Joh. Fried.) von Stuttgart.

Seubert (Eberh. Max.) Rath und Ober-Amt-
mann zu Maulbronn, juravit d. 9. Maji
1730.

Seubert (Joh. Wilh.) Auditor, juravit d.
25. Aug. 1767.

Sicbardus (D. Joh.) 1535.

von Sigmarshoven (Hannß Wilh. Gölde-
rich) Oberrath.

Sigwarth (D. Joh.)

Speth von Thuinnau (Hannß) 1527. sq.

Spring (Hannß) von Nürtingen. 1561.

von Stain (Bernh.) Obervogt zu Blaubeuren. 1552.

Stamler (Cont.) von Tübingen. 1553.

Stehelin (Ludw.) von Stuttgart. 1524.

Steiner (Jac.) von Gröningen. 1576.

Stickel (M. Erhard) von Tübingen. 1533.

von Stockheim (Joh. Eberh.) Ober-Rath.
1672. sqq.

Stockmeyer (Lt. Joh. Fried.) Expeditions-
rath und Landschafts-Secretarius, juravit
d. 1. Sept. 1733.

von Stozingen (Hannß) Obervogt zu Balingen. 1534. sqq.

Strobel (Hannß) von Nürtingen. 1540. sqq.

Stürmlin (M. Joh.) genannt Bietickheimer.
1543. sqq. (q)

(q) Starb A. 1565. während dem Hofgericht.

T.

von Tachenhausen (Mich.) Ober-Vogt zu
Wildberg. 1572.

von Taubenheim (Aug. Lebrecht) Cammer-
herr und geheime Legationsrath, juravit
d. 25. Aug. 1767.

Thill (Georg Fried.) Regierungsrath und Amtmann zu Tuttlingen, juravit d. 23. Sept.
1744.

Thumb von Neuburg zu Köngen (Albr.)
1562. sqq.

Thumb von Neuburg (Conr.) Erb-Mar-
schalck. 1530. sqq.

Thumb von Neuburg (Hannß Fried.) Ober-
vogt zu Kirchheim. 1534. sqq.

Thumb von Neuburg (Hartmann) Hof-
Juncker, juravit d. 4. Jun. 1714.

Truchsäß von Höfingen (Hannß) Obervogt
zu Tübingen. 1564. sqq.

Truchsäß von Walden, genannt von Himmer-
tingen, Commenthur zu Winnenden,
Teutsch-Ordens. 1479. (r)

U. V.

Varenbüler von und zu Hemmingen (Joh.
Eberh.) Rath, Ober-Hofmeister des Fürstlichen Collegii und Obervogt zu Tübingen,
Herrenberg und Sulz, juravit d. 31. Aug.
1675.

X 2

Varen-

(r) Vid. d. Præf.

Varenbůler von Hemmingen (Joh. Gerlach)
juravit d. 19. Aug. 1690.

Varenbůler (D. Nic.) 1550. sqq.

Vergenhanß (D. Ludw.) Cantzler. 1479. (s)

Veßler (D. Burckh.) 1565.

Vischer, Stadtschreiber zu Tübingen, Extraordinarius, juravit d. 14. Sept. 173*.

Vischer (Joh.) Burgermeister zu Stuttgart,
Extraordinarius, juravit d. 24. Maji
1692.

Vogler (D. Caspar) 1557.

Vogler (D. Kilian) zu Tübingen. 1569. sqq.

Volland (D. Caspar) 1540. sqq.

Volland (M. Gabr.) 1506. sqq.

Volz (D. Val.) 1563.

Volz (M. Wilh.) von Schorndorf.

Vorstmeister (D. Caspar) 1506. sqq.

von Urbach (Eberh.) 1479. (t)

W.

Wächter (Christoph Fried.) Regierungsrath,
juravit d. 25. Aug. 1766.

Wagner (Erasmus) von Tübingen. 1566. sqq.

Wahl (Hannß Ulr.) von Schorndorf. 1558.

Walcker (Hannß) von Tübingen. 1524. sqq.

Waltenberger (Joh.) von Nürtingen. 1568. sqq.

Weickersreuter (Carl Aug. Christian) Hofgerichts = Advocat, juravit d. 20. Aug.
1770.

von

von Weiler (Burckh.) Obervogt zu Schorn-
    dorf. 1607.

von Weiler (Burckh.) der jüngere, Oberrath.
    1602.

Welling (Seb.) 1506. sqq.

von Wellwarth zu Heubach (Seb.) 1558.

von Wernau (Heinr.) 1479. (u)

von Wernau (Wilh.) 1479. (x)

Wernlin (Seb.) des Gerichts zu Stuttgart.
    1551. sqq.

Wibel (D. Joach.)

Widmann (D. Ambrosius) 1506. sqq.

Wild (Joh. Wilh.) Burgermeister zu Lud-
    wigsburg, juravit d. 26. Aug. 1721.

Winckelhofer (D. Heinr.) 1506. sqq.

Winter (D. Ant.) 1506. sqq. (y)

Z.

von Zülnhard (Wolff) 1573. sqq.

Nota.

Die dermalige Herzogliche Räthe und
Hofgerichts-Assessores sind.

Auf der Adelichen Banck.

Herr Rud. Aug. Lebrecht von Taubenheim,
    Cammerherr, Geheime Rath und Vice-
    Hofrichter.

Herr

(u. x.) Vid. d. Præf.

(y) Vid. ejusd. Tr. de officio Aff, p. II.

Herr Carl Georg Riedesel zu Eisenbach, Cammer-Juncker und Adelicher Regierungsrath.

Herr Eberh. Christoph von Oetinger, Adelicher Regierungsrath.

Auf der gelehrten Banck.

Herr Gottfried Daniel Hoffmann, J. V. D. Herzoglicher Rath und Prof. Jur. Ord.

Herr Joh. Fried. Stockmayer, Regierungsrath.

Herr Joh. Andr. Harpprecht, Regierungsrath.

Herr Friederich Christoph Wächter, Regierungsrath.

Herr Jacob Heinrich Dann, Herzoglicher Rath und Burgermeister zu Tübingen.

Herr Wilhelm Friederich Knebel, Kirchenraths-Expeditionsrath.

Herr Johann Heinrich Mögling, Hofrath.

Herr Johann Wilhelm Seubert, Rentcammer-Expeditionsrath.

Herr Johann Friederich Hirschmann, Hof- und Rentcammer-Expeditionsrath.

Herr Carl August Christian Weickersreuter.

Auf der Landschaft Banck.

Herr Georg Thomas Schönleber, Burgermeister zu Ludwigsburg.

Herr Johann Friederich Hoffmann, Burgermeister zu Stuttgart.

Herr Ferdinand Friederich Dettinger, Burgermeister zu Waiblingen.

Herr Johann Adam Christoph Rölle, Burgermeister zu Tübingen.

IV. Als

IV.

Alphabetifche Verzeichniß der Aufcultanten.

von Bernsdorff (Andreas Gottlieb) juravit d. 26. April 1729.

von Bernsdorff (Joh.) juravit d. 26. Apr. 1729.

Bob (Ifrael) Gräfl. v. Grävenizifcher Hofmeiſter, juravit d. 26. Aug. 1721.

von Cachedonier (Charles Louis) juravit d. 6. Sept. 1724.

von Dresky (Carl Ferd.) juravit d. 2. Maji 1740.

von Feldheim (Alex.) 1730.

von Franckenberg (Eberh. Sylvius)

von Gemmingen (Carl Frid. Reinhard) juravit d. 28. April 1760.

von Gersdorff (Georg Ernſt) juravit d. 15. April 1738.

von Gölniz (Chriſtian Heinrich) juravit d. 26. Aug. 1721.

von Gräveniz (Graf Fried. Wilh.) juravit d. 26. Aug. 1721.

von Gräveniz (Graf Victor Sigism.) juravit d. 26. Aug. 1721.

Güſſen von Güſſenberg (Joh. Heinr.)

von Heugel (Carl Chriſtian) juravit d. 3. Maji 1730.

von Knieſtädt (Eberh.)

von Kniestädt (Levin Uriel) juravit d. 2. Maji 1741.

von Kottwitz (Rud. Gotthardt) juravit d. 28. Aug. 1731.

von Liebenstein (Joh. Ludw. Fried.) juravit d. 21. Aug. 1769.

von Palm (Fried. Christian) juravit d. 28. April 1761.

von Pflug (Carl Aug.) juravit d. 22. Aug. 1768.

von Pflug (Joh. Christoph) juravit d. 20. Sept. 1724.

von Reischach (Joh. Eberh. Wilh.) juravit d. 28. April 1722.

von Riedesel (Carl Georg) juravit d. 22. Aug. 1768.

von Rothkirch (Hannß) juravit d. 3. Maji 1730.

von Rottenhoff (Fried. Aug.) juravit d. 30. Aug. 1762.

von Schertel (Fried. Carl) juravit d. 3. Maji 1730.

von Seckendorff (Ernst Ant. Heinr.) juravit d. 16. Aug. 1756.

von Thüngen (Phil. Adam) juravit d. 28. April 1722.

von Tillier (Joh. Heinr.)

von Veltheim (Alex.) juravit d. 3. Maji 1730.

von Wendessen (Balth. Henning) juravit d. 3. Maji 1729.

von Zweiffel.

V. Histo-

V.

Historische Nachricht von dem primo Voto.

Bey dem Herzoglichen Hofgericht führte das *primum Votum* in ält = und neuern Zeiten:

D. Joh. Sigwarth. (a)

D. Joh. Hochmann. (b)

D. Joh. Halbritter. (c)

D. Heinr. Bocer. (d)

D. Joh. Ulrich Rümelin. (e)

D. Joh. Wibel. (f)

Von A.   biß 1678. D. Wolfg. Adam Lauterbach.

—   1678. = 1692. D. Burckh. Bardili.

—   1692. = 1714. D. Ferdin. Christoph Harpprecht. (g)

X 5   Von

(a-f) Vid. B. D. Schœpffii Præf. nova ad proc. Dic.

(g) Als bey dem vorgewesenen Hofgericht A. 1695. das Dubium vorgefallen: Ob in denen Appellations-

lations = oder Remißions = Sachen, darinnen
der Hofgerichts = Advocatus ord. Lt. Moriz Da=
vid Sarpprecht denen Partheyen bedient ge=
wesen, deßen Bruder D. Ferd. Christoph Sarp=
precht, der damalen das primum Votum ge=
führt, mit bey der Deliberation seyn, und in
solchen Sachen votiren könne? So ist anfäng=
lich in Conformität des Cammergerichtlichen
Vis. Abschieds vom 18. Maji 1556. §. 12. und
des allgemeinen Reichs = Abschieds d. a. 1557.
§. 34. die gnädigste Resolution gefaßt worden,
daß zu Verhütung aller Unrichtigkeiten und
Verdachts hinfürter zwey Brüder, deren der
eine ex numero der Juristen = Facultät zu Tü=
bingen Affeßor ord. der andere aber Advocatus causarum wäre, an dem Fürstlichen Hof=
gericht nicht zugelaßen werden solle, wiewolen
Se. Hochfürstliche Durchlaucht damalen und
auch noch A. 1696. mit ermeldtem Advocato
Sarpprecht unter der gnädigsten Absicht, daß
er etwa bald in eine andere Condition tretten
werde, in so weit gnädigst dispensirt, daß er
gleichwohlen noch ein und andere Partheyen
dann zumalen bedienen mögen; Nachdeme sich
aber bey dem auf Bartholomäi 1697. ausge=
schriebenen Hofgericht wegen dieser beeden
Sapprechtischen Gebrüdere die Sache noch
in vorigem Stand befunden: So ist per Refcr.
Duc. d. d. 10. Aug. 1697. die gnädigste Verord=
nung dahin gemacht worden, daß zuvorderist
dem Advocato Lt. Sarpprecht solchergestalten
an seiner Advocatur an dem Fürstlichen Hofge=
richt fürters kein weiterer Eintrag geschehen,
hingegen in allen denen Juridicis, da er, Ad=
vocatus Sarpprecht, Partheyen habe, deßen
Bruder, der Profeßor, von der Seßion dispen=
sirt seyn, dieser sein Platz aber vicario modo
von einem der übrigen Profeßorum Facultatis
Juridicæ betretten, und das primum Votum
von solchem in selbiger Sache abgelegt, diese
                                    Vica=

Von A. 1716. biß 1729. D. Gabriel Schweder. (h)

Anno 1730. D. Mich. Graß. (i)

Anno

Vicarirung auch von einem Hofgericht zu dem
andern zwischen denen übrigen Professoribus
Juris Abwechslungsweise und vor dißmalen
von dem Rath und Professore Jur. Feud. D.
Gabriel Schweder geschehen solle.

In den nachgefolgten Jahren hingegen führte der
Oberrath Selwer zerschiedenemal, und zwar
vom 12. biß 25. Febr. 1709. 4. biß 10. April
1710. 7. biß 16. Sept. 1711. 9. biß 12. Sept.
1712. und 2. biß 7. Jul. 1714. das primum
Votum.

(h) Da auf Absterben des Prof. D. Ferd. Christian
Harpprechts die Juristen-Facultæt zu Tübingen das erledigte primum Votum aus ihrem
Mittel wiederum bestellen zu lassen gebetten,
und dißfalls eine Gerechtigkeit allegirt, und
auf die Observanz sich bezogen, diesem aber
der Fürstliche Regierungs-Rath contradiciret
hat : So wurde per Refer. Duc. d. 26. Jun.
1715. biß und dann Se. Hochfürstliche
Durchlaucht diese zwischen ernieldtem Fürstlichen Regierungs-Rath und der Juristen-Facultæt obschwebende Controvers gnädigst deci-
diren werden, die gnädigste Verordnung gemacht, daß indessen der Rath und Prof. Facultatis Juridicæ ord. D. Schweder das primum
Votum bey dem Fürstlichen Hofgericht führen
möge.

(i) Auf die von dem Rath und Hofgerichts-Asses-
sore, auch Prof. Juris D. Gabriel Schweder
und der gesamten Juristen-Facultät zu Tübingen unterthänigst eingereichte Memorialien,
worinnen

Anno 1731.   Die gelehrte Affessores
Abwechslungsweise.
(k).

Anno

worinnen jener ihne von dem bey dem Fürstlichen Hofgericht biß dato obgehabten primo
Voto wegen seines hohen Alters und deßwegen
habenden Mangels an dem Gehör gnädigst zu
dispensiren, diese aber solches primum Votum
durch ihren dermaligen Sub-Seniorem, den
Prof. Jur. Ord. D. Graffen, wiederum bestellen zu laffen, gebetten; Wie nicht weniger
auf den von Fürstlichem Hofgericht gnädigst an-
befohlener maffen deßwegen erstatteten unterthänigen Bericht wurde lezterm per Refcr. Duc.
d. 29. Apr. 1730. gnädigst zu erkennen gegeben, daß Se. Hochfürstliche Durchlaucht
den Affefforem und Prof. D. Schweder oban-
geführter Ursachen wegen von weiterer Fort-
führung des primi Voti bey dem Fürstlichen
Hofgericht in Gnaden dispenfirt, und zugleich
verordnet haben wollen, daß besagtes primum
Votum bey dem nechst vorfeyenden Hofgericht
ad interim und biß zur Decifion der zwischen
dem Fürstlichen Regierungs-Raths-Collegio
und der Juristen-Facultät zu Tübingen hiebevor deßwegen entstandenen- und dato noch
ohnerörterten Strittigkeit durch besagten Sub-
Seniorem der Juridischen Facultät D. Mich.
Graffen, jedoch ohne præjudiz des Fürstlichen
Regierungs-Raths-Collegii in der Hauptfa-
che, wieder bestellet werden solle.

(k) Unterm 13. Aug. 1731. ergienge an den damaligen Hofrichter das gnädigste Refcript, daß,
nachdeme Se. Hochfürstliche Durchlaucht
die zwischen dem Fürstlichen Regierungs-Raths-
Collegio und der Juristen-Facultät zu Tübingen

Anno 1733. Der Regierungs-Rath
Hellwer.

Von

gen wegen des Vorsizes und Führung des primi Voti bey dem Fürstlichen Hofgericht obver-
sirende Differentien nach erfordert und sattsam
erwogenen beyder Theilen, Fundamentis dergestalten beschaffen befunden, daß denen zu jenem
verordneten Fürstlichen Regierungs-Räthen
der Vorsiz und Führung des primi Voti ge-
bühre, und wenigstens vor dißmal von einem
dererselben bey dem hiernechst abzuhaltenden
Hofgericht das leztere geführet werden solle,
ein solches ihme, Hofrichter, zu dem Ende in
Gnaden angefüget werde, damit er dasselbe zu
seinem Vollzug bringen möge.

Es wurde auch auf ein von Fürstlichem Regierungs-
Rath unterm 13. Aug. 1731. unterthänigst er-
stattetes Anbringen, worinn derselbe um Deci-
dirung vorbemeldter Strittigkeit gebetten, und
dabey angezeigt, daß der Regierungs-Rath
Hellwer nicht allezeit dem Hofgericht beywohnen könne, und der Regierungs-Rath Bur-
cfart allem Ansehen nach nicht mehr in dem
Stand seye, solches zu besuchen, unterm 20.
Aug. d. a. die gnädigste Resolution dahin ertheilt, daß, da Se. Hochfürstliche Durchlaucht bereits vorhero die hierinn gethane Anfrage wegen des Vorsizes und Führung des
primi Voti bey dem Fürstlichen Hofgericht allschon per Resolutionem erlediget, Höchstdie-
selbe zugleich an des Regierungs-Raths Bur-
cfarts Stelle den Regierungs-Rath Seubert gnädigst ernennet haben wollten; Welcher sich aber dasselbe unterthänigst abgebetten
hat.

Von A. 1735. biß 1741. D. Georg Friederich
Harpprecht. (l)

— 1744. ⸗ 1769. D. Wolfgang Adam
Schöpff. (m)

— 1770. biß jezo. Herr D. Gottfried Da⸗
niel Hoffmann.

(l) Auf die von dem Regierungs⸗Rath Hellwer
gemachte Anzeige, daß er wegen seiner podra⸗
gischen Umstände das primum Votum weiters
zu führen auffer Stand sich befinde, und das
von Fürstlichem Regierungs⸗Rath darüber er⸗
stattete Anbringen wurde s. d. 10. Aug. 1735.
gnädigst resolvirt, daß die Führung des primi
Voti bey dem Fürstlichen Hofgericht nach der
ehemaligen Observanz wiederum einem *Pro-
fessori Juris Ord.* zu Tübingen, und derma⸗
len dem Seniori Facultatis Jur. D. Harpprecht
aufgetragen seyn solle.

(m) Diesem wurde wegen seines hohen Alters in
A. 1759. der Prof. Jur. Ord. D. Joh. Fried.
Mögling zur Sublevation dergestalt beygege⸗
ben, daß, so oft und viel er den Hofgerichtli⸗
chen Seßionen nicht anwohnen könnte oder wol⸗
te, er, D. Mögling, an seiner Stelle das
primum Votum führen solle, und auf des lez⸗
tern Absterben Herr D. Hoffmann in A. 1767.
auf gleiche Art an die Seite gesezt.

VI.

Verzeichniß der Hofgerichts-Secretariorum.

Vor Anno 1519. ware Hofgerichts-Secretarius. ⸱ ⸱ Hannß Breuning.

Anno 1522. ⸱ ⸱ Michael Welling.

Von A. 1524. biß 1532. N. Ramminger.

— 1532. ⸱ 1534. Bechtold Nüttel.

— 1534. ⸱ 1535. Andreas Rartter.

— 1535. ⸱ 1538. Joh. Elias Meichsner.

— 1539. ⸱ 1551. Andreas Rartter.

— 1551. ⸱ 1565. Andreas Rüttell. (a)

— 1565. ⸱ 1577. Arminius Rüttell.

— 1577. ⸱ 1587. M. Bernh. Haug. (b)

— 1607. ⸱ 1615. M. Cyriacus Dreher.

— 1627. ⸱ ⸱ Joh. Leonh. Speidel.

— 1647. ⸱ ⸱ Johann Meuderlin.

Von

(a) Diesem wurde An. 1553. sein Sohn Arminius Rüttell adjungirt, welcher sothane Stelle in das vierte Jahr versehen.

(b) An. 1587. wurde ihm Ulrich Varenbüler und nach dessen Abkunft des alten D. Varenbülers Sohn adjungirt.

Von A. 1658. biß 1697. Sigm. Ben. Moſer. (c)

— 1697. ⚬ 1705. Lt. Joh. Conr. Hellwer.

— 1706. ⚬ 1709. Lt. Nicol. Aniſel.

— 1710. ⚬ ⚬ Phil. Heinr. Orth.

— 1711. ⚬ 1713. Joh. Eberh. Pregizer.

— 1713. ⚬ 1721. Lt. Georg Heinr. Hä-
berlin. (d)

— 1721. ⚬ 1729. Lt. Wolfg. Heinrich
Textor.

— 1729. ⚬ 1735. Lt. Georg Friederich
Stoccmejer.

— 1735. ⚬ 1745. Lt. Johann Heinrich
Hochſtetter. (e)

— 1745. biß jezo. Eberh. Fried. Moſer.

(c) Deſſen Adjuncti und Subſtituti waren die Ober-
raths-Secretarii Lt. Joh. Fried. Zweiffel und
Lt. Joh. Conr. Hellwer.

(d) An. 1714. wurde ihme wegen ſeiner Heiſerkeit
der Lt. Fried. Heinr. Georgii zugegeben.

(e) An. 1735. wurde demſelben der Regierungs-
raths-Secretarius Chriſtoph Ludwig Gabler
adjungirt, welcher aber Gemüths-Kranckheit
halber, ihm zu ſuccediren, auſſer Stand geweſen, und An. 1752. verſtorben iſt.

🕮 ✠ ☙ ❦ ✠

VII. Ab

VII.

Alphabetische Verzeichniß der Hofge=
richts = Advocaten, mit der Anzeige:
Wann dieselbe von dem Herzoglichen
Hofgericht recipirt, und was vor ein
Thema von ihnen bey ihrer Re=
ception vor den Schrancken ist
abgehandelt worden.

A.

Abel, (Conradinus Ludw.) Recipirt den 25.
Sept. 1742. Th. Ob ein Status Imperii per præſcriptionem immemoria-
lem ein Privilegium de non appellando
wider die höchſte Reichs = Gerichte acquiri=
ren könne?

Abel, (Phil. Frieder.) Rec. den 19. Sept.
1727. (*)

Andler, (Georg David) Rec. den 15. Maji
1739. Th. An poſſeſſio ipſo jure in
hæredes tranſeat?

App, (Chriſtoph Jerem.) Rec. den 22. Sept.
1762. Th. Ob alle Handlungen, wo=
bey

_____

(*) Bey denenjenigen Advocaten, bey welchen kein
Thema ſieht, iſt zu wiſſen, daß dieſelbe entweder
keines abgehandelt haben, oder ſolches in den ältern
Hofgerichts = Protocolli⌐ nicht bemerckt worden.

Y

bey die Vorschrift der Geseze nicht beob=
achtet werde, null und nichtig seyen?

B.

Backmeister, (Joh. Christian) Rec. den 7.
Sept. 1685.

Backmeister, (Wolfg. Heinr.) Rec. den 8.
Sept. 1733.

Bardili.

Bauer, (Joh. Ulrich) Rec. den 22. Jun. 1678.

Batz, (Christian) Rec. den 30. Aug. 1747.
Th. Von der Nothwendigkeit der Advo=
caten.

Becht, (David Gottfr.) Rec. den 22. Jun.
1748. Th. Wie man zu dem Eigenthum
einer Sache gelangen könne, und insonder=
heit von der Verjährung.

Beer, (Georg Fried.) Rec. den 11. Sept.
1682.

Beger, (Georg Dav.) Rec. 13. Sept. 1741.
Th. Von jener Inscriptione test. Dolus
malus & JCtus abesto.

Beitler, (Wilh. Gottl. Fried.) Rec. den 28.
Sept. 1767. Th. De actore, forum
rei non semper sequente.

Bengel, (Joh. Fried.) Rec. den 25. Jun. 1678.

Beuttel, (Max. Fried.) Rec. den 20. Sept.
1758. Th. Von den Vortheilen eines
Staats.

Beyer, (Christian) Rec. den 26. Aug. 1696.

Beyer,

Beyer, (Ferd. Wolfg.) Rec. den 27. April
1718.   Th. De justitia, columine
Reip.

Beyr, (Phil. Jacob) Rec. den 6. Mart. 1680.

Bockshammer, (Leop. Eberh.) Rec. den 30.
Aug. 1747.   Th. Von Verzögerung
und Langwührigkeit der Procesſe.

Böhm, (Joh. Adam) Rec. den 22. Sept.
1735.   Th. Von den Gesezen, als dem
fundamento utilitatis publ. und was ſo
wol die Gesezgeber, als die Unterthanen dabey zu beobachten haben.

Bonz, (Joh. Jacob) Rec. den 14. Sept. 1696.

Bonz, (Joh. Jacob) Rec. den 2. Oct. 1762.
Th. Von den Freyheiten und Vorrechten
der Advocaten, welche ihnen in Ansehung
des Salarii nach den Römiſchen Rechten zu-
ſtehen.

Braun, (Johann) Rec. den 18. Mart. 1672.

Brecht, (Philipp Fried.) Rec. den 20. Maji
1718.   Th. De præſtantia juſtitiæ,
und daß ſolche umſonſt adminiſtrirt werden
ſolle.

Brenner, (Phil. Ludw.) Rec. den 17. Mart.
1708.

Breyer, (Joh. Heinr.) Rec. den 1. Jun. 1726.

Brodhag, (Joh. Bernh.) Rec. den 28. Aug.
1725.

Burckhard, (Heinrich Martin) Rec. den 28.
Febr. 1708.

Burgmeiſter, (Gabriel Franz) Rec. den 6.
Maji 1729.

Burg-

Burgmeiſter, (Paulus) Rec. den 9. Sept. 1686.

Butterſack, (Ernſt Ludwig) Rec. den 16. Maji 1722.

Butterſack, (Felix) Rec. den 20. Sept. 1758. Th. Von der Glückſeeligkeit des Landes, daß bey gegenwärtigen Kriegszeiten kein Juſtitium ſeye.

C.

Caldenbach, (Chriſtoph) Rec. den 19. Aug. 1690.

Camerer, (Heinr.) Rec. den 21. Maji 1729. Th. De partu legitimo occaſione textus de partu ſeptimeſtri in L. 12. ff. de Statu hom.

Camerer, (Fried. Jacob) Rec. den 20. Sept. 1754. Th. Von dem Urſprung der Hofgerichte in Teutſchland.

Camerer, (Joh. Ferd.) Rec. den 28. Sept. 1767. Th. Von der genauen Beſtimmung des Reichs der Natur.

Canz, (Chriſtian Benjamin) Rec. den 30. Aug. 1746.

Canz, (Chriſtian Gottl.) Rec. den 11. Sept. 1770. Th. Ob es recht ſeye, auf den ordentlichen Richter zu compromittiren.

Canz, (Eberh. Chriſtoph) Rec. den 31. Aug. 1744. Th. Von Weitläuffigkeit der Proceſſe.

Cappel, (Johann) Rec. den 20. Sept. 1712.

Caſpar,

Caspar, (Eberh. Ludwig) Rec. den 29. Maji
1716.

Christlieb, (Wilh. Aug.) Rec. den 22. Sept.
1762. Th. Von der äussern und innern
Gerichts-Verfassung der Teutschen.

Cleß, (Fried. Jonathan) Rec. den 28. Aug.
1725.

Comerell, (Joh. Christian) Rec. den 26. Sept.
1733.

Creiling, (Joh. Conrad) Rec. den 5. Sept.
1727. Th. De praxi cum Theoria
conjungenda.

Cronagel, (Joh. Theodor) Rec. den 3. Sept.
1766. Th. Von den Vitiis der Defi-
nitionen.

Currlin, (Joh. Christian) Rec. den 24. Sept.
1756. Th. Ob es besser seye, einen oder
mehrere Richter zu haben?

D.

Dann, (Jac. Heinr.) Rec. den 31. Aug. 1742.
Th. Von der Exceptione præscriptionis.

Dann, (Joh. Wolfg. Heinrich) Rec. den 3.
Sept. 1766. Th. Ob die Reichs-Abschiede pro norma decidendi anzunehmen
seyen?

Dapp, (Joh. Gottfried) Rec. den 1. Jun.
1726.

Denzel, (Conr. Gottlieb) Rec. den 10. Maji
1738. Th. Von dem Privilegio Do-
mus Würt. de non appellando.

Y 3   **Diete-**

Dieterich, (Fried. Wilh.) Rec. den 24. Sept. 1746. Th. De patientia Juridica.

Dieterich, (Fried. Wilh.) Rec. den 24. Sept. 1771. Th. Ob die freywillige Erstreckung der Gerichtsbarkeit in Ducatu statt habe?

Dörtenbach, (Peter Jacob) Rec. den 9. Sept. 1727.

Draing, (Eberhard) Rec. den 21. April 1716.

Dreher, (Joh. Ferd.) Rec. den 18. Sept. 1743. Th. Von der neuen Schlesischen Proceß-Ordnung und derselben Differenz von disseitig Fürstlicher Hofgerichts-Ordnung.

Duden, (Adolph Theod.) Rec. den 3. Sept. 1683.

E.

Eccard, (Joh. Jacob) Rec. den 18. Sept. 1743. Th. Ob ein JCtus ein Philosophus seyn müsse?.

Eckher, (Joh. Conrad) Rec. den 14. Sept. 1686.

Ehemann, (Joh. Fried.) Rec. den 25. Sept. 1742. Th. Ob Advocaten nützliche membra einer Rep. und in derselben zu toleriren seyen.

Elsässer, (Carl Fried.) Rec. den 17. Sept. 1768. Th. Daß die Römische Gesetze von einiger Unbilligkeit nicht loßgesprochen werden können.

Ens-

Enslin, (Christoph Jacob) Rec. den 3. Sept. 1766. Th. Von den Aussprüchen der alten Schöpfen.

Epplin, (Albrecht Seb.) Rec. den 11. Sept. 1682.

Erhard, (Christoph Fried.) Rec. den 17. Sept. 1768. Th. Wohin zu recurriren seye, wann ein Fall in der Herzoglichen Hofge= richts=Ordnung nicht entschieden seye?

Ettlinger, (Joh. Bernh.) Rec. den 19. Jun. 1678.

F.

Faber, (Gottl. Fried.) Rec. den 18. Sept. 1743. Th. Von der heutigen Succes= sione conjugum.

Faber, (Joh. Christian) Rec. den 31. Aug. 1735. Th. Von den Vorurtheilen und Irrthümern bey Ausübung der Juris pra= xeos.

Faber, (Joh. Fried.) Rec. den 8. Sept. 1733.

Sezer, (Joh. Carl Heinr.) Rec. den 26. Sept. 1769. Th. Von dem Juden Eyd.

Sicker, (Joachim) Rec. den 1. Sept. 1682.

Sicker, (Joachim Fried.) Rec. den 26. Sept. 1724.

Fischer, (Heinrich Fried.) Rec. den 3. Sept. 1766. Th. Von der Verfassung der alten Ober=Gerichte in Teutschland und Er= richtung des Herzoglichen Dicasterii.

Fischer, (Ludwig Eberh.) Rec. den 22. Aug. 1752. Th. Ob die Churfürsten einen

Y 4

Römi=

Römischen König allein erwählen können,
oder die Fürsten auch dabey concurriren?

Franck, (Joh. Friederich) Rec. den 11. Mart.
1710.

Fromm, (Ludwig Albr.) Rec. den 24. Sept.
1721.

Frommann, (Carl Heinr.) Rec. den 26. Sept.
1760. Th. Ob zu den selbst Bekannt-
nissen die Acceptation des Gegentheils erfor-
derlich seye?

Frommann, (Friederich Ludwig) Rec. den 31.
Aug. 1757. Th. Von dem Münz-Re-
gali in Teutschland und dessen Ursprung.

Frommann, (Joh. Andreas) Rec. den 10.
Sept. 1696.

Frost, (Maxim.) Rec. den 10. Maji 1738.
Th. De sequeſtro judiciali.

G.

Gabler, (Christoph Ludw.) Rec. den 27. Apr.
1718. Th. De encomiis & elogiis
Advocatorum & præſtantia illorum offi-
cii, itemque de ſcommatibus & inju-
riis in Advocatos effuſis.

Gärtner, (Christoph) Rec. den 28. Aug.
1725.

Geißheimer, (Joh. Burckhard) Rec. den 6.
Maji 1729.

Genth, (Adam Fried.) Rec. den 18. Sept.
1741. Th. Von der Beschaffenheit recht-
schaffener Advocatorum.

Georgii,

Georgii, (Chriſtoph Gottlieb Samſon) Rec.
den 26. Sept. 1750. Th. De effecti-
bus amicitiæ.

Georgii, (Erhard Aug.) Rec. den 27. Maji
1722.

Georgii, (Joh. Fried.) Rec. den 22. April
1741. Th. Von dem proceſſu juris
Rom. ob ſolcher nicht dem proceſſui juris
Rom. Germ. vorzuziehen und wieder de
novo einzuführen?

Georgii, (Joh. Phil.) Rec. den 20. Sept.
1758. Th. Von den Differ. Juris
Comm. & Würt. in Anſehung der Mand.
proc.

Georgii, (Phil. Anton) Rec. den 27. Sept.
1724.

Gerlach, (Chriſtoph David) Rec. den 27.
Maji 1722. Th. De receptione &
authoritate Jur. Civ. in foris Germaniæ.

Geß, (Fried. Sigm.) Rec. den 29. Sept.
1724.

Geuder, (Chriſtian Gottfried) Rec. den 22.
Sept. 1745. Th. Von des Fürſtlichen
Hauſes Würtemberg Prärogativen und
Vorrechten, in ſpecie aber von dem bene-
ficio juris de non appellando.

Gmelin, (Chriſtian) Rec. den 26. Sept.
1769. Th. Von dem ſummariſchen
Proceß.

Gmelin, (Chriſtian Gottlieb) Rec. den 26.
Sept. 1769. Th. De proceſſu con-
ventionali.

Y 5 Golther,

Golther, (Carl Aug.) Rec. den 24. Sept.
1771. Th. Von der Verjährung solcher
Actionum, quæ nondum natæ.

Golther, (Christoph Jonathan) Rec. den 28.
April 1722. Th. Von der Nothwendigkeit der Jurisprudenz bey hohen und nidern Gerichten.

Grafft, (Ferd.) Rec. den 15. Sept. 1686.

Greber, (Christoph Eberh. Adolph) Rec. den
2. Oct. 1762. Th. Von den Vortheilen eines Besizes.

Greber, (Georg Martin) Rec. den 7. Jun.
1687.

Griesinger, (Georg Christoph) Rec. den 31.
Aug. 1757. Th. Von dem Recht eines
Landesfürsten in Befreyung von gemeinen
burgerlichen Beschwerden.

Groß, (Joh. Fried.) Rec. den 8. Sept. 1753.
Th. Von einigen besondern Freyheiten der
Würtembergischen Unterthanen.

von Gülchen, (Ludwig Ernst) Rec. den 6.
Sept. 1686.

Günzler, (Amandus) Rec. den 15. April
1738. Th. Von dem Ursprung der Advocaten.

H.

Härlin, (Fried. Ludwig) Rec. den 15. April
1738. Th. Von der nöthigen Wissenschaft der teutschen Rechtsgelehrsamkeit.

Hainlen, (Phil. Fried.) Rec. den 30. Maji
1760.

1760. Th. Von dem Unterschied zwischen einem judice und arbitro.

Harpprecht, (Aug. Christoph) Rec. den 18. Sept. 1756. Th. Von dem Nutzen und Würckung der Persönlichen Gegenwart eines Landesherrn.

Harpprecht, (Christian Ferd.) Rec. den 22. April 1741. Th. De conjungenda praxi cum studio juris theoretici.

Harpprecht, (Christoph Fried.) Rec. den 9. Maji 1722. Th. De usu Juris Rom. in interpretatione jurium stat. & defensione juris Prov. contra iniquos censores & Reformatores hodiernos Jurispr. Rom.

Harpprecht, (Ferd. Christoph) Rec. den 4. Dec. 1673.

Harpprecht, (Ferd. Christoph) Rec. den 29. April 1761. Th. Von dem Ursprung des Herzoglichen Hofgerichts.

Harpprecht, (Georg Fried.) Rec. den 12. Sept. 1699.

Harpprecht, (Johannes) Rec. den 29. April 1716. Th. De virtutibus principum, worunter vornemlich gehöre, daß sie mit Ordnungen und Justiz an Hand gehen, und zu dem Ende auch Tribunalia anordnen.

Harpprecht, (Joh. Andr.) Rec. den 25. Sept. 1742. Th. Von Administrirung der Justiz in hohen und niedern Dicasteriis.

Harpprecht, (Joh. Heinr.) Rec. den 22. Aug. 1724.

1724. Th. De origine judiciorum & in fpecie fummorum, five Appell.

Harpprecht, (Maur. David) Rec. den 17. Sept. 1688.

Harpprecht, (Moriz David) Rec. den 27. April 1718. Th. De neceffitate adminiftrationis juftitiæ in Republica.

Harpprecht, (Steph. Chriftoph) Rec. den 2. Mart. 1701.

Hartmann, (Chriftoph Fried.) Rec. den 18. Sept. 1756. Th. Von einem Landes=Herrn, als der Urquelle aller Gerichtsbar=keit.

Hafelmeyer, (Carl Fried.) Rec. den 29. Sept. 1753. Th. Von Abkürzung der Proceffe.

Hafelmeyer, (Wilh. Fried.) Rec. den 1. Jun. 1726.

Hauff, (Fried. Albrecht) Rec. den 14. Sept. 1736. Th. De convitiis Advocatorum.

Hauff, (Joh. Albrecht) Rec. den 28. Sept. 1767. Th. De eo, quod juftum eft circa dolum bonum bey einem Abvocaten.

Hauff, (Joh. Wolfg.) Rec. den 18. Sept. 1743. Th. Von Succeßion der Eheleu=te in diefem Herzogthum.

Haufer, (Chriftoph Wilhelm) Rec. den 30. Sept. 1757. Th. Ob von einem Vogt=Rug=Gericht an das Fürftliche Hofgericht appellirt werden könne.

Hehl, (Joh. Chriftian) Rec. den 26. Sept. 1769. Th. Von Privilegiis.

Heller,

Heller, (Eberh. Ludwig) Rec. den 20. Sept.
1758. Th. Warum die Closters-Gerichte die Criminal-Jurisdiction nicht haben?

Heller, (Ernst Philipp) Rec. den 19. Aug.
1754. Th. Von dem Ansehen und Vorzug des Fürstlichen Hofgerichts vor andern
Dicasteriis.

Herbord.

Heyd, (Joh. Bernhard) Rec. den 15. Maji
1739. Th. Von der einem Advocato
in crimine notorio atrocissimo erlaubten
Defension.

Hiemer, (Joh. Fried.) Rec. den 1. Jun. 1729.

Hiller, (Daniel) Rec. den 17. Sept. 1698.

Hiller, (Joh. Mart.) Rec. den 30. Jan. 1705.

Hochstetter, (Andr. Burckhard) Rec. den 27.
Sept. 1724.

Hochstetter, (Christian) Rec. den 3. Maji
1730. Th. Von den Vorzügen des Herzogthums Würtemberg, insbesondere wegen der reinen evangelischen Lehre, freyen
offentlichen Gottesdienst und Administration der Justiz.

Hochstetter (Jac. Fried.) Rec. den 18. Sept.
1756. Th. Von dem Ansehen und Vorzügen des Fürstlichen Hofgerichts.

Hochstetter, (Joh. Heinr.) Rec. den 4. Maji
1718. Th. Daß man öfters erst spat
zur Advocatur schreite.

Hölderlin, (Heinr. Friedr.) Rec. den 30. Maji
1760. Th. Von den Entscheidungs-
Grün-

Hum-

Hummel, (Georg Fried.) Rec. den 19. Aug.
   1754.   Th. Von den Austrags=Gerich=
   ten der Stände des Reichs.

J.

Jäger, (Georg Fried.) Rec. den 18. Sept.
   1675.

Jäger, (Gottl. Fried.) Rec. den 11. Sept.
   1725.

Jäger, (Joh. Fried.) Rec. den 27. Aug. 1698.

Jäger, (Joh. Fried.) Rec. den 22. Sept. 1735.
   Th. Von dem Privilegio de non appellando.

Jäger, (Joh. Fried.) Rec. den 26. Sept. 1769.
   Th. Von dem Unterschied der Querelæ
   null. & inoffic. test.

Jäger, (Phil. Fried.) Rec. den 5. Sept. 1727.

Jahn, (Leonh. Heinr.) Rec. den 4. Maji 1722.
   Th. Daß die Administratio justitiæ eines
   jeden Landes Grundsäule, und deswegen
   das Fürstliche Hofgericht niedergesezt worden.

John, (Joh. Heinr.) Rec. den 22. Sept. 1762.
   Th. Von der Reconvention in genere,
   und ob dieselbe in zweyter Instanz angenom=
   men werde?

Jung, (Joh. Heinr.) Rec. den 6. Mart. 1677.

K.

Kalbfell, (Joh. Jac.) Rec. den 24. Mart. 1710.

Kapf, (Christoph David) Rec. den 3. Oct.
   1761.   Th. Ob es einem Advocato heut

zu tag erlaubt seye, de quota litis zu paci=
sciren?

Kapf, (Sixt Jac.) Rec. den 27. Apr. 1718.

Kapf, (Sirtus Jac.) Rec. den 31. Aug. 1757.
Th. Von den Ursachen, welche die Reichs=
stände bewogen, in dem neuesten Reichs=
Abschied die libellos articulatos abzu=
schaffen.

Kauffmann, (Christoph Fried.) Rec. den 11.
Sept. 1770. Th. Von den Pflichten
und Rechten der Elter gegen ihre Kinder und
dieser gegen ihre Elter.

Kauffmann, (Joh. Fried.) Rec. den 24. Sept.
1757. Th. Von den Gerichten der al=
ten Teutschen.

Kaußler, (Phil. Ludw.) Rec. den 18. Sept.
1743.

Kazner, (Joh. Fried. Aug.) Rec. den 27. Sept.
1754. Th. Von der Appellation an
das jüngste Gericht.

Kemler, (Steph.) Rec. den 16. Jan. 1705.

Kerner, (Joh. Georg) Rec. den 3. Maji 1730.

Klemm, (Joh. Christian) Rec. den 14. Sept.
1736. Th. Ob die Privilegia de non
appellando den Unterthanen nuzlich oder
schädlich seyen?

Kloz, (Joh. Fried.) Rec. den 30. Apr. 1721.

Koch, (Carl Frid.) Rec. den 13. Sept. 1699.

Koch, (Dietr. Christoph) Rec. den 5. Sept.
1727.

Kölle, (Joh. Adam Christoph) Rec. den 3.
Sept. 1766. Th. Von dem Ursprung
der

der adelichen Bäncke in den höhern Gerichten in Teutschland.

Körner, (Georg Andr.) Rec. den 10. Sept.
1700.

Korn, (Christoph Heinr.) Rec. den 11. Mart.
1710.

Korn, (Dav. Wilh.) Rec. den 21. Maji 1729.

Krafft, (Carl Ludwig) Rec. den 27. Sept.
1766. Th. Von der Reconvention.

Kramer, (Tobias) Rec. den 6. Mart. 1680.

Kurrer, (Burckh.) Rec. den 17. Mart. 1708.

Kurrer, (Joh. Adam) Rec. den 20. Aug.
1690.

L.

Lamotte, (Alex. Gottlieb) Rec. den 31. Aug.
1735. Th. Von der Glückseeligkeit des
Landes Würtemberg, so durch Recht und
Gerechtigkeit regiert werde.

Lang, (Jac. Conr.) Rec. den 8. Sept. 1733.

Leußler, (Georg Fried.) Rec. den 3. Sept.
1766. Th. Ob ein Advocat in seiner eigenen Streit-Sache von seinem überwun-
denen Gegentheil die Unkosten erfordern
könne?

Liesching, (Georg Fried.) Rec. den 19. Aug.
1754. Th. Von der Appellation in cri-
minalibus und warum solche nicht statt
habe?

Linsenmann, (Christian Fried.) Rec. den 25.
Maji 1759. Th. Ob in Handwercks-
Sachen appellirt werden könne?

Z   Ma-

M.

Mader, (Fried. Carl) Rec. den 6. Maji 1729.

Mauchart, (Gottfr. Heinr.) Rec. den 24. Sept. 1771. Th. Von den traßirten Wechſeln.

Mergilet, (Joh. Elias) Rec. den 14. Sept. 1696.

Meurer, (Joh. Conr.) Rec. den 24. Mart. 1680.

Meyderlin, (Joh. Carl) Rec. den 24. Sept. 1757. Th. Von dem Urſprung der Advocaten und den Pflichten eines rechtſchaffenen Advocaten.

Meyer, (Ernſt Theoph.) Rec. den 17. Sept. 1675.

Meyer, (Georg Chriſtoph) Rec. den 17. Sept. 1768. Th. Ob in poſſeſſorio ſummariiſſimo die Appellation ganz unzuläſig ſeye?

Meyer, (Joh. Chriſtoph) Rec. den 14. Sept. 1736. Th. De arbitramento judicis.

Mieg, (Fried. Heinr.) Rec. den 2. Oct. 1762. Th. Ob die minderjährige, welche veniam ætatis erlangt, die Stelle eines Anwalds vertretten können?

Mittler, (Maxim. Burckhard) Rec. den 30. Maji 1760. Th. Wie die Wechſel-Strittigkeiten in Anſehung der Appellation von andern Strittigkeiten unterſchieden?

Mögling, (Jacob Fried,) Rec. den 20. Mart. 1733.

Mögling, (Joh. David) Rec. den 4. Sept. 1675.

Mögling, (Joh. Fried.) Rec. den 6. Jul. 1714.

Mögling, (Mich. Andr.) Rec. den 20. Mart. 1733. Th. Von dem so gemeinen litigiren und dessen Ursachen.

Mohr, (Joh. Georg) Rec. den 6. Mart. 1680.

Mohr, (Ludwig Achatius) Rec. den 8. Sept. 1733.

Moser, (Joh. David) Rec. den 22. Sept. 1762. Th. Von den Pflichten eines rechtschaffenen Advocaten.

Müller, (Carl Max. Fried.) Rec. den 3. Sept. 1766. Th. Von den ohneigentlichen Straffen in Peinlich- und burgerlichen Sachen.

N.

Neuffer, (Joh. Rudolph) Rec. den 31. Aug. 1735. Th. Von dem Sprichwort: Inter arma silent leges.

Neuffer, (Veit Jacob) Rec. den 22. Sept. 1712.

Neuheuser, (Gottfr. Dion.) Rec. den 31. Aug. 1735. Th. De authoritate Juris Civ. Rom. Jurisprudentiæ definitione und von dem daher fliessenden officio JCti, nemlich interpretatione juris, ejusque applicatione ad factum.

Neuheuser, (Gottfried Dion.) Rec. den 28. Sept. 1767. Th. Was vor- und wider

der

der die Advocaten in den Geſchichten vor-
komme?

Nicolai, (Ferd. Fried.) Rec. den 16. Sept.
　1752.　Th. De recurſu ad Comitia.
Nördlinger.

O.

Obrecht, (Joh. Fried.) Rec. den 21. April
　1716.　Th. Von Belohnung des guten
　und Beſtraffung des böſen.
Obrecht, (Joh. Heinrich) Rec. den 20. Maji
　1718.　Th. De uſu Juris Romani.
Obrecht, (Joh. Jacob) Rec. den 21. April
　1716.　Th. Daß die Juſtiz zu Kriegs-
　und Friedens-Zeiten nöthig ſeye.
Orth, (Joh. Fried.) Rec. den 28. Sept. 1725.

P.

Paulus, (Theoph. Fried.) Rec. den 26. Aug.
　1755.　Th. Ob Chriſten und Juden zu-
　ſammen heurathen dörffen, und ob es rath-
　ſam ſeye, das Simultaneum einzuführen?
Paulus, (Urban Immanuel) Rec. den 22.
　Sept. 1762.　Th. An valeat per ſal-
　tum Appellatio?
Piſtorius, (Chriſtoph Gottlieb) Rec. den 26.
　Aug. 1755.　Th. Von der ehemaligen
　Gerichtbarkeit in Teutſchland.
Piſtorius, (Joh. Ernſt) Rec. den 6. Maji
　1729.
Piſtorius, (Ludwig Heinrich) Rec. den 3.
　　　　　　　　　　　　　　1766.

1766. Th. Von den Schmäh=Schrif=
ten, deren Unterschied und Bestraffung.

R.

Rampacher, (Joh. Jacob) Rec. den 27. Apr.
1718. Th. Von Untersuchung der er=
gangenen Urtheile an denen Unter=Gerichten.
Renz, (Günther Albr.) Rec. den 28. Aug.
1725.
Reuß, (Joh. August) Rec. den 24. Sept.
1771. Th. Was das Herzogliche
Hofgericht mit dem Kayserlichen Cammer=
gericht gleiches habe.
Reuß, (Ludwig Heinrich) Rec. den 19. Jan.
1704.
Ried.
Romig, (Christian Fried.) Rec. den 28. Aug.
1751. Th. Von dem Advocaten Stand.
Romig, (Joseph Fried.) Rec. den 27. Sept.
1766. Th. Von der Nothwendigkeit des
Examinis bey Annahm eines Advocaten.
Roser, (Fried. Heinr.) Rec. den 5. Sept. 1757.
Th. Von der Losungs=Gerechtigkeit.
Roth, (Joh. Eberh. Heinrich) Rec. den 20.
Sept. 1754. Th. Von der Glückseelig=
keit eines Landes, welches ein Appellations=
Gericht habe, wovon man nicht mehr ap=
pelliren könne.
Rümelin.
Ruoff, (Adolph Carl Maxim.) Rec. den 26.
Sept. 1755. Th. Von der Verjäh=
rung in Peinlichen Fällen.

Z 3 Ruoff,

Ruoff, (Joh. Philipp) Rec. den 20. Sept.
1754. Th. Von dem Privilegio de
non appellando.

S.

Sattler, (Christian Fried.) Rec. den 21. Maji
1729. Th. De necessaria praxeos cum
theoria in Jurisprudentia combinatione.

Sattler, (Joh. Bernh.) Rec. den 19. Aug.
1690.

Schäfer, (Fried. Otto) Rec. den 22. Sept.
1711. Th. De privilegiis, eminen-
tiis, dignitatibus ac prærogativis Sere-
nissimæ Domus Würt. in specie de Priv.
Max. de non appellando.

Schäfer, (Joh. Theod.) Rec. den 26. Aug.
1711. Th. Welches Temperament
eigentlich das nobelste und beste, sonderlich
aber zum Studio juris das tauglichste seye?

Scheinemann, (Heinrich) Rec. den 3. Maji
1730. Th. An judex secundum Acta,
an vero secundum conscientiam sententiam ferre debeat?

Scheinemann, (Ludwig Heinr.) Rec. den 8.
Sept. 1753. Th. Von dem Reichs-
Herkommen.

Schickhard, (Christian Fried.) Rec. den 2.
Dec. 1701.

Schickhard, (Jul. Fried.) Rec. den 30. Aug.
1746. Th. Ob ein Ehegatt das Eigenthum desjenigen Theils, so derselbe von seinem

nem erſten Ehegatten ererbt, bey der zweyten
Verheurathung verliere?

Schleich, (Ludwig Heinr.) Rec. den 27. Sept.
1736. Th. De abſentia in judicio.

Schlotterbeck, (Joh.) Rec. den 30. Aug.
1697.

Schneidmann, (Joh. Georg) Rec. den 22.
Sept. 1740. Th. Wie bey Erlernung
der Rechtsgelehrſamkeit auf den behörigen
Zweck zu ſehen, und dieſelbe ad praxin zu
richten.

Schneidmann, (Joh. Phil.) Rec. den 22.
Sept. 1740. Th. Von der Vortreflich-
keit der Rechtsgelehrſamkeit.

Schnell, (Joh. Heinr.) Rec. den 24. Sept.
1757. Th. Von den vornehmſten Pflichten eines Advocaten.

Schnepf, (Joh. Erhard) Rec. den 20. Maji
1716.

Schobinger (Joh. Burckh.) de Kalchofen,
Rec. 1723.

Schöpf, (Wolfg. Adam) Rec. den 15. Jan.
1705.

Scholl, (Adam Fried.) Rec. den 14. Sept.
1736. Th. Von der Nothwendigkeit
eines Judicis in der menſchlichen Geſell-
ſchaft.

Schütz, (Joh. Chriſtoph) Rec. den 28. Aug.
1751. Th. Von beſondern Rechten,
welche zu Lehen gegeben werden, auch einigen beſondern Lehensdienſten.

Schulz, (Joh.) Rec. den 1. Mart. 1704.

Schue-

Schuemacher.

Schwarz, (Joh. Heinr.) Rec. den 7. Julii 1714.

Schwarz, (Joh. Stephan) Rec. den 28. Febr. 1708.

Schweder, (Gabr.) Rec. den 20. Sept. 1672.

Schweder, (Joh. Gabr.) Rec. den 11. Febr. 1706.

Schweickher, (Fried. David) Rec. den 26. Sept. 1755. Th. Ob es billig seye, eine in rem judicatam erwachsene Urthel als irretractable anzusehen?

Seefels, (Georg Fried.) Rec. den 9. Sept. 1700.

Seeger, (Georg Fried.) Rec. den 9. Maii 1722. Th. De necessitate & laudibus legum & jurisprudentiæ.

Seeger, (Joh. Christ.) Rec. 1722.

Seeger, (Joh. Dan.) Rec. den 27. Aug. 1749. Th. Ob diejenige Kinder, welche erst in matrimonio als rechtmäsig erklärt worden, ein Recht haben, im Lehen zu folgen?

Seeger, (Joh. Fried.) Rec. den 31. Aug. 1744. Th. Ob ein Vater seinen Sohn, welcher wider seinen Willen heurathe, von dem Pflichttheil auszuschliessen und zu exhærediren befugt seye?

Seubert, (Eberh. Heinr.) Rec. den 20. Sept. 1754. Th. Von der Appellation an einen höhern Richter, von welchem man noch in Zweiffel stehe, ob man an denselben appelliren könne?

Smal-

Smalcalder, (Christoph Fried.) Rec. den 31. Aug. 1686.

Smalcalder, (Ludw. Conrad) Rec. den 4. Sept. 1721.

Smalcalder, (Wilh. Ulrich) Rec. den 19. Aug. 1690.

Speidel, (Joh. Christoph) Rec. den 30. Aug. 1747.   Th. Von der Differenz der Litis Denunciation und Nominationis Authoris.

Steck, (Joh. Christoph Wilh.) Rec. den 14. Sept. 1751.   Th. Von den dreyerley Bäncken bey den Land- und Hofgerichten.

Stenglen, (Joh. Zacharias) Rec. den 6. Mart. 1680.

Stierlin, (Joh. Phil.) Rec. den 3. Sept. 1766.   Th. Von der Reconvention und Widerklage, und ob sie in secunda Instantia angenommen werde?

Stockmeyer, (Fried. Amandus) Rec. den 29. Sept. 1753.   Th. Ob die Billigkeit dem strengen Recht - oder dieses jener vorzuziehen seye?

Stockmeyer, (Georg Fried.) Rec. den 20. Sept. 1712.

Stockmeyer, (Jac. Fried.) Rec. den 24. Sept. 1757.   Th. Von Uebereinstimmung der Canzleyen und Hofgerichte mit den höchsten Reichsgerichten.

Stockmeyer, (Joh. Fried.) Rec. den 22. Sept. 1745.   Th. Von dem Verbott und Strafe der Vorurtheln.

Z 5   Stock-

Stockmeyer, (Joh. Fried.) Rec. den 28. Sept. 1767. Th. Von der Appellation, und ob selbige in Wechsel-Sachen statt-auch was dieselbe vor Effectus habe?

Sturm, (Hannß Heinr.) Rec. den 31. Aug. 1675.

T.

Tafel (Jac. Heinr.) Rec. den 4. Sept. 1721.

Tafinger, (Benj. Wilh.) Rec. den 26. Mart. 1708.

Theuß, (Fried. Ludwig) Rec. den 24. Sept. 1746.

Thill, (Georg Fried.) Rec. den 21. Apr. 1716. Th. Von dem Privilegio de non appellando.

U. V.

Vischer, (Joh. Jac.) Rec. den 30. Aug. 1746. Th. Von den neuen Vorfallenheiten, welche man vorhero nicht vermuthet, und derselben Würckung.

Ulmer, (Georg Christian) Rec. den 2. Junii 1722.

Vollmar, (Joh. Christoph) Rec. den 21. Apr. 1716. Th. De administratione justitiæ.

W.

Wächter, (Fried. Christoph) Rec. den 28. Aug. 1756. Th. Wie und wann die in das Policey-und Commercien-Wesen einschlagende Sachen an ein Justiz-und Appellations-Gericht gebracht werden können?

Wal-

Walliser, (Georg Wilh. Fried.) Rec. den 24. Sept. 1746.

Walther, (Joh. Conr.) Rec. den 2. Octobr. 1762. Th. Ob es ausser denen beeden bekannten Fällen des Divortii keine weitere Causas Divortii gebe?

Weckherlin, (Ferd. Wilh.) Rec. den 8. Maji 1759. Th. De Recusatione judicis.

Weickersreuter, (Carl Aug. Christian) Rec. den 22. Sept. 1762. Th. Num liceat Advocato in justa causa uti dolo bono nec ne?

Weißenmayer, (Joh. Ulrich) Rec. den 3ten Aug. 1735. Th. Von der Beschaffenheit der Advocaten.

Weinmann, (Sim. Heinr.) Rec. den 22. Aug. 1752. Th. Ob es dermalen rathsam seye, zu der Wahl eines römischen Königs zu schreiten?

Weinmann, (Wilh. Ferd.) Rec. den 11. Sept. 1744. Th. Von gerichtlichen Processen sowohl, als von Führung der Kriege, und wie solche gegen einander zu vergleichen?

Weise, (Fried. Ferd.) Rec. den 30. Aug. 1747. Th. Ob und in wiefern ein Jurist der natürlichen Billigkeit statt geben könne?

Wibel, (Joh. Balth.) Rec. den 29. Maji 1716.

Wippermann, (Christian Fried.) Rec. den 24. Sept. 1757. Th. Von der Uebereinstimmung der burgerlichen und Kriegs-Rechte in Ansehung der Appellation.

Wölff.

Wölfflin, (Joh. Fried.) Rec. den 17. Sept. 1757. Th. Ob und in wie fern die Reichsfürsten Macht haben, Geseze zu geben, die wider die Reichs-Abschiede lauffen?

Wölfflin, (Leop. Fried. Christian) Rec. den 17. Sept. 1768. Th. De reassumtione litis.

Wolff, (Joh. Theod.) Rec. den 28. Febr. 1708.

Wolff, (Peter Wilh.) Rec. den 4. Sept. 1721. Th. De præstantia justitiæ præ ceteris omnibus virtutibus.

Wucherer, (Adam Fried.) Rec. den 15. Maji 1739. Th. An pacta successoria sint valida?

Z.

Zeller, (Christoph Fried.) Rec. den 22. Sept. 1735. Th. Von der in praxi dienenden Theorie.

Zeller, (Johannes) Rec. den 28. Aug. 1751. Th. Von den Pflichten und Qualitäten eines Advocaten.

Zinck, Aegidius Adam) Rec. den 13. Jun. 1678.

Zinck, (Fried. Adam) Rec. den 22. Sept. 1712.

Zorer, (Gottlieb Fried.) Rec. den 6. Sept. 1745. Th. Ob das deferirte juramentum, wann derjenige, dem solches deferirt worden, ante acceptationem sterbe, pro præstito zu halten seye?

Erstes

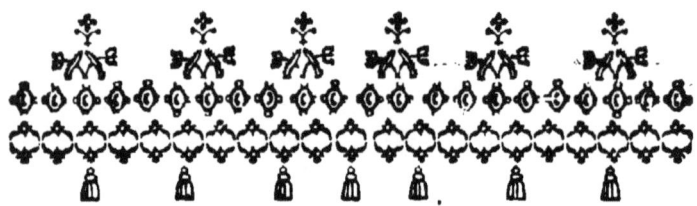

Erstes
Chronologisches Register,

über die

in diesem Real - Indice allegirte Herzogliche
General - und Special - Refcripta,
Hofgerichtliche Decreta &c.

Refcr. Gen.	•	1683. 20. Jul.	•	pag. 204.
— —	•	1688. 12. Jun.	• •	213.
— —	•	1695. 14. Maji.	• •	82.
— —	•	1699. 1. Nov.	•	7. 16. 26. 41.
		44. 45. 53. 56. 134. 221. 234. 247. 267.		
— —	•	1703. 21. Jul.	• •	189. 193.
Hofg. Decr.	•	1711. 27. Aug.	• •	140.
Refcr. Gen.	•	1714. 11. Apr.	• •	84.
— —	•	1714. 27. Apr.	• •	273.
Hofg. Decr.	•	1714. 6. Jun.	• •	63.
Refcr. Spec.	•	1716. 20. Febr.	• •	261.
Hofg. Decr.	•	1716. 23. Apr.	• •	246.
— —	•	1716. 2. Maji.	• •	140. 241.
— —	•	1718. 4. Maji.	•	140. 241. 246.
Refcr. Gen.	•	1718. 9. Aug.	•	7. 13. 14. 16.
		26. 44. 53. 56. 72. 104. 218.		
Hofg. Decr.	•	1721. 29. Aug.	• •	23.
— —	•	1722. 28. Maji.	• •	246.
Refcr. Gen.	•	1722. 16. Sept.	• •	85.
Ludw. Priv.	•	1724. 19. Apr.	• •	219.
Hofg. Decr.	•	1724. 16. Sept.	• 1. 25. 138. 141.
Refcr. Gen.	•	1725. 8. Dec.	• •	73.
— —	•	1727. 28. Maji.	• •	65. 259.
— —	•	1728. 28. Jan.	• •	93.
— —	•	1729. 25. Maji.	• •	185.

Sap.

Register.

Refer.

Zweytes

Zweytes Register

über

die vornehmste hierinn enthaltene Sachen.

A.

Apostoli

Appel=

thun,

Bey

C. Cam-

C.

Con

D.

Dienst-

G. Gant-

G.

H.

Schrift

J.

Jura-

Leben=

Leben-Zinß. In solchen Sachen ist gleich an das Hofgericht zu appelliren. 4. sq. 157.

Lex hac Edict. C. de sec. nupt. Wie weit selbiger mit und neben denen Provincial-Rechten statt finden möge. 200. sqq.

Linien. Werden bey Ausfertigung der Appellations-Acten fürgeschrieben. 14. 15.

Litis consortes. s. *Consortes litis.*

Litis Contestation. Wann und wie sie fürzubringen. 73. 204. In welchem Fall die Partheyen dieserhalb zu præcludiren. 67. sq.

Losungen. In solchen Sachen ist gleich an das Hofgericht zu appelliren. 4. Was derjenige, so lösen will, zu beobachten: Wann der Losung statt gethan wird. 206. sq. Wann der Käuffer derselben nicht statt geben will. 207. Die Marck-Losung wird der anbedingten Erblosung vorgezogen. 205. Der Zinßlosung solle nicht statt gegeben werden, wann pacta singularia und præstationes personales angedingt worden. 208. sq. Elter mögen ihren Kindern zu gutem lösen. 209. In Losungs-Sachen bey einem sammenthaften Kauf solle die Landrecht-liche Verordnung ohne Limitation beobachtet werden. 209. sq. s. Hofgerichts-Jurisdiction. §. 11.

M.

Malefiz-Sachen. Ob davon appellirt werden könne. 155.

Mandata procuratoria. s. Gewälte.

Manual Acta. Sollen den Advocaten wenigstens 8. Tag vor angehendem Proceß communicirt werden. 211.

Marcklosung. s. Losungen. §. 1.

Medicina Doctores. s. *Inspectiones.*

Minderjährige. In wiefern ihnen das Beneficium restitutionis in integrum bey versaumten Terminen zu statten kommen solle. 69. Wie deren liegende Güter zu veräusern. 211. sqq. s. Gewälte.

Mit-Erben. s. *Consortes litis.*

Mit-

R. Ra-

R.

über=

Straf=

Ter-

U. V.

Ver=

Zeu=

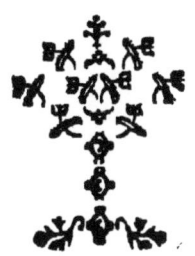

Supplenda & corrigenda.

Pag. 5. lin. 4. poſt verb. Tübingen : fangt die parentheſis an. p. 11. l. 13. poſt verb. jederzeit: add. von. p. 44. l. 21. poſt verb. Dilationes §. 7. liß 8. p. 52. l. 8. ſtatt: zukommt: liß zugekommen. p. 58. l. 7. & 10. ſtatt 6. liß 7. p. 71. l. 22. poſt verb. oft add. biß ſie. p. 71. l. 25. poſt verb. laſſen : add. ſolches aber durchaus nicht ſeyn ſolle. p. 93. l. penult. ſtatt Aug. liß Jan. p. 99. l. 27. ſtatt 1b. liß Hofger. Ordn. p. 153. l. 11. liß hergekommen. p. 167. l. 1. ſtatt 7. liß 8. p. 176. l. 3. ſtatt 18. liß 17. p. 219. l. 17. ſtatt 7. liß 5. p. 219. l. 22. ſtatt 6. liß 7. p. 220. l. 3. ſtatt 25. liß 24. p. 220. l. 5. poſt verb. Gewälte : liß §. 1. 8. 14. p. 220. l. ult. ſtatt 6. liß 7. p. 221. l. 2. ſtatt 6. liß 7. p. 222. l. 5. ſtatt 5. liß 3. p. 224. l. 13. ſtatt 5. liß 6. p. 224. l. ult. ſtatt 5. 6. liß 6. 7. p. 225. l. 15. ſtatt 6. liß 7. p. 229. l. 7. ſtatt 6. liß 7. p. 239. l. 22. ſtatt 15. liß 18. p. 243. l. 10. ſtatt 4. 5. 6. liß 7. p. 267. l. 18. poſt §. 7. del. 10. p. 267. l. 21. ſtatt 3. liß 6. p. 269. l. 4. ſtatt 2. liß 4. 5. p. 330. l. 27. liß Harpprechtiſche.